돈 버는
부동산
임대관리업

돈 버는
부동산
임대관리업

진영섭 · 김익중 · 이영재
오섬환 · 권태달 · 이영구 지음

책을 내면서

2014년 2월 7일부터 「주택법」 시행령 및 시행규칙이 발효되어 「공인중개사법」과 함께 부동산임대관리 법령체계가 구축됨으로써 대한민국에도 부동산임대관리업이 새롭게 등장하게 되었다. 부동산의 임대관리업의 일부인 주택임대관리업에 대해서 2008년도 이후 서울에서 교육 붐이 활발하게 일었으나 이를 실행하기 위한 구체적인 지침이나 가이드가 없어 지침이 될 만한 저서가 절실히 요구되고 있다.

주택임대관리업은 임대주택에 대한 임대차관리, 시설관리, 안전 및 위생관리 그리고 재무관리 등 다양한 업무활동을 수행해야 하는 직업이다.

우리나라는 부동산 경기가 과거와 같은 활기를 찾기 어려운 환경에 처하게 되었다. 즉, 우리나라도 주택에 있어 주택보급률 및 자가보급률이 선진국 수준에 이르렀기 때문에 주택의 자본적 이익은 기대하기 어렵게 되면서 운영적 수익을 기대하려는 임대사업이 발달하게 되었다. 그에 따라 정부도 새로운 개발보다는 기존 부동산을 재활용하는 정책으로, 그리고 주택의 소유정책에서 거주정책으로 전환하여 임대사업을 보다 발전시키는 정책을 수립함과 동시에 이를 관리하는 주택임대관리업 탄생을 정책으로 발표한 것이다.

이에 현재의 어려운 부동산 경기를 극복하고 정부정책을 효율적으로 실행하기 위해 뜻있는 공인중개사들이 2013년 5월부터 8개월간 국내 및 선진국의 부동산임대 및 자산관리에 대한 법령과 자료를 연구하여 합법적이고 체계적인 부동산임대관리업 전반에 대한 종합 지침서로 『**돈 버는 부동산임대관리업**』을 발간하게 되었다.

이 책을 발간하면서 그동안 연구진으로 참여하여, 낮에는 현업에 종사하면서 야간에 시간을 내어 주경야독으로 1주일에 5일씩 6개월 넘게 고생한 새대한공인중개사협회 대전지부 임원들(진영섭 지부장, 김익중 지회장, 이영재 교육이사, 권태달 박사, 오섬환 지회장, 우석균 지회장)과 이영구 지지옥션 대전지부장의 노고에 진심으로 치하를 드린다. 겸하여 연구진의 이러한 고생의 결과가 큰 보탬이 되어 주택임대관리업자 및 많은 부동산 중개업 종사자들께서 보다 안정된 생활을 하셨으면 하는 바람이다.

또한 부동산임대관리업에 대한 교육을 통한 전파할 기회를 수차에 걸쳐 제공해주는 등 이 책을 발간하는 데 물심양면으로 지원해주신 소상공인시장진흥공단 대전충남본부 마연식 본부장과 나영주 전문위원에게도 이 자리를 빌려 감사드리며, 원고를 매번 정성스럽게 퇴고해주신 조보희 부지부장 및 유정욱 회원께도 감사드린다.

2015년 5월 31일
대표 저자 진영섭

차 례

제7장 재무관리 및 사무실 운영

제9장 부동산 종류별 임대관리

별지

서식

제1장
총론

진영섭 부동산학 석사

1. 개요

1.1. 부동산임대관리란

부동산임대관리란 부동산자산관리에 있어 가장 핵심 관리업무 영역으로, 좁은 의미에서는 부동산임대차관리만을 의미하기도 하지만, 넓은 의미에서는 임대차관리, 시설관리, 보안 및 안전관리, 위생 및 환경관리, 그리고 재무관리까지를 포함한 자산관리이다.

"주택임대관리업"은 2013. 8. 6. 「주택법」에 신설하면서 우리나라에도 부동산임대관리업에 관심이 고조되고 있다.

부동산임대관리업이 우리나라에 첫 도입된 것은 1993. 12. 27.일에 개정한 「부동산중개업법」 제4차 개정에서 제9조의2 "다른 영업과의 겸업제한"이라는 조항을 신설하여 부동산중개업자에게 "상업용 건축물 및 주택의 임대관리 등 부동산의 관리대행"이라는 업무를 부여하여 주택과 주택 외의 건물까지의 관리업무를 할 수 있도록 함으로써 부동산임대관리가 태동되었다. 그러나 부동산임대관리대행은 크게 발전하지도 못하고 세간의 관심도 끌지 못하다가 2014. 2. 7. 「주택법」 시행령 및 시행규칙이 발효되면서 세간의 관심도 고조되고 크게 발전하게 되었다.

부동산임대관리가 세간에 관심이 고조되면서 이와 관련한 유사한 용어, 즉 부동산임대관리, 부동산시설관리, 부동산자산관리 등이 사용되고 있어 이들을 정리해 보면 다음과 같다.

1.1.1. 부동산임대관리

부동산임대관리는 다른 용어로 "부동산재무관리" 또는 "부동산재산관리"라고도 하고 있으며, 주요 업무가 보유부동산의 사용 중 임대차를 통한 수익관리에 관한 업무에 중점을 두고 있다.

부동산임대관리는 영자(英字)로는 PM(Property Management)으로 부동산임대에 관련된 업무 전반을 총괄적 관리를 말한다. 즉, 부동산임대관리에는 보유부동산의 임대차업무와 관련된 시설관리업무, 보안 및 안전관리업무, 환경 및 위생관리업무, 재무관리업무, 인력관리 등의 업무영역이 포함된 총괄적 개념이다.

또 이상영 교수의 목원대학교 특강 교재에 의하면 "임대부동산의 수지분석, 시장조사, 마케팅, 공간배치, 임대료 책정, 임대차관리, 세무 및 재무관리의 과제를 수행하게 된다"라고 말하고 있다.

부동산임대관리는 관리대상 부동산의 명칭에 임대관리를 붙여 표현할 수 있는데, 즉 주택임대관리, 상업용 건물임대관리 또는 업무용 건물임대관리, 빌딩임대관리, 창고임대관리, 공장임대관리, 상가임대관리, 토지임대관리 등으로 구분하여 불리기도 한다.

또 부동산임대관리는 업무영역을 구분하기 위하여 임대차 분야만을 분리하여 부동산임대차관리, 시설관리 분야만을 분리하여 부동산시설관리, 안전 분야만 분리하여 보안 및 안전관리, 위생 및 환경관리를 분리하여 부동산 위생 및 환경관리, 임대료 수입 등의 재원을 관리하는 재무관리 등으로 구분하고 있다.

부동산임대차관리는 「주택법」의 개정으로 인하여 "임대차중개"와 "입주 임차인 관리"로 구분되었으며, "임대차중개업무"는 임차인을 모집하고 임대차 물건을 안내 및 설명하며 임차인이 선정되면 임대차계약서와 중개대상물확인·설명서를 작성하는 데까지의 수행하는 업무로서 부동산중개업자(개업공인중개사와 중개법인 및 과거 중개인을 말하며 이하 동일한 개념으로 사용한다)가 실시하고, "입주 임차인 관리업무"는 임차인이 임대차계약서를 작성하여 확정되면 임차인 확정 이후로부터 임차인이 퇴실할 때까지 임차인을 관리하는 업무를 말하며, 이는 중개업자나 중개업자 외의 임대관리업자가 할 수 있다.[1]

부동산임대관리의 핵심인 부동산임대차 형태에는 전세권이나 전세도 있지만, 주로 월세임대를 관리하므로, 월세임대 유형에 대한 용어의 통일을 위해 국토교통부 산하 한국감

---

1) 「주택법」 제2조 제18호.

정원에서 사용하고 있는 용어를 소개하면 다음과 같다.

보증부 월세: 월세 및 관리비 그리고 시설보수 비 등을 보증하기 위한 일정액의 보증금을
　　　　　내고 매월 집세를 내는 형태의 임대차 유형
무보증부 월세: 보증금 없이 매월 일정한 액수의 집세만을 내는 임대차 유형
사글세: 미리 몇 개월 치의 집세를 한꺼번에 내고 그 금액에서 매월 1개월분의 집세(방세)
　　　를 공제하는 형태의 임대차 유형

또 부동산임대차에서 임대료에 대한 용어도 월세라는 용어는 "월세", "집세", "방세" 그리고 "차임"이라는 용어로, 그리고 보증금 및 전세금이란 용어가 각각 사용되고 있다.

임대료에는 보증금과 월세 또는 전세금이 포함되는 용어이다.

1.1.2. 부동산 시설관리

부동산 시설관리는 영자(英字)로는 FM(Facility Management)라 하며, 주로 보유부동산 중 건물의 상태 유지관리 업무에 중점을 둔 활동이다.

부동산시설관리는 「주택법」에서의 주택관리사들이 수행하는 업무를 말한다.

부동산 시설관리는 건물의 구조시설, 전기시설, 상·하수도시설, 냉·난방시설, 보안 및 환경관련시설, 이러한 시설을 관리하기 위한 인력운영 및 재무관리 등을 관리하는 임무를 수행하는 활동을 말한다.

1.1.3. 부동산 자산관리

부동산자산관리는 영자(英字)로는 AM(Asset Management)이라 하며, 부동산자산에는 토지와 토지의 부착물인 주택, 주택 외의 건물, 그리고 토지의 생산물인 광물과 농산물 및 임산물을 말하며, 이러한 부동산자산의 생산, 사용, 가치 관리가 중점업무이다.

즉, 부동산자산관리는 부동산을 어떻게 사용할 것인가의 개발과 언제 구입하고 처분하는 것이 최대의 가치를 얻을 것인가를 결정하는 매매관리, 그리고 보유하면서 최대의 수확을 얻기 위한 활동인 임대관리, 그리고 이러한 매매관리, 개발관리, 임대관리를 위한 부동산 공간에 대한 기획, 조사활동, 금융문제 해결하는 금융관리활동, 세금관리 등의 관리를 말한다.

1.2. 부동산임대관리 발전 과정

부동산임대관리가 가장 발전한 미국으로 Robert C. Kyle는 그의 저서『자산관리』에서 "1889년 건물에 엘리베이터와 콘크리트를 재료로 사용함으로서 2~3층의 건물에서 10층이 넘는 고층건물을 건설하게 되었고, 그 결과 미국 내에 고층건물의 소유자가 등장하였다. 1902년 미국의 시카고에서 당시 고층건물의 소유주 중 George A. Hoit가 제안하여 시카고 내에 Chicago Building Managers Organization이라는 시카고 빌딩관리조직을 발촉함으로써 관리업무에 대한 관심이 태동하게 된다. 그러자 1920년대부터 미국 전역 대도시에 사무실빌딩 그리고 아파트 건축이 활발하게 건축되어 마침내 1930년대 대공황을 맞이하게 된다. 한편 1921년 미국 전역에 있는 빌딩의 관리의 필요성이 빌딩 소유자 및 관리자들에 의해 관심을 갖게 되고 마침내 전국조직인 BOMA(Building Owers and Manangers Association)라는 빌딩 소유자 및 관리자 연합을 결정하게 되고, 그 뒤 1970년 BOMI(Building Owers and Managers Institute)라는 빌딩소유자 및 관리자 협회를 결성하여 빌딩 소유자 및 관리자들에게 교육성에 의해 교육프로그램을 제작하여 제공하게 됨으로써 본격적인 부동산자산관리를 실시하게 된다"[2)]고 발전과정을 설명하고 있다.

우리나라의 부동산자산관리의 법적 태동은 1984. 12. 27일 「임대주택건설촉진법률」에 의거 태동했다고 볼 수 있으나 실제는 1993. 12. 27일 제정된 「임대주택법」에 의한 주택공사가 공동주택을 관리하고, 1984. 12. 27일 제정하여 1993. 12. 27.에 개정한 「부동산중개업법」 제4차 개정에서 제9조의2 "다른 영업과의 겸업제한"이라는 조항을 신설하여 부동산중개업자에게 "상업용 건축물 및 주택의 임대관리 등 부동산의 관리대행"이라는 업무를 부여함으로써 주택과 주택 외의 건물까지의 관리업무와 임대차관리 외에 시설관리를 포함한 재무관리까지 부동산의 임대관련 전반 업무를 대행할 수 있도록 하였다.

2010년대 들어서면서 부동산임대관리가 갑자기 부상하고 있는데 우리나라의 경제현상이 선진국 대열에 들어섰음을 의미하며, 서울에서 부동산자산관리 교육의 붐이 일어나면서 급격히 관심의 대상이 되고 있다.

부동산임대관리는 주거용 부동산만을 관리하는 것이 아니라 수익형 부동산이면 모두 관리대상이 된다. 그러나 「주택법」에서는 주거용 부동산만을 위한 것이므로 "주택임대관리"라 명명하고 있다.

---

2) 『자산관리』, Robert C. Kyle 저, 신창득 외 3인 역, 부연사, 2005. 3. 26, p.33.

이 부동산임대관리는 기본적으로 수익형부동산에 대한 임대관리를 함이 기본적이나 비수익형부동산이라 하더라도 관리비용을 창출하는 경우에는 부동산임대관리에 포함할 수 있다.

현재 부동산시장에서 많이 이루어지고 있는 부동산관리는 용어의 명확한 정의 없이 혼용하여 사용하고 있으나 부동산관리는 전문 활동이므로 직업으로 발전되기 위해서는 명확한 한계와 정의가 필요하다.

다만 아쉬운 점은 우리나라는 전세제도라는 세계에서 유일한 임대차제도를 가지고 있어 임대사업의 발전에 가장 큰 저해를 주고 있고, 또 정부에서 서민의 주거안정책이라는 복지정책에 의해 전세자금 대출이라는 대출제도로 인하여 임대사업자들의 임대사업 활동이 제한되어 임대사업이 발전되지 못한 것이 아쉽다.

1.3. 부동산임대관리업의 법적 근거

부동산임대관리업을 수행할 수 있는 근거 법은 두 개의 법이 있다.

하나는 주택 및 상업용 건물의 임대관리를 대행을 규정하고 있는 「공인중개사법」과 주택임대관리업을 규정하고 있는 「주택법」이다.

「공인중개사법」과 「주택법」에서 규정하고 있는 내용을 구체적으로 살펴보면 다음과 같다.

1.3.1. 주택 및 상업용 건물 임대관리대행

부동산임대관리가 우리나라에 처음 도입된 것은 1993년도 「부동산중개업법」이 개정되면서부터 지금의 「공인중개사법」에 이르기까지 법 제14조(중개업자의 겸업제한 등) 제1항 제1호의 규정 "상업용 건축물 및 주택의 임대관리 등 부동산의 관리대행" 규정을 두어 부동산의 관리대행을 할 수 있도록 규정하고 있었다. 따라서 일부 부동산중개업자들은 현재도 작게는 한 채로부터 수십 채의 수익형 주택 및 빌딩에 대해 부동산의 임대관리대행을 하고 있다.

그러나 이 관리대행업을 하기 위해서는 임대관리업무 영역, 책임소재, 관리보수, 관리비 책정 및 징수와 관리, 시설관리, 기타 보안 및 안전, 환경 및 위생관리 등에 대해 세부적인 규정이 있어야 하며, 최소한 「주택법」에서 금번에 개정한 내용과 같은 범위만이라도 발전되었어야 하나 이에 대해 담당중앙행정관서인 국토교통부로부터 공인중개사협회에 이르기까지 「공인중개사법」의 부동산관리대행에 관한 규정을 발전시키지 아니하여 관리대행을 하는 부동산중개업자마다 그 관리요령 및 현상이 제각각으로 진행되고 있다.

부동산임대관리업은 「공인중개사법」에 의해 부동산중개업자의 직무범위 내 있으므로 중개업자에 의해 수행되어야 함이 당연하고, 「주택법」에 의한 주택임대관리업도 임대차 관리는 중개업자만이 수행할 수 있도록 규정하고 있다.

1.3.2. 주택임대관리업

한편 2008년도 야당 모 국회의원이 부동산임대관리업을 임대주택법을 개정하여 추진하려 했으나 임대관리에 있어서 임차인의 선정 및 임대차계약 문제가 부동산중개업과 상충되어 공인중개사협회의 강력한 반발과 법리적 문제로 무산되었다.

그러다가 박근혜 정부 들어서면서 국토교통부가 주동이 되고 건설임대사업자 및 리츠 그리고 시설관리업체 등의 단체들의 적극적인 활동으로 「주택법」과 「임대주택법」을 동시에 여당 국회의원들에 의해 의원입법 발의하는 형식을 갖추어 발의토록 하고, 2013년도 4·1 서민주거안정화 대책으로 임대관리업을 정책으로 채택하면서 본격적으로 부각되기 시작했다. 이때 주택법 개정 발의된 내용이 2008년도 발의된 내용 중 부동산중개업과 상충되는 부분만을 부동산중개업에 의뢰하는 것으로 변경하여 발의하였고, 임대주택법에서는 2008년도 발의했다가 무산된 내용 그대로 발의하였으나 이를 국회의 국토해양상임위원회 심의과정에서 「주택법」을 개정하는 것으로 의결하여 「주택법」을 2013년 6월 27일 국회를 통과하여 2013. 12. 26. 시행하도록 공포하였다.

2013년도 임대관리업에 대한 「주택법」 개정 시 2008년도 「임대주택법」 개정을 하려고 했을 때처럼 각종 공청회 및 심의과정이 용이하게 추진되도록 된 것은 공인중개사협회가 두 개가 있었는데 한국공인중개사협회는 회장선거가 있던 중이였고, 새대한공인중개사협회는 신생된 협회로서 체제구축에 여념이 없으며, 일부회직자의 정보제공에도 불구하고 "변호사에게 자문을 받으니 중개업자에게 독점적으로 줄 수 없다"는 자문을 받았다며 대수롭지 않게 넘기고 말아 국회의원들과 국토해양부가 매우 용이하게 법을 속전속결로 처리할 수 있었다.

이에 대하여 일부 대학교 교수들도 지금도 이에 대한 자세한 내용을 알지 못하므로 2013년도 「주택법」 개정이 이처럼 쉽게 국회를 통과될 줄은 몰랐다고 하고, 일부 국토해양부 직원들도 이 법은 보다 더 신중을 기했어야 하는데 아주 빨리 처리되는 바람에 바람직하지 않은 부분도 있다고 한다.

개정된 「주택법」의 주택임대관리업과 관련한 내용을 살펴보면 동법 제2조(정의)의 제18호에서 "주택임대관리업이란 다음 각목의 업무를 행하는 업을 말한다"[3]라고 정의하고 그 정의 내에 주택임대관리업의 업무 범위를 정하고 있는데 그 내용을 살펴보면 다음과 같다.

첫째 임대를 목적으로 하는 주택(동법 시행령 제2조의2에서 규정하고 있는 준주택 포함)의 시설물 유지·보수·개량 등을 말한다. 시행령 제2조의2에서 정한 준주택에는 기숙사, 고시원, 노인복지주택, 오피스텔을 말한다.

즉, 첫째는 준주택을 포함한 주택의 시설물의 유지·보수·개량 등을 하는 업무이다.

둘째는 임대를 목적으로 하는 주택의 임대료 징수 및 임차인 관리이다.

이때 임차인 관리는 임차인의 명도 및 퇴거 업무 등을 말하며, 「공인중개사법」 제2조제3호에 따른 중개업은 제외한다.

즉, 위 둘째는 임차인의 관리업무인데 임차인 관리업무 중 임차인의 알선 및 계약서 작성은 할 수 없고, 임대료 징수, 임차인의 명도 및 퇴거 업무 등을 말한다.

셋째는 그 밖에 임대를 목적으로 하는 주택의 임차인의 주거 편익을 위하여 필요하다고 대통령령으로 정하는 업무를 할 수 있다.

즉, 「주택법」 시행령에서 정하는 임차인의 주거편익을 위하여 필요하다고 정하는 업무를 할 수 있다. 그러나 이에 대한 구체적인 주거편익 업무는 정하지 않고 있다.

즉, 「주택법」에서의 주택임대관리업자는 임대차 관리 면에서 기본적으로 시설물 유지·보수·개량업무와 임차인의 임대료징수·임차인관리에 있어서는 임차인의 명도 및 퇴거 업무 그리고 임차인의 주거 편익을 위하여 대통령령으로 정하는 업무를 수행할 수 있다.

임차인관리에 있어 임차인의 선정 및 임대차계약업무는 부동산중개업자만이 할 수 있도록 규정하고 있다. 즉, 주택임대관리업자가 임대관리를 하는 범위는 임대차계약을 체결한 임차인이 입주한 후부터 임차인이 임대차계약이 종료되어 퇴실할 때까지 관리하는 것을 규정하고 있다.

---

3) 「주택법」 제2조 제18호.

1.4. 부동산임대관리업의 필요성

1.4.1. 선진국 경제 진입과 주택 소유 수요 감소

우리나라는 현재 각종 개발된 부동산들이 미분양되고, 개발하다가 중단된 채 방치된 건물이 많다. 이는 우리나라가 1960년대 이후의 개발도상국 시절처럼 부동산 수요가 많지 않다는 증거이고, 또 부동산 수요가 줄어들고 있다고 볼 수 있다.

부동산 수요가 현재처럼 줄어드는 데는 주택 소유가 한계에 도달했음을 말하며, 부동산가격의 상승으로 수요가 감소되어 큰 투자수익을 기대할 수 없어 투기 또는 투자자들이 줄어든 데도 원인이 있을 수 있고, 또 임금의 부담으로 기업체들이 임금이 저렴한 개발도상국이나 저개발 국가들로 기업체가 이전한 데도 원인이 있을 수 있다. 또 물가의 상승으로 과거처럼 부동산에 대한 세금 및 관리비 등이 부담되어 작은 평형의 주택으로 이전하거나 큰 평형의 주택으로 합쳐 관리하는 방향으로 이전함으로써 부동산 소유 수요가 줄어들 수 있다.

이러한 추세는 대부분의 선진국에서도 똑같은 현상이 발생하고 있다. 즉, 대부분의 선진국들은 주택 자가 소유율이 60~65%에 도달하면 더 이상의 주택 소유율이 개선되지 못하고 있다.

대표적인 예로 일본의 경우 주택 소유율이 61% 수준을 38년간 유지되고 있다가 2013년에 약간의 증가세를 보이고 있으며, 그 증가세 또한 1% 미만으로 나타나고 있다. 우리나라도 2005년도 60%였는데 2010년도에야 61%로 1% 상승하는 데 6년의 세월이 소요되었다.

1.4.2. 월세시장의 증가

주택 임대차 시장은 대부분이 월세인 상가나 빌딩, 창고 및 공장 임대시장과 달리 월세와 전세로 구분된다. 월세와 전세로 구성된 주택 임대시장은 아래 표에서 보는 바와 같이 매년 전세시장은 계속 감소추세인 반면, 월세시장은 계속 늘어나고 있다. 특히 2000년도 이후 주택임대차시장에서 월세의 급상승은 우리나라도 선진국 부동산 시장으로 접어들었음을 나타내고 있다.

그 이유는 2010년도 기준으로 보았을 때 주택의 자가 소유율이 61%이고, 정부가 복지주택으로 관리하여야 할 수요가 8~12%라고 보면, 민간임대주택 수요는 27~39%로 민간임대시장은 풍부하다고 보아야 한다. 다만, 정부의 복지관리 주택을 얼마로 책정하느냐에 따라 민간임대주택 수요의 증감이 이루어지리라 본다.

주택 점유형태별 비중 추이[4]

구 분	1995년	2000년	2005년	2010년
전 세	29.7%	28.2%	22.4%	21.7%
월 세	14.5%	14.8%	19.0%	21.5%
차 이	15.2%	13.4%	3.4%	0.2%

1.4.2.1. 주택가격 시세차익 감소 추세

우리나라도 주택보급률이 100% 이상이 되었고, 또 2005년도부터 주택의 자가소유율이 60%가 넘어섬으로써 선진국 수준에 어느 정도 도달하여 가격 상승을 크게 기대할 수 없다고 국민들은 생각하고 있다. 그래서 주택을 소유하는 것보다 임대로 거주하는 것이 보다 이익이라고 생각한다.

즉, 물가 및 임금의 상승으로 주택의 가격의 상승은 주택 소유에 대한 의식이 강한 중하위층의 국민들에게 주택 구입자금의 확보가 어렵고 있으며, 건강보험을 비롯한 각종 세금이 보유자산에 의해 과세되므로 주택의 소유보다는 임대료 내고 거주하는 것이 이익이라는 것이다.

이런 추세는 주택의 매매차익은 기대하기가 어렵거나 시세차익이 발생한다 하더라도 투자된 자금에 비해 그 수익이 소유로 인해 지불하는 비용보다 못하거나 낮을 수밖에 없을 것으로 생각하고 있다.

다만 주택의 매매거래가 그래도 발생할 수 있는 곳은 운용수익을 얻을 수 있는 임대사업으로 거래가 발생할 수 있으며, 노후로 인해 소멸되는 주택에 대한 보충 소요가 있을 수 있다.

이처럼 주택 거래가 제한적임으로 주택 가격에 의한 시세차익은 감소하게 될 것이다.

---

4) 『부동산상식 114가지』, 부동산114, 2013. 2. 18, p.20.

1.4.2.2. 전세는 집주인에게 소득 없는 계속 투자

우리나라의 전세제도는 이씨조선시대부터 한양에서 실시되기 시작했다고 한다.

이렇게 오랜 역사를 가지고 있는 전세는 우리나라에만 있는 유일한 임대차 제도로써 1960년대 우리나라가 산업개혁을 실시하기 시작하면서 월세시장이 점점 늘어나기 시작하였으나 그래도 위 표에서 보는 바와 같이 2010년까지 임대시장의 주류를 이루었다.

이는 부동산 투자자들이 1960년대 이후의 산업혁명시대에는 부동산가격이 급상승하자 차임을 받는 수익보다 시세가격의 차익으로 얻는 수익이 더 크므로 주택을 구입하여 전세 놓아 은행 이자를 지불하여도 매도 시 큰 시세차익을 얻을 수 있었기 때문이다.

그러나 최근 들어 여러 채의 주택을 보유하고 있는 집주인들 특히 아파트를 전세 놓은 집 주인들은 집값은 오르지 않는데 장기수선충당금은 필연적으로 반환해주어야 하고, 도배·장판, 화장실 변기 교체, 싱크대 교체, 페인트 등 수리해 달라는 요구가 늘어남으로 이런 수리로 계속 투자하고 있어 주택에 계속 투자만 된다고 생각하여 월세를 받지 않으면 안 되겠다는 생각하고 있다.

그래서 전세가 월세로 전환되어 전세 물동량은 점점 줄어들고 월세 물동량은 늘어날 수밖에 없다. 이는 시장경제 원리상 자연 발생적인 현상이다.

즉, 임대인들은 주택가격의 상승에 대한 기대가 불투명하므로 주택 구입에 투자된 자금에 대한 수확을 얻기 위해서는 투자금에 대한 수확이 없는 전세보다는 월세로 수확을 얻다가 최소한 자금 변동이 필요시 투자금만 확보해도 이익이기 때문이다.

따라서 정부의 정책도 현 시대에 맞추어 부동산 정책을 맞추는 것이 부동산 활성화를 기할 수 있고 정책도 효과가 발휘할 수 있다고 본다.

1.4.2.3. 수요가구 구조 변화와 임대시장 변화

선진국으로 들어서면서 직업의 다양화로 독신이나 2인가구가 급격히 늘어나면서 목돈이 없이도 쉽게 거처를 정할 수 있는 방법으로 보증금이 낮은 월세를 선호한다. 그래서 다가구 및 도시형생활주택 등 1~2인 가구가 급격히 늘어나면서 전세가

줄어들고 월세가구가 급팽창한 것이다. 이는 임대사업을 발전시키고 있으며, 최근에는 임대관리업을 탄생시키고 있다.

이러한 현상은 우리나라가 국민소득이 높아지면서 젊은 층의 결혼 연령이 늦어지거나

회피하는 현상이 일어나고 있고, 또 급격한 노령화 현상으로 홀로 남은 어르신들이 늘면서 자녀와 같이 살기를 꺼리기 때문에 발생되고 있다.

한편 정부는 이들 중 생활력이 낮은 어려운 사람들에게 전세자금 대출제도를 운영하고 있는데 이에 대해 전세자금을 대출받는 임차인이 생각하기를 비록 전세자금 이자율이 낮아 전세자금을 대출받지만 일종의 월세라고 생각하고 있으나 정부에서는 월세가 줄어들어 국민들의 주거 안정을 기하고 있다고 말하고 있지만 이 또한 변형된 월세라고 인식하고 있다.

또 임대인들은 정부의 전세자금 대출은 정부가 국민들이 해야 할 임대사업을 국민의 세금으로 이자놀이를 하고, 국민들의 임대사업을 방해하고 있으며, 일부 임대인들은 정부가 국민의 경제활동 인식을 잘못된 방향으로 유도하고 있다고 생각하고 있다.

이에 대해 국민들은 보다 바람직한 방법은 전세자금 대출로 가계부채만 늘리지 말고, 월세보장 임대주택 대책을 수립하는 것이 경기활성화에 도움이 된다고 생각하며, 또 이 월세 임대사업 투자는 현재의 국민연금은 노후생활자금이 되지 못하므로 추가 생활자금 확보를 이 월세임대사업에서 확보하려고 하는데 이를 정부에서 실시함으로써 노후 생활자금을 정부에 의존할 수밖에 없다고 인식한다.

그러므로 정부는 중상층의 임대사업을 적극 장려하여 정부가 부담하여야 하는 복지소요를 줄일 수 있고 또 정부의 재정 건전성을 확보할 수 있도록 하여야 한다고 요구하고 있다.

1.4.3. 시대의 부동산중개업 변화요구

지금까지 우리 부동산중개업계는 발 빠른 일부를 제외하고는 대부분이 부동산중개업을 사업으로 해오지 않고 장사를 해왔다.

장사는 기획이 없고 큰돈을 모을 수 없으며, 장래를 향한 지속성이 없는 행동이라 할 수 있다. 그러나 사업은 장사와는 확연하게 차별이 된다.

만일 부동산중개업자 중 계속 장사만을 하겠다고 하는 사람은 주택임대관리업의 등장으로 특히 주택임대는 극히 제한받을 수밖에 없을 것이며 부동산경기의 순환주기에서 불경기 시 본의 아니게 퇴출을 당할 수밖에 없게 될 것이다.

따라서 이제라도 부동산중개업자는 부동산중개업을 생계업으로 지속하고자 한다면 사업가의 자질을 연마하여 생존을 위한 대책을 수립하여야 한다.

부동산임대관리업을 부동산중개업과 병행하여 실시한다면 부동산중개업이 생계형 직업이 될 수 있고 수입도 고정적이면서 안정적으로 늘려나갈 수 있게 된다.

이래서 부동산중개업자들은 부동산중개업자의 업무 중 우선 이제 우리들의 손에 의해 개발된 이 부동산임대관리 업무에 뛰어들어야 한다.

물론 「공인중개사법」 제14조의 업무 중 일부를 생계형 직업으로 병행하고 있는 부동산중개업자들은 부동산임대관리업을 꼭 병행하고 있다.

부동산중개업소는 부동산경기 순환주기에 매우 민감하다. 따라서 잘 되는 기간에는 수입이 복권 당첨된 것 같은 기분이지만, 불경기 시에는 엄청난 스트레스를 받고 있다. 모 공인중개사들로 구성된 컨설팅 모임에서 불경기가 지속되면 부동산중개업자들이 과도한 스트레스로 입원하는가 하면, 야간에 아무도 없는 곳으로 가서 소리 내어 울어서 스트레스를 푸는 사람들이 있다고 한다.

이들의 이러한 행동은 부동산중개사무소에 안정된 수입을 보장받지 못하는 데 반해 지출은 정기적으로 지불해야 함으로 매우 심각한 스트레스를 받기 때문이다.

이러한 때에 임대관리를 전속적으로 위탁받거나 위탁계약을 체결하여 임차인들로부터 수납하고 있는 관리비를 일부 지출하고 나머지를 고정적인 수입으로 한다면 불황을 극복하는 부동산중개업을 할 수 있다.

예를 들면 다가구 경우 1동의 세대는 보통 8∼21세대까지 있는데 이들로부터 걷어드리는 관리비는 1동당 평균 15만으로 잡고, 10동을 관리한다면 월 150만 원씩 관리비가 수납된다. 그러나 지출은 청소요원 1동당 5만 원씩을 주어도 10만 원의 고정수입이 생길 수 있다. 그래서 만일 30동을 관리한다면 총 450만 원의 수입을 얻을 수 있으며 여기에 청소요원 용역비용은 1동을 주 2회 청소한다고 할 때 1동 청소에 1시간씩 소요된다면 1일 6∼8동을 청소할 수 있어 1주일에 5일 근무 시 30∼40동을 청소할 수 있으므로 1동당 5만 원씩을 지불할 경우 청소요원이 1명만 소요되므로 청소용역비는 150∼200만 원이 지불되고 250∼300만 원씩 수입을 얻을 수 있다. 따라서 부동산중개업계가 주택 및 부동산임대관리업을 겸업하기를 시대는 요구하고 있다.

1.4.3.1. 부동산중개업계 수입

필자는 부동산중개업을 해오면서 매년 부동산 거래형태를 분석해 보고 있다.

필자가 분석한 결과에 의하면 부동산경기가 활발한 경우에는 매매거래가 임대거래의 2배가 되기도 하지만, 부동산경기 특성은 호경기는 짧고 불경기가 길다. 따라서 불경기가 중개업자에게는 큰 영향을 미치는데 불경기의 경우 매매거래는 임대거래의 반 정도로 거래되고 있어 임대거래가 부동산중개업자들의 주 수입원이다.

따라서 11년의 평균을 산출해보면 매매거래는 전체거래의 41%에 불과하고 임대거래는 59%에 달하고 있다. 이러한 통계를 미루어 보아 만일 대형 주택관리업체가 들어와 주택 임대시장을 점령한다면 우리 부동산중개업계는 고사할 수밖에 없다.

이를 주택 부분만으로 발췌하여 분석해보면 매매거래 수는 더 줄어들어 임대거래 비율은 더 높아진다. 이러한 상황에서 부동산중개업계는 생존을 위해 발 빠르게 부동산임대관리업에 뛰어들어야 할 것이다.

물론 상가 및 창고·공장 그리고 토지만을 전문으로 하는 부동산중개업소는 당장 위협의 대상이 되지 않는다. 그러나 주택관리업체가 공인중개사를 고용하거나 기존 부동산중개업자를 흡수 및 컨소시엄을 이루어 뛰어든다면 상가 및 공장 등을 전문으로 하는 부동산중개업자들도 여유 있는 것은 아니다.

또 주택을 전문으로 하는 부동산중개업자가 대형 전문 부동산관리업체에게 밀리면 토지 등으로 전환하지 않을 수 없으므로 토지 등의 전문 부동산중개업자들의 경쟁은 더 치열할 수밖에 없을 것으로 예상된다.

1.4.3.2. 안정적 임대물건 확보

부동산중개업자가 부동산임대관리업을 자기관리형이든, 임대관리 위탁관리형이든 소유주와 임대관리계약을 체결하여 관리하게 되면 관리계약을 체결한 물건은 임대는 물론 매매까지도 전속중계약을 체결한 것과 동일하므로 안정적으로 물건을 확보한 것과 같다.

2013년 12월부터 「주택법」이 개정이 발효되어 주택임대관리업이 시행되면 대형임대관리업자나 기존의 시설관리업자들이 주택임대관리업을 등록하고 소유주와 자기관리형이나 시설 위탁관리형 관리계약을 체결하고 임대차관리는 부동산중개업자에게 위탁하도록 되어 있으나 실질적으로 직거래형식을 취할 경우 부동산중개업자는 임대 및 매매물건을 부동산중개에서 대량 상실할 수밖에 없게 된다.

또한 주택임대관리업을 등록하면 임대주택만을 관리하는 것이 아니라 상가나 빌딩 그리고 공장 및 공공시설까지 관리할 수 있다. 좋은 예가 현재도 주택관리회사나 기타 시설관리회사들이 아파트 등 시설관리만이 아니라 상가 및 빌딩 그리고 공업단지, 비행장, 지자체의 시설 관리를 이들 회사가 관리계약을 체결하고 실시하고 있다.

1.4.4. 선진국 대형 임대관리회사 진입 전 선점 절실

1997년도 우리나라가 IMF를 당하였을 때 우리나라는 부동산시장을 개방하도록 협약되었다. 그리고 각 국가들과 체결한 FTA 체결은 우리나라가 세계시장에 개방하지 않으면 아니 되도록 되어 있다.

IMF 때 외국의 자본과 자료·경험이 풍부한 대형 부동산 중개업체 및 컨설팅 업체 그리고 부동산관리업체 들이 우리나라에 상륙하려 했다. 그러나 외국 부동산중개업체는 우리나라의 중개수수료율이 낮아 진입할 수 없었고, 컨설팅업체는 일부 진입하였으며, 부동산 투자자 및 관리업체들은 우리나라에 관리업체가 없어 부동산 투자자들이 투자를 꺼렸다는 이야기가 있다. 그러나 「주택법」의 시행으로 우리나라에 부동산임대관리업체가 출현하게 되면 외국의 투자자들이 많이 밀려들어 올 것으로 예상된다. 따라서 우리 부동산관리업체들은 외국의 관리업체나 우리나라의 대형 부동산관리업체가 행동을 실시하기 전에 우리가 선점하여 물건을 빨리 확보할 필요가 있다.

2. 부동산임대관리형태 변천

부동산임대관리형태의 변천을 보면 초기에는 수익형부동산을 소유주가 직접 임차인을 선정하고 임대료도 수급 및 관리하며 시설물도 수리 및 고장 등 관리를 직접해 왔다. 이를 우리는 원시임대관리 또는 자기관리형 임대관리라고 칭해 왔다.

그러다가 신축 관리할 경우에는 별로 잡음이 없이 소유주의 원시임대관리가 잘 이루어졌으나 건물이 노후와 되고 시설물이 노후화 되면서 시설물 관리는 철물점이나 개인 건축업자 등에게 의뢰하여 관리해 왔다. 이때까지만 해도 소유주가 직접 관리하는 원시임대관리의 발전이라고 할 수 있다. 왜냐하면 시설물관리를 소유주가 직접 확인하고 업자에게 직접 임무를 부여하여 수리하되 직접관리를 하는 형태이기 때문이다.

이때는 관리비도 소유주가 직접 수금하고 관리하여 이러한 관리체제를 일부에서는 제1 세대 임대관리라고 부르기도 한다.

그다음 임차인들의 시도 때도 없는 전화와 요구사항이 주로 시설물에서 오게 되자 이제 소유주는 임대차관리만 하고 시설물 및 보안 관리는 전문가에게 맡기는 중간단계 임대관리형태가 발전하기 시작한다. 그래서 시설관리 위주로 시설 및 청소 보안관리 업무를 시설업체에 위탁하고 그에 따른 관리비를 시설업체가 관리하도록 하는 관리를 통상 제2 세대 임대관리라고 칭하고 있다.

「부동산중개업법」 제정으로 부동산 투자가 늘어나면서 외지인의 수익형 부동산을 주변의 부동산중개업자가 임대관리하기 시작하면서 일부에서부터 제3세대 임대관리, 즉 임대관리의 임대료 일부를 부동산중개업자가 관리하면서 관리비로 1개월 임대료를 지불하거나 공실에 대한 책임을 지지 않는 조건으로 일정 수입만 소유주에게 제공하기로 하는 (보장이 아님) 제3세대 임대관리가 태동하기 시작하여 점점 확대되고 있는 실정이다.

최근 「주택법」이 개정되면서 자기관리형 주택임대관리와 위탁관리형 임대관리가 출현하였으나 이 또한 임대차관리의 핵심인 임차인의 선정 및 유입문제는 부동산중개업자에게 의뢰하도록 하고 있어 제2세대 부동산임대관리형태를 취하고 있다. 따라서 지금도 수익형부동산의 임대관리는 제1세대 임대관리로부터 제3세대 임대관리까지 혼재되어 운영되고 있다.

2.1. 제1세대 부동산임대관리

제1세대 부동산임대관리란 소유주가 직접 부동산임대관리 업무영역 전반을 관리하는 것을 말한다. 즉, 소유주는 수익형 부동산(임대사업 부동산)을 취득하여 당해 건물에 직접 거주거나 비거주하면서 당해 수익형부동산의 임대차, 시설, 보안 및 안전관리, 청소 등 환경관리 수입관리를 직접하는 것을 말한다.

우리나라의 부동산임대사업의 유형 중 많은 임대사업자들의 관리 형태이다.

이러한 제1세대 관리를 하는 임대사업자를 보면, 건설업자 중 임대 후 분양하는 임대주택, 다가구 등과 같이 단일 또는 몇 개의 건물을 구입하여 임대사업을 하는 전문임대사업자, 다가구 등과 같이 단일 수익형 건물을 취득하여 노후의 생계를 유지하려는 부동산임대사업자 등을 들 수 있다.

이처럼 부동산 제1세대 임대관리를 해온 소유자들이 관리업무를 하면서 임차인들과 임대료 징수의 어려움, 시설관리 및 수리 요구에 대한 고통, 임대차 만료 시 부동산 명도의 어려움 등 많은 충돌이 발생하자 소유자는 임대차관리만을 하고 시설관리 및 보안관리 그리고 환경관리를 전문업체 또는 다른 사람에게 위탁하기 시작하여 1세대 임대관리 유형은 점점 줄어들고 있다.

2.2. 제2세대 부동산임대관리

제2세대 부동산임대관리란 부동산임대관리 중 시설관리업무와 보안관리 업무 그리고 환경관리 업무를 소유주가 아닌 제2의 기관에 위탁 또는 도급하여 관리하는 형태를 말한다. 즉, 소유주가 임대차관리 및 일부 관리업을 하고 시설 등 나머지 업무 영역을 시설 전문업체에 위탁하여 관리하되 그 관리수수료를 임차인이 지불하는 형태를 말한다.

우리나라가 주택관리사제도를 실시한 이후 시설관리업무가 획기적으로 발전하였고, 이들은 체계적인 발전을 하여 대형화 추세에 이르고 있다. 또한 IMF 이후 다가구주택 붐이 일어나면서 주거용 부동산 중 소자본의 유일한 수익형 부동산으로 각광을 받자 다가구주택의 환경 및 시설관리 전문업체가 절실히 요구되었으며, 이들의 적극적인 활동으로 1개 시설 및 환경관리 전문 업체는 1년에 수천만 원으로부터 수억 원의 매출액을 수입하는 업체로 발전되었다.

현재 이들이 관리하는 주거용 수익형 부동산은 수십 채로부터 수백 채를 관리하고 있으며, 주로 청소업무인 환경관리업무가 주된 업무이고, 시설관리업무는 임차인들의 요구가 있는 경우 부품비는 임차인이 부담하고 교체 및 결합하는 형태의 수리를 하고 있으며, 관리비 징수업무가 주된 업무이다.

제2세대 시설 및 환경관리 업체의 업무실태를 보면 먼저 청소 및 환경관리에 있어서는 다가구 주택의 경우 4층 이하 단일 통로의 부동산으로 청소하는 청소원의 1동 청소하는 데는 대략 30분~1시간 정도 소요되고 주 2회 청소를 해주는 조건이다. 1동 청소하는 비용은 월 5만 원을 세금 공제 없이 주고 있다. 따라서 청소원이 통상 1일 4~5시간 청소업무를 하는데 1일 8~10채를 청소하고 있고 최고로 많이 하는 청소원은 1주에 50~60채를 청소하고 있다.

청소원의 조달은 기본적으로 시설 및 환경관리업체 대표 및 배우자가 직접하고 그 외 추가되는 부분의 청소는 인력업소, 동네, 친척들로부터 조달하고 있다.

청소에 들어가는 비품 및 재료는 청소원이 전부 부담하는데 이를 위해 전문 청소원은 "다마스" 소형 승합차를 운영하기도 한다. 청소기구의 관리는 해당 건물에 보관하기도 하나 대부분 승용차나 승합차에 싣고 다니고 있다.

제2세대 부동산임대관리 실태를 보면 임대차관리는 부동산중개업소에 위탁하고, 시설 및 환경 그리고 보안 관리는 관리실이나 시설관리업체에 위탁하는 형태를 많이 취하고 있다.

이때 임대차관리를 위하여 소유주는 부동산중개업소에 임대차관리를 위하여 법정중개 수수료를 지불하며, 시설 등의 관리는 관리실이나 시설관리업체가 임차인으로부터 관리 비를 징수받아 운영하는 형태가 있다. 이때 임차인이 없어 공실인 경우의 공실에 대한 관리비는 소유주가 부담하여야 한다. 시설관리는 환경 및 시설관리업체는 재료비가 들지 않는 시설관리를 해주고 있으며, 재료비만 투입되면 수리가 가능한 경우 시설관리업자가 직접 해주거나 철물점 및 열쇠업자 또는 개인 건설업자를 통하여 시설을 관리해주고 있다.

2.3. 제3세대 부동산임대관리

제3세대 부동산임대관리란 소유주가 임대차관리도 하지 아니하고 전문 관리회사에 임대관리 전 업무를 관리계약을 체결하고 위임하는 형태를 말한다.

즉, 소유주가 부동산임대관리 전반을 부동산임대관리업체에 위탁하고 소유주가 관리보수를 지불하며, 임차인은 2세대 부동산임대관리 형태를 유지하는 형태이다. 이 형태는 임대관리업체는 소유주에게 일정한 수입을 보장해주기로 하고 부동산관리 전반을 위탁 받아 소유주를 대행하는 형태이다. 현재 임대사업자들 중 일부는 제3세대 부동산임대관리를 시행하고 있다.

「주택법」에서의 자기관리형 주택임대관리 형태가 전형적인 제3세대 부동산임대관리 형태이다. 제3세대 임대관리를 위해서는 소유주와 부동산임대관리계약을 체결하여야 하는데 이를 위해 소유주에게 적절한 수익을 얼마를 보장해줄 것인가가 결정되어야 하며,

관리업체가 획득할 수 있는 수입을 어느 정도로 결정할 것인가 하는 문제 그리고 이에 따른 관리비를 어느 정도로 할 것인가를 합의하여야 한다.

또한 시설 및 환경관리를 함에 있어 장단기 수리계획에 대한 결정과 그 비용의 염출문제 그리고 보안문제를 위한 시설 및 보험문제 등이 합의되어야 한다.

또 제3세대 부동산관리업체는 소유주에게 주기적으로 관리결과를 보고하여야 하는데 이때 보고할 사항에 대해 한계를 결정하여야 한다.

이와 같은 합의가 이루어지면 이에 따른 사업계획서를 작성하고 소유주로부터 동의를 얻으며 세부적으로 추진하게 되며, 그중 임대차관리를 위하여 부동산중개업자를 선정하여 협력업체 계약을 체결하여야 할 것이다.

특히 소유주에게 일정한 수익을 보장해주어야 함으로 잘못 운영하는 경우 부실 운영에 발생할 수 있으므로 관리업체는 적극적인 홍보와 이미지관리 등을 통하여 최대의 수익을 창출할 수 있는 노력이 지속적으로 필요하다.

특히 우리나라는 다른 나라와 달라 전세 및 임대차 중 보증금이라는 제도가 있어 그 금액이 큼으로 이에 대한 지불 관계와 책임이 명확하여야 함을 임대관리업체는 착안하여야 한다.

「주택법」에서의 위탁관리형주택임대관리는 대표적인 제1세대 및 제2세대 임대관리가 혼재된 부동산임대관리 형태이며 「공인중개사법」에 의한 부동산임대관리대행은 부동산임대관리 업무영역의 위탁정도에 따라 제1세대 또는 제2세대 및 제3세대 부동산임대관리 형태라 할 수 있다.

제3세대 부동산임대관리 하는 경우 소유주는 임대차관리업자나 부동산중개업자에게 관리보수로 통상 1개월분의 차임을 지불하거나 임대료 총액의 5~10%를 지불하고 있으며, 또 임차인에게 보증금 수불을 자유로이 실시할 수 있도록 부동산중개업자 또는 임대관리업자에게 보증금의 20% 정도를 예치금으로 예치하고 있다.

3. 부동산임대관리 유형

현재까지 부동산(주택)임대관리에 관한 규정은 크게 두 곳에 규정하고 있다.

하나는 「공인중개사법」 제14조와 「주택법」 제53조의2로부터 제53조의7 및 제81 및 82조, 제97 및 98조 그리고 제101조에 규정하고 있다.

이 두 법에서 규정하고 있는 부동산(주택)임대관리 유형을 종합하여 살펴보면, 「공인중개사법」에서는 부동산임대관리대행을, 「주택법」에서는 자기관리형 주택임대관리업과 위탁관리형 주택임대관리업 그리고 대통령령으로 정하는 유형 이렇게 3가지 유형이 있다.

이를 구체적으로 살펴보면 다음과 같다.

3.1. 부동산임대관리 대행[5]

「공인중개사법」 제14조 규정에서의 부동산임대관리 대행은 부동산중개업자로 등록한 자는 누구나 할 수 있다.

즉, 부동산중개업을 등록한 개업공인중개사가 할 수 있는 부동산임대관리 대행에 대해 구체적으로 살펴본다.

3.1.1. 별도 등록 없이 수행

「공인중개사법」에 의거 부동산중개업을 등록한 공인중개사는 부동산중개업 등록으로 별도의 부동산임대관리대행을 등록하지 아니하여도 「공인중개사법」 제14조의 규정에 의하여 부동산임대관리 대행을 할 수 있다.

이때 부동산중개업자가 부동산임대관리 대행하는 부동산의 종류는 주택, 상업용 건물, 업무용 건물, 창고, 공장, 농지 등에 제한이 없으며, 수량에도 제한이 없으나 다만 주택에 한해서는 「주택법」의 규정에 한해서 일정 규모 이상인 경우 주택임대관리업 등록을 하여야 한다.

3.1.2. 주택·상업용 건물 모두 임대관리 대상

원칙적으로 주택임대관리업은 주택에 한해서만 가능하나 임대관리대행은 주거용 부동

---

5) 「공인중개사법」 제14조.

산, 상업용 부동산, 산업용 부동산 등 전 부동산에 대한 임대관리업이 가능하다.

주거용의 경우 300세대 이상의 아파트의 시설관리는 주택관리사의 업무 영역으로 「임대주택법」에 규정하고 있다. 300세대 이상의 공동주택의 시설관리를 제외한 임대차관리는 개업공인중개사가 임대관리대행 수행이 가능하며, 그 외의 300세대 이하의 다세대주택, 연립주택, 다가구 및 단독주택, 고시원 및 고시텔, 기숙사 등에 대해서는 시설관리를 포함한 임대관리 대행을 할 수 있다.

상업용 부동산, 즉 점포 및 상가주택(근린상가 등), 전문상가, 아파트 단지 내 상가, 공공기관이 운영하는 시장 및 대량 상가(지하상가 등), 쇼핑센터, 백화점, 아울렛 등을 관리대행 할 수 있다.

산업용 부동산에 있어서도 사무용 빌딩, 아파트형 공장, 농공단지, 산업단지, 창고, 산업단지 내 창고, 개인 및 농협 등이 운영하는 저온창고, 아파트 단지 등에 남은 물품 창고 등에 대해서도 관리대행을 할 수 있다.

3.1.3. 수량 및 영역 제한 없이 임대관리 대행

주택임대관리업은 별도의 등록을 해야 하는 업종이므로 사업성이 있는 일정한 규모 이상의 임대관리를 할 부동산의 수가 되어야 한다.

그러나 부동산임대관리 대행은 법규에 그 규모 및 수량의 제한을 두지 않았으므로 규모와 수량에 제한이 없다. 따라서 임대관리한 부동산의 수나 임대관리 영역의 제한 없이 전체적으로 위임받아 부동산임대관리 대행을 하거나 임대차관리 부분만을 위임받아 부동산임대관리 대행을 할 수 있다.

다만 주택은 「주택법」에서 정한 일정 규모 이상이면 별도로 주택임대관리업을 등록해야 하고, 그 일정 수준 이하의 경우에는 중개업자가 상당량의 업무영역을 직접 관리하거나 기존 업체와 협력계약을 체결하여 수행하여야 할 것이다.

3.2. 자기관리형 주택임대관리업

자기관리형 주택임대관리업이란 「주택법」의 규정에 의한 부동산임대관리유형으로 주택

임대관리업자는 임대관리 계약기간 중 임대인으로부터 관리보수를 받고 임대인에게 약정한 임대료 지불을 보장하여야 하며, 자기책임으로 주택을 임대관리 하는 형태를 말한다.

다시 말해서 소유자는 임대주택을 구입하고 주택임대관리업체와 "소유자에게는 투자된 금액에 해당하는 일정수준의 수익만을 보장"해주고, 대신 소유자가 구입한 임대주택을 소유자를 대신하여 관리하면서 임대관리사업 수익을 획득하는 주택임대관리 형태이다.

그래서 임대차계약 시에도 소유자를 대신하여 주택관리업자가 거래당사자가 되어 계약을 체결한다. 또한 시설 및 안전 그리고 환경관리 등에 대해 수리 및 관리계획을 수립하고 이에 따른 예산판단을 하여 소유자에게 보고하며, 승인된 사항에 대해 수리 및 관리를 하고 임대관리 형태에 따라 임대주택으로부터 수익을 획득하거나 관리보수를 임대인으로부터 받게 된다.

다만, 임대차관리 중 임차인 선정 및 임대차계약은 제외됨으로 부동산중개업자에게 의뢰하여 실시해야 하며, 주택임대관리업체는 임차인의 입주 이후의 관리인 임차인으로부터 관리비 및 임대료 고지서를 수발하거나 시설관리와 임대차 종료 후의 임차인으로부터 부동산 인수관련 업무 및 악성임차인의 임대료 체납자에 대한 임대료 징구처리 또는 부동산 인도를 위한 명도행위 및 소송 대리업무 등을 수행하는 형태이다.

이때 주택임대관리업자가 소유자(임대사업자)로부터 위임받을 수 있는 것 중 부동산중개 관련 업무는 주택임대관리업무 영역 외의 것임으로 위임할 수 없음도 간과되어야 한다.

3.3. 위탁관리형 주택임대관리업

위탁관리형 주택임대관리업이란 임대관리업무영역 중 일부 또는 전부를 임대사업자(소유주)가 주택임대관리업자에게 위탁하여 관리하는 형태이다.

따라서 임대차계약에 있어 기본적으로는 임대인이 계약당사자가 되고 부동산중개업자에게 임대차관리를 위탁한 경우에는 부동산중개업자가 거래 당사자가 될 수 있다. 이 외에 부동산임대관리업무 영역인 시설관리, 보안 및 안전관리, 환경관리, 재무관리 등의 업무영역 중 부분적으로 각각 업무별로 또는 2 이상의 업무를 위탁받아 해당분야 부동산관리를 해주는 관리이다.

이 형태는 현재 우리나라에서 가장 많이 실시하고 있는 부동산임대관리 형태로 소유자는 임대차관리와 보안 및 안전관리를 담당하고, 청소업체로 하여금 시설 및 위생·환경관리를 위탁하여 임대사업을 하고 있다.

위탁관리형에서 위탁관리업체에 관리수수료 지불 방법을 보면 임대차관리는 부동산중개업자에게 중개보수를 관리보수로 지불하고 있고, 기타의 업무의 위탁관리 업체들은 임차인으로부터 받는 관리수수료 받아 이를 수입으로 하고 있다.

3.4. 대통령령이 정하는 주택임대관리업

기타 대통령령으로 정하는 주택임대관리업은 아직 「주택법」 시행령으로 구체화하여 공포하도록 되어 있으나 이에 대해서 규정된 바 없다.

다만 예측할 수 있는 것은 자기관리형과 위탁관리형을 혼용한 형태가 있을 수 있다. 즉, 소유주가 임대관리업자에게 자기관리형으로 관리계약을 체결하고 부동산임대차업무만 소유주가 부동산중개업자와 협력업체 계약을 체결하는 형태이다.

4. 부동산임대관리 업무영역

부동산임대관리 대행이나 주택임대관리업자가 수행할 부동산(주택)임대관리업 내의 업무영역은 다음과 같다.

4.1. 임대차관리

임대차관리란 임차인 관리와 관련된 업무를 말하며, 임대관리와 많이들 혼동하고 있다. 임대관리란 부동산(주택)임대관리를 말하며, 임대차관리를 포함하여 시설관리, 보안 및 안전관리, 환경관리 그리고 재무관리까지 포함된 관리업무를 말한다.

임대차관리란 임차인을 선정하고, 임대차계약을 체결하며, 임대차기간 중 임차인의 생활편익에 관련된 업무를 지원하고 임대료를 요구하거나 연체 임대료를 징구하며, 시설관리 및 임차인의 시설사용을 지원하는 업무 그리고 임대차 만료에 따른 부동산 명도 및 임차인의 시설사용 확인 그리고 필요시 임차인과 소송업무를 수행하는 업무이다.

이 중 「주택법」에서는 주택임대사업자에게 임차인의 선정 및 임대차계약체결의 임대차 중개행위는 중개업자가 실시하고, 그 외의 임대차기간 중의 임대료 징수 또는 임차인 관리와 임차인 편익과 관련된 업무 그리고 임대차 만료 시 부동산 명도 등과 관련한 소송 등의 업무는 주택임대관리업자가 수행하도록 구분 규정하고 있다.

4.2. 시설관리

시설관리란 임대관리 할 건물에 설치된 시설들을 관리하는 업무를 말하며, 시설업무에는 입주자의 내부시설 관리업무와 공용부분에 해당하는 외부시설 관리업무로 구분된다.

내부시설 관리업무는 기본적으로 임차인이 관리해야 하는 업무이며, 임차인이 관리하여야 할 시설 중 내용연수가 다 된 기본시설은 임대인이 관리해주어야 함으로 소유주로부터 시설관리를 위탁 받는 경우에는 시설관리업체가 관리를 해주어야 한다.

다만, 기본시설이라 하더라도 전구, 수도꼭지 등과 같은 소모품에 해당하는 것은 임차인이 관리 유지하여야 한다.

외부시설 관리업무는 시설관리 업체가 관리를 하여야 한다.

따라서 시설관리업체는 내부시설의 기본시설과 외부시설을 관리하기 위하여 관리계획을 작성하고 이를 소유주와 협의하여 예산을 편성한 뒤 관리계획에 의거 관리를 하여야 하며 매년 지속적으로 관리하여야 한다. 이렇게 하여 건물의 가치가 감가상각으로부터 회복되어 정상적인 가치를 유지할 수 있도록 하여야 한다.

시설관리업체가 시설관리업무를 수행하는 방법은 간단한 것은 본인이 하거나 또는 인근 철물점 등 시설관리업체에 의뢰하여 관리하기도 하며, 공사가 요구되는 시설관리는 공사계획을 수립하여 관리한다.

4.3. 보안 및 안전관리

보안 및 안전관리란 당해 건물에 관련된 CCTV 및 출입문 비밀번호 관리, 화재 등 소방

관리, 승강기 등의 안전 및 전기관리 그리고 외부의 침입을 방지하기 위하여 방범망 설치 등의 방범관리 그리고 계단 및 옥상 등에서 추락이나 낙상 등을 방지하여야 하는 시설물 안전관리를 말한다.

보안 및 안전관리는 시설물관리와 통합하여 관리하고 있다.

보안 및 안전관리는 한번 설치하면 장기간 운영됨으로 많은 운영비가 요구되지는 않으나 작동이 안 되거나 훼손 시 이로 인한 피해가 크게 발생하므로 주기적 그리고 수시 점검이 요구된다.

따라서 보안 및 안전관리는 통상 순찰과 병행하여 실시하며, 이상이 발견 시에는 우선적으로 조치를 하고 대책을 수립하여 실시하여야 한다.

이 보안 및 안전관리는 SECOM 등에 일정한 관리비를 정기적으로 지불하고 보안 및 안전관리 업체에 위탁하여 관리하기도 한다. 보안 및 안전관리 전문업체는 SECOM, 방화관리업체, 승강기 안전관리업체, 전기안전공사업체 등이 있다.

4.4. 위생 및 환경관리

위생 및 환경관리란 건물의 내·외부 청소와 음식물 쓰레기를 비롯한 쓰레기처리 그리고 화단 등의 조경관리, 내·외부 건물 환경 등을 관리하는 업무를 말한다.

내·외부 청소는 청소하는 청소원을 별도로 고용하여 운영하거나 청소관리 전문업체와 협력계약을 체결하여 운영하며, 또 소유주나 임대관리업체가 인력취급소에 위탁하여 아르바이트 식으로 운영하기도 한다.

음식물 쓰레기는 공동주택이나 집합건물의 경우에는 음식물쓰레기 통을 별도로 지정하여 통합하여 운영하고, 다가구 등과 같이 개별 건물의 경우에는 각 가정마다 음식물 쓰레기를 용기에 넣어 음식물을 수거할 수 있도록 하면, 지자체에서 종합적으로 음식물을 수거해간다.

이 음식물 쓰레기는 외부에 놓는 경우가 많아 냄새가 많이 남으로 자주 청소 등의 관리가 요구된다.

가구 및 폐지 등과 같은 일반 쓰레기는 구분건물의 경우 단지 별로 별도의 요일을 정하여 집결장소에 집결하여 처리하나 다가구처럼 개별 건물은 일정한 장소에 매일 모아 놓으면 지자체에서 수거해 가고 있어 임대관리업자는 이 장소를 차량이 통행하는 도로 일정한 장소를 정해주어야 한다.

환경관리는 건축 시 승인된 조경을 유지하여야 하며, 주변을 화단 등을 조성하여 아름답게 조성하고 특히 잡초 등으로 폐가 느낌이 나지 않도록 관리하여야 한다.

일부 건물에서는 옥상에 화단을 조성하거나 농장을 설치하기도 하는데 이는 주민과 잘 협조되어야 하고, 옥상의 방수문제 등 시설관리업무와 잘 협의되어야 한다.

4.5. 재무관리

재무관리는 소규모인 경우에는 관리해야 할 업무량이 적으나, 사업으로 등록하거나 규모가 커지면 외부감사 등을 대비하여 자체 회계담당 운영 외에 외부 전문 회계사나 세무사에게 위탁이 요구된다.

내부적으로는 경리사원을 두어 관리하며, 사업자 자신이 기본적인 회계 및 세무에 대한 기초적인 지식은 보유하여야 한다.

재무관리에는 관리비책정, 임대료책정, 관리비 및 임대료 관리를 위한 징구 및 수납 그리고 회계장부 관리 등의 업무, 금융업무 그리고 세무업무, 대·외 감사에 대비한 활동 등의 업무가 포함된다.

재무관리 하는 방법은 사업자가 직접 관리하는 방법이 있고, 규모가 작은 경우와 외부감사를 받아야 하는 경우 등은 회계사나 세무사에게 위탁하는 방법으로 운영한다.

5. 부동산(주택)임대관리업 수행 방안

부동산(주택)임대관리업을 수행하는 방안은 중개업자가 아닌 자와 중개업자로 구분된다.

5.1. 중개업자 외의 자 임대관리업 수행 방안

중개업자가 아닌 자는 임대사업자(소유주)와 주택임대관리계약을 체결하고 주택임대관리업을 실시할 수 있다. 이때 임대차관리업무를 위해 개업공인중개사를 채용하거나 협약계약을 체결하고 주택임대관리업을 한다.

주택임대관리업을 개별 자영업으로 직접 실시하는 경우는 부동산중개 외의 업무인 시설관리와 보안 및 안전관리 그리고 청소 등 위생 및 환경관리를 직접 실시할 수 있도록 지식을 함양하거나 경험이 있어야 한다.

법인인 경우는 부동산중개와 관련된 업무는 공인중개사를 채용하여 부동산중개업을 등록하도록 한 뒤 부동산중개업체를 자회사로 두고 임대차관리를 하도록 하고, 부동산중개 외의 업무는 관련분야 전문가를 채용하거나 업체와 협약을 체결하여 실시하는 방안이 있다.

자영업이든 법인이든 부동산중개업자와 협약하는 방안에는 부동산중개업자와 전속중개계약, 독점중개계약, 업무협약 등을 체결하여 임대차 중개 업무를 맡기면 된다.

5.2. 중개업자 임대관리업 수행 방안

부동산중개업자는 주택의 경우에는 자기관리형인 경우 100호 이상, 위탁관리형의 경우는 300호 이상인 경우 별도로 주택임대관리업을 등록하고 사업을 할 수 있으며, 주택의 경우라도 임대사업등록기준 호수 이하와 주택 외의 부동산의 임대관리 경우는 「공인중개사법」에 의거 별도로 등록 없이 사업을 할 수 있다.

5.2.1. 규모

5.2.1.1. 개인사업자로 수행 방안

개인인 부동산중개업자가 소유주로부터 임대관리계약을 체결하고 부동산임대관리업을 수행하는 것은 부동산중개사무소를 운영하면서 부동산임대관리업도 병행하여 수행하는 방안을 말한다.

부동산중개업자가 부동산중개업과 부동산임대관리업을 병행함으로써 획득할 수 있는 이득은 소유주와 임대관리계약을 체결함으로써 우선 임대물건을 안정적으로 확보하는 데 있고, 다음에는 임대관리사업을 통하여 관리보수를 고정적으로 징수함으로써 안정적인 고정수입이 창출된다는 데 있다.

그리고 임대차계약 시 임차인에게 설명해야 할 임대차 현황을 임대인에게 별도로 요구함이 없이 용이하게 처리할 수 있으며, 임대관리 물건이 추후 매매되는 경우 매매물건도 독점적으로 확보한다는 데 있다.

부동산중개업자가 부동산임대관리를 병행하는 경우 임대관리 하는 방법에는 임대차관리만을 실시하는 방안이 있고, 임대차관리를 비롯한 전체 업무를 직접하는 방법이 있다.

이 경우는 부동산중개업자는 중개보조원을 채용하여 중개보조원으로 하여금 당해 건물의 부동산중개관리와 시설물 등의 관리를 병행하도록 하는 방법을 사용하기도 한다.

또 임대차 관리 외 다른 관리만을 관리할 직원을 채용하여 관리하도록 하는 방안을 취하기도 하며, 다가구 10여 동 이하의 소규모인 경우는 부동산중개업자가 직접 임대차관리를 비롯하여 전체적으로 관리하기도 한다.

또 다른 방법은 임대차 관리는 부동산중개업자가 실시하고, 환경 및 시설 그리고 보안 및 안전 관리는 각각의 전문업체와 협력계약을 체결하여 수행하거나, 부동산중개업자가 소유주로부터 관리계약을 체결하여 전체적으로 위탁을 받아 부동산중개업자가 할 수 있는 업무 외의 업무는 전문업체에 재하청을 주는 방법이 있다.

또 부동산중개업자가 소유주와 임대관리계약을 체결하고 임대차관리 외의 업무를 할 업무를 기존업체를 흡수하거나 새로이 설립하여 운영하는 방법도 있다.

5.2.1.2. 법인으로 수행 방안

이 방법은 부동산임대관리업을 법인으로 구성하여 부동산임대관리업을 수행하는 것을 말하며, 여기에는 두 가지 방안이 있다.

하나는 법인을 구성하여 부동산임대관리업을 수행하는 방안과 부동산임대관리협동조합을 구성하여 부동산임대관리업을 수행하는 방안이다.

이에 대해 구체적으로 살펴본다.

5.2.1.2.1. 법인으로 임대관리업 창업

이 방법은 처음부터 부동산임대관리업무 전반을 수행할 수 있는 전문 인력과 자본금을 확보하고 필요한 시설 및 장비를 구비하여 주식회사나 유한회사 등을 설립하여 부동산임대관리업무를 수행하는 방안이다.

이를 위해서는 「상법」상의 법인 설립절차를 거쳐 설립하여야 한다.

5.2.1.2.2. 협동조합으로 수행 방안

이 방법은 부동산임대관리 업무별 업체가 협동조합을 구성하여 부동산임대관리업을 수행하는 방안을 말하며, 부동산중개업자의 경우를 예를 들면 부동산중개업자 5인 이상이 부동산임대관리업을 위한 협동조합을 결성하여 임대차관리 및 물건 확보는 부동산중개업자가 하고 임대차관리 외의 업무, 즉 시설관리, 환경 및 위생관리, 보안 및 안전관리, 재무관리는 협동조합 본부에서 관리 및 지원하는 방안이다.

5.2.2. 업무수행 면

5.2.2.1. 임대차관리만 수탁 방안

이는 부동산임대관리업자나 소유주로부터 임대차관리업무를 위탁받아 임대관리를 하는 방안이다. 이 방안에는 두 가지 형태가 있을 수 있다.

하나는 임대차관리 전부를 위탁받는 방안이 있고, 하나는 임대차관리 분야 중 부동산중개에 해당하는 임차인 선정 및 임대차 계약과 임차인 입주까지의 업무를 수행하는 방안이다. 이는 소유주나 임대관리업자와 체결하는 위탁계약의 업무 범위 설정으로 결정하여야 한다.

부동산중개업자가 임대차관리 업무 전부를 위탁받는 형태는 소유주와는 임대차관리 전부를 위탁계약을 체결하여 임대차관리 전반의 업무를 수행하고, 부동산중개 분야만 위탁 관리하는 형태는 소유주와 전속중개로 체결하고 부동산중개업무만을 수행하는 형태이다.

5.2.2.2. 자기관리형으로 운영

임대사업자로부터 임대주택의 임대관리 전반업무를 위탁받아 수행하는 방법으로 이때 부동산중개업자는 임대사업자와 자기관리형 임대관리계약을 체결하여 부동산임대관리업을 수행한다.

이를 수행하기 위하여 부동산중개업자는 부동산중개를 자기가 직접 수행하고, 그 외의 업무는 전문인력을 고용하여 직접 운영하거나 기존 관련 전문업체와 협약을 체결하여 운영하는 방법이 있다.

부동산중개와 재무관리업무 외의 업무를 수행하는 방안에 대해서는 다음의 시설업체 운용 방안에서 구체적으로 살펴보기로 한다.

5.2.3. 시설업체 운용 방안

현재 임대관리를 위하여 업체를 보면 관리 분야별로 업체들이 발달되어 있다.

부동산중개업소는 기본 임무가 부동산임대차관리업무를 수행하여야 하므로 부동산임대관리에서 없어서는 안 될 업체이며, 임대관리업자로 가장 유리한 업체이다. 따라서 부동산중개업자는 보안 및 안전관리업체, 위생 및 환경관리업체, 시설관리업체(이들을 통괄하여 시설관리업 등이라 칭한다)를 잘 활용하면 효율적인 부동산임대관리업을 운영할 수 있을 것이다.

그 운영 방법은 다음과 같다.

① 시설관리업체 등을 부동산중개업소 내에 신설하는 방안

② 시설관리업체 등을 하청업체로 두는 방안

③ 시설관리업체 등을 협력업체로 운용하는 방안

④ 시설관리업체를 협동조합 본부로 운용하는 방안

5.2.3.1. 시설관리업체 포함 창업

부동산중개업소는 임대관리업이나 임대관리대행을 해당 건물의 소유주나 대표자회의로부터 위탁받아 부동산임대관리를 수행하는데 임대차관리 외의 다른 업무를 수행하기 위하여 시설관리업체 등의 업무를 부동산중개업소 내에 설치하여 운영할 수 있다.

즉, 보안 및 안전관리 업무를 위하여 전기기사를 채용하여, 전기안전, 승강기안전, 보안장비관리 업무 및 경비업무 등을 담당하도록 하고, 설비기사를 채용하여 시설관리 및 환

경관리업무를 관리하도록 하며, 청소원으로 하여금 위생관리업무를 담당하도록 하고, 경리를 두어 재무 및 회계 관리 업무를 수행토록 하며, 중개보조원을 두어 해당건물의 임대차 관리와 보안업무 일부를 관리하도록 하는 방안이 있을 수 있다.

이 방안은 가장 조직적이고 완벽한 임대관리업무를 수행할 수 있으나 인건비 등의 관리비가 많이 소요되는 단점이 있다.

5.2.3.2. 시설관리업체에 하청하는 방안

부동산중개업자가 자기관리형 또는 위탁관리형 임대관리나 임대관리대행을 하기 위하여 기존의 시설관리업체 등을 하청업체로 운용하는 방안도 있다.

이 방안은 소유주와는 자기관리형임대관리계약을 체결하고, 시설업무는 기존 관리하던 시설관리업체가 있는 경우는 기존 시설관리업체와 만일 기존 시설관리업체가 없는 경우에는 시설관리업체를 선정하여 시설관리업체와 도급계약을 체결하여 재하청을 주어 관리하는 방안이다.

5.2.3.3. 시설관리업체를 협력업체로 운용 방안

이 방안은 부동산중개업소가 해당 건물의 소유주로부터 임대관리계약을 체결하고 기존의 시설관리업체 등을 협력업체로 재위탁 계약을 체결하여 운용하는 방안이다.

5.2.3.4. 협동조합 본부에서 시설업체 임무 수행 방안

이 방안은 부동산중개업협동조합을 결성하여 협동조합 본부에서 부동산중개 외의 임대차관리로부터 재무관리업무까지 관리업무를 수행하는 방안으로, 협동조합 본부 내에 시설관리업 전담업체를 부설로 설치하여 협업화하는 방안이다.

협업화만 될 수 있다면 가장 생산적이고 비용이 덜 드는 방안이 될 수 있다.

다만, 장기적으로 볼 때 협동조합 체제를 어느 기간까지 유지할 수 있느냐 하는 문제와 이기적인 집단이 되면 혼란이 야기될 수 있어 이를 극복하기 위한 우수한 통솔력 요구된다.

제2장

주택(부동산)임대관리업 수행 절차

진영섭 부동산학 석사

1. 개요

부동산임대관리업도 창업절차는 일반사업의 창업절차(① 사업타당성검토 ② 등록여건 준비 ③ 사업자등록 ④ 사업 준비 ⑤ 사업개시)에 따라 창업을 하게 된다.

부동산임대관리업의 핵심은 임대료를 창출하는 업무가 근본적인 사항이다.

부동산임대관리업을 수행하는 방법은 주택의 경우와 주택 외의 부동산의 경우로 구분하여 업무수행 절차가 달라진다.

주택임대관리업은 「주택법」의 규정에서 정한 규모 이하의 임대관리업과 「주택법」에서 정한 규모 이상의 주택임대관리업으로 구분된다.

「주택법」에서 규정한 규모 미만의 임대주택을 관리하는 주택임대관리업은 등록하지 않아도 되는 주택임대관리로 이는 부동산중개업자가 부동산임대관리 대행 주택임대관리로 주택시설관리업자와 같이 주택임대관리를 하고 있다.

「주택법」에서 규정한 규모 이상의 주택임대관리업자는 자기관리형 주택임대관리업을 수행하는 경우와 주택임대관리업무 중 일부 업무를 위탁받아 수행하는 위탁관리형 주택임대관리업을 수행하는 경우를 막론하고 주택임대관리업 등록절차를 거쳐야 한다.

본서에서는 임대관리 사업등록을 해야 하는 경우를 중심으로 그 업무수행 방안을 토의하며, 등록하지 않아도 되는 경우는 본서에 기재된 각 업무별 수행내용을 참조하여 필요한 사항을 적용하거나 활용할 수 있다.

또한 「주택법」에서 규정한 주택임대관리업자 중 자기관리형 주택임대관리업자는 「주택법」 제53조의6(등록의제)에 의거 「임대주택법」 제6조에 따른 임대사업자 등록을 한 것으로 간주하고 있으므로 임대주택을 100호 이상 보유한 임대사업자는 주택임대관리업을 등록하고 주택임대관리업을 수행할 수 있다.

2. 업무수행 절차도

부동산(주택)임대관리업을 수행하기 위하여 부동산임대관리업을 하고자 하는 자는 다음과 같은 절차에 의해 창업하는 것이 바람직하다.

주택 및 부동산임대관리업을 수행하고자 하는 자의 임대관리업 창업절차는 다음과 같다.

〈창업절차도〉

수행 절차	활동 내용	
① 사업타당성 검토	1. 시장조사 및 분석 3. 시장의 전망분석	2. 수익성 분석 4. 사업계획서 작성
② 등록여건 준비	1. 자본금 준비 3. 사무실 선정	2. 전문인력 확보 4. 등록서류 준비
③ 사업자 등록	1. 사업자 등록 신청 3. 사업성 있는 물건 확보	2. 보험가입
④ 사업 준비	1. 임대관리 위탁계약 체결 3. 사무실 계약 및 준비 5. 행정 및 재무 프로그램 구입	2. 직원 선발 4. 전문인력 및 직원 교육 6. 시설 점검 및 개선
⑤ 사업개시	1. 업무개시 3. 임대관리계획보고	2. 사업자 등록

3. 사업 타당성 검토

부동산임대관리업을 수행하기 위해서는 다른 사업과 동일하게 우선적으로 사업의 타당성을 검토하여야 한다. 이때 검토해야 할 사항은 다음과 같다.

① 시장조사 및 분석

② 수익률 분석

③ 시장의 전망분석

④ 사업계획서 작성

3.1. 시장조사 및 분석

임대관리사업자는 사업타당성 분석을 위해 먼저 임대시장의 조사 및 분석을 한다. 이때 임대시장 조사 대상은 임대관리사업 대상 건물이다.

주택임대관리사업자는 임대주택에 대해서, 부동산임대관리사업자는 상가 및 사무실 등 주택 외의 임대관리대상 건물을 필지별로 층별로 조사한다.

시장조사 사항은 다음과 같다.

① 임대 대상 부동산의 형태 및 규모별 수량

② 임대사업자(소유자) 연락처

③ 임대료 및 관리비 수준

④ 임차인의 교체주기

⑤ 임대건물 간 거리 및 이동소요시간

⑥ 지역 내 임대관리업자 분포

⑦ 임대사업의 변화 현상

시장조사 시 조사량은 임대사업 건물 수를 조사하는 방법이 있고, 예상되는 임대관리 사무실 위치를 가상하여 사무실 위치로부터 300m, 500m, 1km, 2km, 3km, 4km까지 조사하는 방법이 있다.

기업형 부동산임대관리업을 하고자 하는 경우는 광역시 및 도 또는 전국적 조직으로 임대관리 사업범위로 설정하기도 하고, 소단위 한 개의 조직은 다가구주택이나 다세대주택처럼 분산된 임대건물 시설을 포함하여 최대 4km까지도 선정하고 있다.

부동산임대관리 사업을 위한 시장조사 범위는 임대관리사업자의 사업 규모에 의해 결정되나 관리대상 건물의 분포에 따라 대부분 결정하고 있다.

임대료 및 관리비는 지역의 특성이 있으므로 지역별로 구분하여 조사하여야 하고 공동주택이나 구분 건물의 경우는 ㎡ 기준으로 다가구 등은 방수로 임대료 및 관리비를 책정하고 있다.

임대사업의 변화는 제1장 2의 "부동산임대관리형태 변천"에서 살펴본 임대사업자의 임대관리유형에 따라 조사를 하여야 한다.

3.2. 수익성 분석

시장조사 결과에 대한 분석의 핵심은 당해지역의 사업의 수익성 여부를 확인하는 것이 가장 중요하다.

수익성 분석 결과는 최소 운용자금이 확보되어야 하고, 투자된 자금의 획수가 가능해야 하며, 투자자금의 회수 기간을 판단하는 있다.

최소 운영자금이란 전문 인력 및 직원 그리고 사무실 운용 경비와 시설관리에 소요되는 자금의 확보를 말한다.

자금회수는 투자된 자본금의 회수기간을 말하며, 3년 이내 회수되는 것이 비교적 전망이 좋은 사업이라 할 수 있고, 5년 이내에는 회수가 가능하여야 한다.

왜냐하면 일반적인 제조업 등의 자금 회수기간도 5년이면 사업성이 있는 것으로 보며, 상가임대차보호법에서도 임차인이 권리금으로 투자한 자금이 5년이면 회수가 가능하다고 판단하여 임대차연장 청구를 5년까지 규정하고 있다.

수익성 판단은 해당지역 내 임대관리 할 부동산의 수와 임대관리업체의 수를 반드시 고려되어야 하며, 이때 서식 #10과 서식 #22를 사용하여 판단할 수 있다.

임대관리업자의 수익성 판단은 제7장 재무관리에서 구체적으로 살펴보기로 한다.

3.3. 시장의 전망분석

사업타당성 검토 시 해당지역의 임대시장 전망도 고려되어야 한다. 이를 위하여 임대관리 사업을 하고자 하는 자는 해당지역의 재개발 및 재건축계획과 도시관리 기본계획 등을 해당 지자체(기초 및 광역)를 방문하여 파악하고 조사되어야 하며, 또 해당지역의 주민들의 활동도 파악하여야 한다. 특히 학교 및 공공기관이나 대기업의 사옥 등이 있는 경우는 기숙사, 오피스텔 등의 건축 가능성도 고려되어야 한다.

3.4. 사업계획서 작성

이상과 같은 사업성 분석을 실시하여 사업타당성이 개략적으로 판단되면, 세부적인 사업 타당성 여부를 결정하기 위한 사업계획서를 작성하여 실질적인 사업 타당성을 확인한다.

또 사업계획서는 임대관리 사업을 수행하기 위한 세부적인 내용을 확인 및 조사하며, 이를 통하여 정확한 사업 타당성이 확인되므로 임대관리업을 하고자 하는 자는 반드시 사업계획서를 작성해보아야 한다.

사업계획서에 포함할 사항은 다음과 같다.

① 사업의 목표 또는 목적

② 사업실행을 위한 운영방침(업무별, 근무별, 재무관리 등)

③ 관련법규 및 지침 정리 및 분석결과

④ 시장조사 결과(규모별, 형태별)

　　-. 수량

　　-. 임대료 규모

　　-. 관리비 현황

　　-. 기타 수익 가능성

⑤ 수입의 가능성

⑥ 지출비용 판단

⑦ 수익성 판단 결과

　　-. 운영자금 면

　　-. 자본회수 면

⑧ 사업일정계획

4. 부동산(주택)임대관리업 등록여건 준비

시장조사 및 분석결과 사업성이 있는 것으로 판단되면 임대관리 사업을 하려는 자는 임대관리 사업을 등록할 준비를 하게 되는데, 주택의 경우는 「주택법」에서 규정하고 있는 주택임대관리사업자의 등록기준을 충족하여야 한다.

「주택법」에서 규정하고 있는 등록 규모 이상인 경우 등록하여야 하는데 그 등록해야 하는 규모는 다음과 같다.[1]

　-. 자기관리형 주택임대관리업: 100호 이상

　-. 위탁관리형 주택임대관리업: 300호 이상

「주택법」의 규정에 의한 등록 기준 중 요건은 다음과 같다.[2]

구분		자기관리형 주택임대관리업	위탁관리형 주택임대관리업
1. 자본금		2억 원 이상	1억 원 이상
2. 전문인력	가. 변호사, 법무사, 공인회계사, 세무사, 감정평가사, 건축사, 공인중개사, 주택관리사로서 해당 분야에 2년 이상 종사한 사람	2명 이상	1명 이상
	나. 부동산 관련 분야의 석사학위 이상 소지자로서 부동산 관련 업무에 3년 이상 종사한 사람		
3. 시설		사무실	

4.1. 자본금 준비

임대관리 사업을 하기 위한 "자본금"이란 법인인 경우에는 주택임대관리업을 영위하기 위한 출자금을 말하고, 개인사업인 경우는 자산평가액을 말한다.

준비하여야 할 자본금의 금액은 자기관리형 임대관리사업자인 경우는 2억 원 이상, 위탁관리형의 사업자인 경우는 1억 원 이상을 준비하여야 한다.

자본금의 형태는 법인의 경우는 출자금이 입금된 통장의 사본이나 해당 금융기관의 잔

---

1) 「주택법」 시행령 제69조의2(주택임대관리업의 등록대상 및 등록기준).
2) 「주택법」 시행령 제69조의2제2항 관련.

고확인서 등이 될 수 있고, 개인사업자인 경우에는 입금된 통장 사본이나, 현물출자의 경우는 등록 시 신고하는 부동산이나 주식 등에 대한 감정평가기관의 감정평가결과서 및 부동산은 등기사항전부확인서, 주식은 주식보유증명서 등을 제출하면 된다.

4.2. 전문인력 확보

부동산임대관리 사업을 등록하고 임대관리 사업을 영위하려는 자는 전문인력으로 변호사, 법무사, 공인회계사, 세무사, 감정평가사, 건축사, 공인중개사, 주택관리사로서 해당 분야에 2년 이상 종사한 사람이나 부동산 관련 분야의 석사학위 이상 소지자로서 부동산 관련 업무에 3년 이상 종사한 사람을 최소 자기관리형 주택임대관리업자는 2명이, 위탁관리형의 주택임대관리사업자는 1명 이상이 상시 근무할 수 있어야 한다.

여기서 최소 인원이란 자기관리형 주택임대관리사업의 경우는 부동산중개업자와 주택관리사가 요구되며, 위탁관리형의 주택관리사업자는 해당 업무분야별 전문가가 있어야 하므로 최소 인원을 1명으로 한 것으로 판단된다.

전문인력을 증명하는 것은 증명서류로 증명을 하여야 하는데, 그 서류는 학위증명서, 경력증명서, 자격증 사본 등으로 증명하여야 한다.

전문인력 확보방법은 상시 근무자는 사업자이거나 채용하여 운용되어야 하고 비상근 전문인력은 업무협약이나 이사로 편성하여 확보하면 된다.

4.3. 사무실 선정

「주택법」에서 주택임대관리업 시설로는 사무실을 두어야 하는 것만을 규정하고 있으며, 규모는 주택임대관리 사업자가 사업에 필요한 규모를 가질 수 있도록 하고 있다.

그러나 주택임대관리 사업의 주 임무가 임차인 관리와 시설관리임을 감안할 때 자가관리형 주택임대관리 사업자는 두 업무를 수행할 만한 공간을 확보하여야 하고, 위탁관리형 주택관리업자는 해당 위탁업무분야를 관리할 수 있는 규모의 사무실을 확보하여야 한다.

현재 사무실을 확보하고 있는 실태를 보면 통상 자기관리형의 경우는 약 100㎡ 내지 200㎡를 사용하고 있고, 위탁관리형의 경우는 약 30㎡ 내지 60㎡ 정도를 사용하고 있다.

만일 교육장이 요구되는 경우는 별도로 「공인중개사법」 등에서는 전용면적 50㎡ 이상의 규모를 규정하고 있으므로 이를 기준하여 강의장을 확보하는 것이 바람직하다.

사무실 확보를 증명하는 서류는 사무실로 사용하고자 하는 건물의 건축물관리대장과 해당건물의 임대차계약서 등이 요구된다.

4.4. 등록서류 준비

「주택법」의 규정에 의하여 주택임대관리업을 등록하기 위하여 준비할 서류는 다음과 같다.[3]

주택임대관리업을 등록하고자 하는 자가주택임대관리업을 등록할 때 제출하는 서류는 「주택법」 시행규칙[별지 제38호의2서식]의 신청서와 법인인 경우는 납입자본금에 관한 증명서(통장 사본)를, 개인인 경우는 자산평가서와 그 증명서(통상 감정평가서)를, 전문인력을 확보했다는 전문인력 요건을 증명하는 서류(학위기, 경력증명서, 자격증 등의 사본), 그리고 사무실 확보를 증명하는 서류(건물관리대장 외에 임대차계약서 사본 또는 사용대차계약서 사본, 본인의 소유인 경우 등기사항전부증명서 등) 첨부한다.

만일 신청인이 등록기관에게 개인정보 확인에 동의하지 않는 경우는 주민등록등본, 재외국민인 경우는 여권정보 사본, 외국인인 경우는 외국인등록사실증명서를 첨부하여야 한다.

즉, 주택임대관리사업 등록신청서
　　납입자본금 증명서(법인인 경우)
　　자산평가서와 그 증명서(개인인 경우)
　　전문인력 요건을 증명하는 서류
　　사무실 확보를 증명하는 서류
　　주민등록등본(개인정보 확인 동의거부 시)
　　여권정보 사본(개인정보 확인 동의거부 시 재외국민인 경우)
　　외국인등록사실증명서(개인정보 확인 동의거부 시 외국인인 경우)

---

3) 「주택법」 시행규칙 제31조의2(주택임대관리업의 등록신청 등) 제1항 및 제2항.

5. 부동산(주택)임대관리업 등록

주택임대관리사업자가 사업자등록 서류가 준비되면 행정절차에 의거 등록서류를 해당 등록관청에 신청하는데 등록에 대하여 살펴보면 다음과 같다.4)

5.1. 부동산(주택)임대관리업 사업자 등록 신청

앞서 4.4. 등록서류가 준비되면 주택임대관리업을 하고자 하는 자는 준비한 등록서류를 등록비과 함께 임대사업을 등록할 등록관청(시장, 군수, 구청장)에 제출하여 신청한다.

주택임대관리업 등록절차는 자기관리형 주택임대관리업이나 위탁관리형 주택임대관리사업자로 등록하려는 자가 별지 #4의 주택임대관리업 사업등록신청서(해당 시·군·구청에 비치서류)를 작성하여 ① 재외 국민인 경우에는 "재외국민등록증 사본"을 「재외국민등록법」 제3조에 의거 첨부하고, ② 법인인 경우에는 "납입자본금에 관한 증빙서류"를, 개인인 경우에는 "자산평가서와 그 증빙서류"를, 그리고 ③ 전문인력의 자격에 관한 증명서 사본, ④ 건물 임대차 계약서 사본 등 사무실 사용에 관한 권리를 증명하는 서류로 "사무실 확보를 증명하는 서류"를 첨부하여 임대관리업을 할 사무소의 소재지 등록관청(시·군·구청)에 신청하여야 한다.

주택임대관리사업자가 되려는 자가 사업등록신청서를 작성하여 등록관청에 제출하면 해당 시·군·구청의 담당공무원은 「전자정부법」 제36조제1항에 따른 행정정보의 공동이용을 통하여 주민등록표 등본, 여권정보, 외국인등록사실증명 및 「국가기술자격법」에 따른 기술자격증을 확인한다. 다만 이때 신청인은 개인정보를 이용하여 이들을 담당공무원이 확인하는 데 동의하여야 한다. 만일 신청인이 이를 동의하지 않는 경우에는 신청인이 직접 관련 서류를 제출하여야 한다.

담당공무원이 확인하는 사항은 ① 건물 등기사항증명서 ② 재외 국민인 경우에는 여권정보를, ③ 법인인 경우에는 법인 등기사항증명서를, ④ 개인인 경우에는 주민등록표등본, ⑤ 외국인 경우에는 외국인등록사실증명을 확인한다.

---

4) 「주택법」 제53의2조 제1항.

담당공무원의 확인이 끝나면 이어서 등록신청서의 내용을 현장 확인과 서류상으로 검토를 하여 이상이 있으면 보완하도록 하거나 취소를 하고, 다소 보완하면 될 사항이면 보완지시를 하며, 이상이 없으면 별지 #5의 주택임대관리업등록증을 작성하여 신청인에게 접수일로부터 15일 이내에 등록증을 교부하게 된다.

등록사항을 변경하는 것도 변경이 발생한 날로부터 15일 이내에 별지 #6의 변경신고서를 하여야 한다. 만일 주택임대관리업 등록을 하지 않고 주택임대관리업을 운영한 자 또는 거짓이나 그 밖의 부정한 방법으로 등록을 한 자는 「주택법」제97조제14의2호에 따라 2년 이하의 징역 또는 2천만 원 이하의 벌금에 처하게 된다.

5.2. 보험가입

부동산(주택)임대관리사업 등록서류를 검토한 등록관청의 임대관리업무담당부서는 주택임대관리사업 등록자에게 필요한 보험을 가입하고 그 증빙서류를 제출하도록 한다.

주택임대관리사업자가 임대인 및 임차인의 권리를 보호하기 위하여 가입하여야 할 보증보험에 대한 가입의무의 법적 근거는 다음과 같다.[5]

주택임대관리업자가 가입해야 할 보상상품은 임대인의 권리보호를 위한 보증상품, 임차인의 권리를 보호하기 위한 보증상품이다.

주택임대관리업자가 가입해야 할 보증상품 중 임대인의 권리를 보호하기 위한 보증상품이란 자기관리형의 주택임대관리사업자에 적용되는 보증상품으로 주택임대관리사업자가 임대인에게 일정금액의 임대료를 보장하기로 주택임대관리사업계약을 체결하게 되는데, 주택임대관리 사업이 사업계획대로 잘 되지 않거나 또는 주택임대관리사업자가 임대료를 횡령하여 임대인에게 제대로 임대료 지급하지 않을 경우 이를 보장하기 위해 대한주택보증주식회사 및 서울보증보험회사나 국토교통부장관이 지정고시한 금융기관(이하 보증기관이라 한다)이 발행하는 보증보험 상품이다.

이때 임대료 보증범위는 3개월분 이상이어야 한다.

다음 임차인의 권리를 보호하기 위한 보증보험 상품이란 자기관리형의 주택임대관리사업자에 적용되는 보증상품으로, 주택임대관리사업자가 임차인과 임대차계약을 체결하

---

5) 「주택법」제53조의4(보증상품의 가입) 및 시행령 제69조의6(보증상품의 가입).

고 임대차가 만료되었을 때, 주택임대관리사업자가 임대보증금을 반환하지 아니한 경우, 임차인의 임대보증금을 보증기관이 대신 임차인에게 지불하고, 이를 주택임대관리사업자로부터 구상을 하는 보증보험상품이다.

이 임대인 및 임차인의 권리를 보호하기 위한 보증보험 상품의 변경이 있는 경우에도 그 변경사실은 임대인 및 임차인에게 자기관리형 주택임대관리사업자는 통지하고, 사무실 등 임대인 및 임차인이 잘 보이는 곳에 게시하여 공고하여야 한다.

등록관청은 임대관리사업자가 제출한 신청서류를 검토한 결과가 합법적이고 이상이 없으면 임대관리사업 등록증을 임대관리사업자에게 발급하고, 해당 지자체의 게시판 및 관보에 이를 공고한다.

5.3. 사업성 있는 물건 확보

주택임대관리 사업을 하고자 하는 자는 등록관청으로부터 주택임대관리업 등록이 승인 나면 임대관리업을 수행하기 위한 주택임대관리 대상 물건(임대사업 주택)을 확보하기 시작한다.

임대관리사업 물건의 확보를 위해서는 임대사업자와 임대관리 위탁계약을 체결하여야 임대관리 사업을 실시할 수 있다. 따라서 임대관리사업자는 임대사업자(소유주)에게 해당 부동산(주택)에 대해 어떻게 관리해 줄 것인가를 협상하여야 하는데 이때 임대관리사업자가 임대인에게 임대주택에 대해 어떻게 관리하겠다는 제안서를 제출하면서 협상한다.

이를 위해 부동산임대관리업자는 대상 물건이 임대관리에 용이할 물건인지를 먼저 확인하거나 검토하여야 하고, 다음 대상 물건에 대해 사업성 여부를 판단한 후 임대관리여부를 결정하여야 한다. 만일 임대하기 다소 제한이 되는 물건일 경우 이를 소유주가 해결할 의지가 있는지를 확인하여야 한다.

이를 확인하기 위하여 임대관리업자는 당해 임대물건의 수익성 판단을 먼저 실시하고, 그 결과에 따라 소유주의 의견을 명확히 하기 위하여 사업제안서 제출하여 확인 및 결정을 하여야 한다.

5.3.1. 임대가 용이한 물건인지 확인

가장 중요한 것은 임대관리를 함에 있어 임대가 용이한 물건인지를 검토하여야 한다. 주변 비교대상 물건에 비하여 임대하기 용이하지 않은 물건은 경쟁력이 없어 임대관리업자는 요구하는 수익률 임대인에게 가져다줄 수 없게 되며, 임대관리사업자는 해당 주택(부동산)에 대한 임대관리를 포기하거나 임대관리사업 자체를 중도에 폐업하게 될 수 있다.

따라서 임대관리업자는 임대관리가 용이한 물건을 확보하는 것이 임대관리 사업에 가장 중요하다. 이때 임대관리사업자가 임대관리를 함에 용이한 주택의 조건은 다음과 같다.

5.3.1.1. 경쟁력 있는 임대료

임대료는 임대대상 물건의 상태에 따라 차이가 많이 난다.

신축인 경우에는 다소 주변 시세에 비하여 비싸도 임대가 잘 된다. 그러나 기존건물인 경우에는 임대료가 주변과 비슷하거나 저렴하여야 임대가 용이하다.

예를 들면 원룸의 경우 신축은 주변이 평당 350~400만 원인데 평당 500~600만 원을 하더라도 입주를 한다. 그러나 기존건물인 경우에는 주변에 비하여 비슷하거나 저렴하여야 임대가 용이하다.

임대료는 임대인의 요구투자수익률에 의해 결정된다.

즉, 임대인이 당해 건물에 대한 요구투자수익률을 높이 잡으면 임대료가 높아지게 되고, 반대로 요구투자수익률을 낮게 설정하면 임대료가 낮아지게 된다.

임대인의 투자요구수익률은 임대 부동산의 종류에 따라 상이하게 책정되어야 한다. 즉, 주거용의 경우 임차인이 비교적 자주 교체되고 교체 시마다 수리비용이 소요됨으로 상가 부동산의 요구수익률 보다 높다.

또 임대인의 투자요구수익률은 어느 정도가 적절할까? 이에 대해 특별한 한도가 없으므로 일정하게 정할 수는 없다.

현재 부동산 시장에서 적용하는 것은 제1금융권의 1년 정기예금 상품에 대한 이자율을 기준으로 하고 있다.

즉, 주거용의 경우는 제1금융권의 1년짜리 정기예금 이자율의 2배 정도를 적절한 투자요구수익률 적용하고 있으며, 상가의 경우는 임차인이 자신이 수행할 영업의 종류에 맞도

록 수리를 함으로 별도의 수리비가 소요되지 않지만 재산세가 좀 높음으로 정기예금 이
자율에서 재산세를 포함하여 1.5배 이상이면 적절한 요구 수익률로 보고 있다.

따라서 임대관리자는 임대인의 요구 수익률이 주변 임대료와 비교하여 적절한 지를 판
단해야 한다.

5.3.1.2. 상대적 상태 및 구조가 양호

기존 임대 물건의 경우 임대료가 같거나 비슷한 경우라면 관리가 잘된 건물이 임대가
용이하다. 즉, 주변의 물건에 비교하여 대상 물건이 외부·내부가 깨끗하게 관리되어 신
축 못지않게 관리된 물건은 임대에 용이하다.

따라서 임대인이나 임대관리업자는 건물 수명주기에 맞추어 주기적이고 정상적으로
수리 및 관리를 해주어야 한다.

또 내부구조가 주변 건물과 차별화되어야 한다. 즉, 방 3인 경우 화장실이 두 개 설치된
구조라든지, 방보다는 거실이 넓게 설치된 구조, 주방과 내부가 분리된 구조, 방 2인 경우
주방으로 분리된 구조, 베란다가 있는 구조, 방 2 이상인 경우 세탁기와 김치냉장고를 둘
수 있는 구조 등을 선호한다. 원룸의 경우는 주방분리형이고, 8평 이상으로 넓은 구조를
선호하고, 몸만 입주하면 거주가 가능하도록 전기밥솥, 가스레인지나 전기레인지, 냉장고,
세탁기 및 탈수기, 그리고 붙박이장이 설치되어 있는 원룸을 선호한다.

또 주변지역의 환경에 맞도록 차별화되어야 한다.

예를 들면, 바퀴벌레 및 개미 등 병충해가 발견되지 않고 깨끗하면 공실이 없을 정도로
임대가 잘 된다.

그리고 당해 건물에 융자와 전세가 가급적 적어야 선호한다.

5.3.1.3. 상대적 선호 위치

주거의 경우에는 주차여건이 양호하거나 승강장이나 역으로부터 접근이 용이하여야
한다. 이는 상업용의 경우에도 마찬가지이다.

만일 학부형들이 많이 거주하는 전형적인 주거지역인 경우에는 학군이 좋아야 한다.
학군이 좋다는 것은 초·중·고교를 도보로 다닐 수 있는 곳인지를 말하며, 최소한 초등
학교와 중학교는 도보로 등·하교 할 수 있고, 거리상 10분 이내에 있어야 함을 의미한다.

그리고 학교를 학생들이 등·하교를 함에 있어 도로를 횡단하여야 하는지 여부가 중요하다. 만일 등·하교 할 때 도로를 횡단하는 지역이라면 도보 고가도로가 있는지도 살펴야 한다.

또 재래시장이나 할인매장 및 슈퍼 등과 금융기관과 같이 생활편의시설이 어느 정도 근거리에 위치하느냐가 임대의 용이성에 영향을 미친다.

임대 대상 건물이 도로에 접하여 있는지, 그리고 접근 도로의 경사도가 있는지도 선호도에 영향을 준다. 즉, 주택의 경우는 도로에 접한 것보다는 한 가구나 한 블록 안에 있는 것이 선호도가 높고, 상가나 사무실은 도로에 접한 것이 선호도가 높다. 그리고 도로의 경사는 가급적 없는 것이 선호도가 높다. 고객들이 경사도로를 살피는 것은 겨울에 차량의 사고 가능성 여부를 많이 생각하고 있다.

5.3.1.4. 소유자가 물건관리에 관심 있는 물건

임대인의 물건에 대한 임대관리 관심 정도에 따라 임대의 용이성이 달라진다.

임대인의 임대물건 관리 관심 정도란 첫째 임대물건을 최상의 상태로 관리하고자 하는 성격이여야 한다.

우리나라에서 임대사업이 매우 어려운 것 중의 하나가 임대인들이 임대물건을 구입 후 임대물건을 관리하는 데 관리(수리)비용을 투자하지 않아 대부분의 임대물건이 소유자가 사용하는 물건보다 매우 노후하게 보이도록 관리하고, 고장이 자주 나고 있다. 따라서 최근에 정부가 주택임대관리업을 도입한 것도 이러한 임대사업을 개선하기 위함도 있다고 본다.

임대인이 임차인의 사용목적대로 사용할 수 있도록 기본시설의 수리를 제때 해주어야 하는데, 이를 제대로 해주지 않아 임차인이 피해를 입거나, 입은 사실이 소문이 나면 그 건물은 임대 관리하는 데 어려움이 많게 된다.

둘째는 임차인들에게 귀찮게 하거나 불필요한 시비를 하지 않아야 한다. 임차인들은 임대료를 지불하고 임대물건을 사용한다. 그러나 임대물건의 소유자는 아니다. 더구나 임차인들은 생계를 위해 매우 바쁘게 활동하는 사람들이다. 따라서 임차인들은 단지 임대물건을 사용함에 있어 주택의 경우는 잠만 자기 위한 용도라고 보아야 하고, 상업용 등은 사업을 위해 일하는 자리라고만 생각한다. 그러므로 이러한 임차인들을 귀찮게 하고 간섭하면 임차인들이 임대를 하려 하지 않는다.

또 임대인이 음주를 하고 임차인의 방을 자주 방문하려 한다든지, 임대인이 임차인이 조금만 실수해도 고함을 지르며 핀잔을 주고 망신을 시키는 것 등도 자제하여야 한다. 즉, 임차인들이 임대인이 자신들에게 편안하게 임대물건을 사용할 수 있도록 배려를 하고 있다는 생각을 갖도록 관심을 가져야 한다.

셋째로 임대인은 임차인이 임차목적대로 사용할 수 있도록 가급적 도움을 주어야 한다.

예를 들면 주택의 경우는 임차인들과 월 1회 또는 분기 1회 정도는 같이 식사를 하는 시간을 제공한다든지, 조용한 오락을 하는 시간을 갖는 방법이 있고, 상업용의 경우는 가급적 임차인의 물건을 임대인의 모임 회원들을 초빙하여 팔아준다든지 상담을 받고 상담료를 낸다든지, 또는 가끔 들려서라도 격려를 해주는 등이다.

넷째는 업무를 처리함에 과감성 있게 행동하는 것이다.

임차인이 연체를 하는 경우는 연체이자를 정확하게 물고, 월세는 약정한 회수를 연체하는 경우 법적 절차에 따라 과감하게 처리하여야 한다. 이렇게 하면 대부분은 인간성이 없다고 말하지만, 인간성은 앞서의 행위로 충분히 인지되고, 오히려 주인의 엄격한 행위에 신뢰를 갖게 된다.

겸하여 연체 시 보증금에서 연체 월세를 제하는 것으로 통념화되어 있다. 그러나 보증금이 연체 월세를 보증한다는 것은 정산 시 보증하는 것이지, 정산 전에는 월세를 연체하면 그에 대한 이자를 부가하는 것은 당연하다. 왜냐하면 임대인의 임대수익률을 산출하는 경우 보증금의 제1금융권의 정기예금 이자율만큼의 수입이 있는 것으로 산출하는데 연체 월세를 보증금에서 제하면 임대인의 수입을 강탈한다고 보아야 하기 때문이다.

5.3.2. 수익성 있는 물건

수익성 있는 물건을 임대관리 해야지 수익성 없는 물건은 임대인도 방치하는 물건이 될 수 있으므로 이런 물건은 임대관리를 포기하여야 한다.

수익성 있는 물건이란 당해 건물로부터 획득하는 제 수입이 제 경비를 제하고 임대인에게 투자된 자금에 대해 제1금융권의 1년 만기 정기예금 이자 이상으로 수익을 제공하는 물건을 말한다.

수익성 판단은 당해 임대할 물건으로부터 획득할 수 있는 수입에 비하여 지출할 비용이 어느 정도 소요되는지를 판단하게 된다. 이때 판단은 임대사업자가 획득할 수 있는 수익과 임대관리업자가 수익하여야 하는 것을 동시에 판단한다.

일반적으로 임대관리업자가 얻을 수 있는 수입은 임차인으로부터 징수할 수 있는 관리비와 임대인으로부터 획득할 수 있는 관리보수를 기준한다.

5.4. 제안서 제출

제안서란 임대관리 할 대상 물건을 소유주로부터 수주하기 위한 활동으로, 임대사업자(소유주)는 임대관리업자에게 임대관리 위탁 여부를 판단하는 데 결정적 영향을 주는 매우 중요한 문서이다. 이를 위해 부동산임대관리업자는 소유자와 사전에 상담하여 소유자의 의사를 명확히 파악할 필요가 있다.

이는 컨설팅에서 의뢰인과 상담하여 문제제기를 하는 것과 같은 성격이다. 즉, 임대사업자인 소유주에게 임대대상 부동산의 관리를 함에 있어 소유주가 생각하는 수익을 얻기 위한 활동을 어떻게 활동하여 얻도록 하겠다는 내용으로, 수익활동 내용과 관리활동 내용을 소유주에게 제시하는 활동이다.

제안서에 포함할 사항은 다음과 같다.

① 소유자의 요구사항

② 부동산임대관리업체의 일반현황

③ 부동산임대관리업체의 업무활동 내용

④ 소유주의 요구사항 충족방안

⑤ 결론

제안서에 대해 소유주와 협약이 되면 입대관리업자는 소유주로부터 기존 임대차현황이 있는 경우 임대차내역표 및 임대차계약서의 정본 또는 사본을 수령하여야 한다.

신축건물인 경우에는 임대차를 위한 가격표를 소유주와 약정을 하여야 한다.

임대관리사업자가 소유주에게 제출하는 제안서는 서식 #11을 참조한다.

서식 #11의 임대관리사업 제안서는 자기관리형을 중심으로 작성하였으며, 위탁관리형의 경우에는 각 분야의 업무내용을 중심으로 인용하여 작성한다.

6. 사업 준비

6.1. 임대관리 위탁계약 체결

부동산임대관리업자가 제시한 제안서를 소유주가 승낙하거나 수정하여 합의가 되면, 소유주와 임대관리계약을 체결하거나 전속 또는 독점계약이나 위탁계약을 체결하게 된다.

부동산(주택)관리계약이란 부동산의 소유주와 부동산임대관리업자와의 관계를 계약으로 형식화하는 것을 말하고, 계약당사자 간의 권리와 의무관계를 상세히 기술해놓은 것을 말한다.

6.1.1. 건물관리규약

임대관리계약을 체결하기 위해서는 개인건물의 경우는 건물주의 임대할 건물에 대한 관리할 규약이, 공동주택이나 구분건물의 상가인 경우에는 입주자 대표회의에서 결의한 관리규약이 필요하다.

그러나 공동주택의 경우에는 관리규약이 있으나, 개인건물의 경우는 건물관리규약이 없는 경우가 많고 소유주가 이에 대해 관심이 없는 경우가 대부분이라 임대관리업자는 개인 기존건물과 신축 구분건물의 경우에 건물관리규약초안을 작성해줄 필요가 있다.

공동주택이나 구분건물의 입주자대표회의의 관리규약은 현재 「주택법」, 「집합건물 소유 및 관리에 관한 법률」에 규정하고 있으므로 기존 공동주택에서 그 예문을 획득하여 작성할 수 있고, 개인건물의 건물관리 규약은 별도의 서식이 없으므로 서식 #13을 참조한다.

6.1.2. 임대관리계약에 포함할 사항

임대관리계약도 계약의 일종이므로 계약에 포함할 일반적인 사항인 계약의 성격, 계약의 대상, 거래대금 및 지불에 관한 사항, 거래당사자의 인적사항, 계약체결 일시, 거래당사자의 의무 사항, 위약에 관한 사항 등 아래의 사항 등이 포함하고 있다.

① 계약당사자의 인적사항

② 임대관리물건 및 관리의 범위(관리대행, 자기관리형, 위탁관리형, 기타)

③ 임대관리기간

④ 임대료 및 관리범위

⑤ 관리비 범위

⑥ 거래당사자의 의무사항

⑦ 관리보수 산출 및 결정

⑧ 계약조항의 해석에 관한 사항

⑨ 계약체결일

⑩ 기타 거래당사자가 합의한 사항

6.1.3. 부동산(주택)임대관리 유형별 계약

「주택법」에서 주택임대관리계약의 유형에는 자기관리형 주택임대관리계약과 위탁관리형 주택임대관리계약으로 구분된다.

「공인중개사법」에서 말하는 부동산임대관리 대행도 임대관리대상 부동산만 차이가 있을 뿐 임대관리 유형은 동일하므로, 자기관리형 임대관리대행계약과 임대차관리만을 위탁받아 임대관리 하는 임대차위탁관리계약, 시설관리와 보안 및 안전 그리고 위생 및 환경관리를 포함한 시설관리계약으로 구분된다.

6.1.3.1. 자기관리형 부동산임대관리계약

자기관리형 부동산임대관리(대행)계약은 임대관리사업자가 소유주로부터 전체 운영관리를 위임받아 관리하는 임대관리유형이므로, 임대차관리 업무, 위생 및 환경관리 업무, 보안 및 안전관리 업무, 시설관리 업무, 재무관리 업무 등 임대관리 업무영역 전반에 대한 관리내용이 자기관리형 부동산임대관리계약에 포함되어야 한다. 특히 자기관리형 임대관리계약은 소유주에게 일정량이나 일정 비율의 수익을 임대관리업자가 보장해주어야 함으로 이 내용도 포함되어야 한다.

자기관리형 부동산임대관리계약은 서식 #1 및 서식 #2를 참조해봤다.

임대사업자(소유주)가 부동산중개업자에게 임대관리대행계약도 자기관리형 임대관리계약에 준하여 적용하여 체결한다.

6.1.3.2. 위탁관리형 부동산임대관리계약

위탁관리형 임대관리계약은 소유주가 각 전문 분야별 임대관리업자와 체결하는 계약이며, 분야별 위탁관리계약서는 서식 #4부터 서식 #7을 참조한다.

즉, 소유주는 부동산중개업자와는 임대차 위탁관리계약을, 시설관리업체와는 시설 위탁관리계약을, 청소업체와는 위생 및 환경 위탁관리계약을, 세무사나 회계사와는 재무 위탁관리계약을, 변호사와는 소송 위탁관리계약을 등을 각각 체결하거나 두 개 이상의 영역을 위탁하여 관리하는 계약을 말한다.

-. 임대차위탁임대관리계약

임대차위탁관리계약은 위탁관리형 임대관리계약 중 임대차업무영역에 대한 위탁관리계약을 말한다.

임대차위탁관리계약에 있어 부동산중개 부분은, 반드시 부동산중개업자와 체결하여야한다. 왜냐하면 「주택법」에서 규정한 임대관리업자의 임대관리업무 범위에 부동산중개는제외되어 있다.

현실적으로 임대차위탁관리를 하는 경우 소유자는 부동산중개업자와 임대차 전반에대한 위탁계약을 체결하고 있어 자기관리형임대관리계약을 체결하는 경우와 임대차관리만 위탁계약을 체결하고 있으며, 주택임대관리업자의 경우는 부동산중개업자와 부동산중개업무 부분에 대해 임대차위탁계약을 체결하고, 부동산중개 외의 임대인관리는 임차인의 입주로부터 거주 간 그리고 퇴실 시 임차인관리는 주택관리업자가 관리되고 있다.

임대차 위탁임대차관리계약 체결 시 계약서에 포함할 사항은 다음과 같다.

① 계약당사자의 인적사항

② 임대차관리물건 및 임대차관리의 범위

③ 임대차관리기간

④ 임대료 범위

⑤ 거래당사자의 의무사항

⑥ 계약조항의 해석에 관한 사항

⑦ 관리보수의 책정 및 관리에 관한 사항

⑧ 계약체결일

⑨ 기타 거래당사자 간 합의한 사항

임대차위탁임대관리계약서 작성 예문은 서식 #4를 참조한다.

임대차위탁임대관리계약은 세 가지 유형이 있다.

하나는 소유주에게 임대료 중 일정량을 부동산중개업자가 보장해주고 임대차관리를 하는 변형된 자기관리형 임대차위탁계약과 다른 하나는 임대료는 소유주가 관리하고 임차인의 관리만을 부동산중개업자와 체결하는 임대차위탁관리계약, 셋째는 부동산중개 부분만을 관리하는 전속중개계약이나 보통중개계약이다.

-. 시설위탁관리계약서

시설위탁관리계약은 소유주와 시설관리업자와 체결하는 임대관리계약이다. 시설위탁관리계약에 포함할 사항은 시설의 성격에 따라 상이할 수 있다.

다만, 시설관리 위탁임대관리계약에 포함되는 사항은 기본적으로 시설관리와 시설안전, 위생 및 환경관리, 전기 및 소방안전관리가 포함된다.

시설관리 등의 위탁관리계약서는 서식 #5 등을 참조한다.

6.2. 직원 선발

임대관리사업자는 소유주와 임대관리계약을 체결하면 임대관리업무를 수행하기 위한 직원을 선발한다. 직원 선발 시 고려하여야 할 사항은 다음과 같다.

① 수행할 업무영역

② 수행할 업무량(직무능력)

③ 재정 정도

④ 건강과 품성

부동산임대관리업에서 수행할 업무영역은 제1장 4의 업무영역에 기초한다.

즉, 수행할 업무영역은 전문성을 먼저 고려하게 되는데 이때 고려할 사항은 「주택법」

에서 규정하고 있는 **전문인력을 먼저 고려**하고, 다음으로 학력이나 경험의 정도로 업무영역에 적합한 자를 선발한다.

다음은 업무 수행할 업무의 량을 고려하여 직원을 고려한다.

임대관리업을 수행함에 있어 수행할 업무량은 관리할 임대관리건물의 수와 1일에 관리할 수 있는 양 그리고 수입의 양을 기준으로 결정하고 있다.

1일 관리할 업무의 양으로 선발하는 인원은 주로 시설관리와 관련된 업무를 수행하는 인원으로 활동하여야 할 지역의 넓이를 고려하여 결정한다. 이때 활동할 지역의 넓이에 대한 기준은 별도로 규정된 바는 없으나 현재 활동하고 있는 업체들의 실태를 보면 아파트 단지와 같이 관리할 건물이 밀집된 곳은 단지별 또는 반경 500m를 기준하여 그 이내(밀집지역)와 그 이상(산개지역)으로 구분하고 있다.

즉, 전기 및 설비관련 업무를 수행하는 인원은 밀집지역의 경우는 1,500세대당 1명, 산개지역인 경우는 350~1,000세대당 1명을 기준하고, 위생 및 환경을 담당하는 청소 및 방역업무를 수행할 직원으로 청소는 밀집지역은 공동주택은 2~3동 또는 240~300세대당 1명, 산개지역은 30~40세대당 1명을 기준으로 채용하고 있다. 방역의 경우는 대부분 업무협약을 통하여 수행하고 있으며, 밀집지역의 경우는 경비업무 담당자가 3~6개월 기준으로 1회씩 실시하고, 산개지역의 경우는 입주자의 실시하거나 설비담당자가 6개월 기준 1회씩 실시하고 있다.

서무 및 재무 담당자는 업체별로 1인을 두되, 서무는 관리소장이 그리고 재무는 별도로 두거나 소규모인 경우는 가족들 중 1명이 도와주기도 한다.

다음 재정 정도는 관리비나 관리보수를 기초로 직원에게 지불할 수 있는 능력을 고려하여야 한다.

그리고 채용할 직원의 건강 정도와 품성을 고려하여 평생 생계를 같이할 가족으로 생각하여 직원을 선발하여야 한다.

6.3. 사무실 계약 및 준비

직원이 선발하면서 임대관리업자는 사업 준비를 같이하는 것이 바람직하며, 사무실을 확보할 때도 가급적 선발된 직원이 있는 경우 같이 활동하는 것이 바람직하다.

사무실의 위치는 단일 건물인 경우는 해당 건물 내에 위치하되, 고객의 접근성이 용이하고 임대료가 가장 저렴한 곳을 선택한다.

임대관리 부동산이 분산된 경우에는 분산된 임대건물들의 중심지역에 사무실을 설치하고, 최초 사업개시 시 분산된 임대건물을 대상으로 시작하는 경우는 사업지역의 중앙부분에 사무실을 설치하는 것이 바람직하다.

사무실의 수는 시·군·구 단위당 1개소가 적절하다.

사무실이 준비되면 사무실을 구성할 비품과 필요한 설비 및 장비 등을 확보한다. 또한 임대관리업무를 수행하는 데 각 분야별 필요한 규약이나 규칙, 그리고 양식 및 서류 등을 준비한다.

6.4. 전문인력 및 직원교육

사무실이 준비되고 내부 비품이 설치되면 임대관리사업주는 자신과 함께 본 사업을 성공적으로 이끌어갈 전문인력과 직원에게 교육을 하여야 한다.

이때 선발된 인원에 대한 사업주의 교육 중점은 사업자의 사업정신과 계획을 같이 수행할 정신자세를 갖출 수 있도록 하는 데 중점을 둔다.

교육방법은 사업주의 사업계획 설명회를 하거나 주기적으로 사업을 같이 성공시킨다는 의식을 갖도록 토의식 교육이 바람직하다.

이와 같은 전문인력과 직원에 대한 교육은 매 사업 확장 때마다, 또는 새로운 사업 구상 시 사전적으로 먼저 실시하는 것이 바람직하다. 왜냐하면 사전적 교육은 전문인력 및 직원의 의견수렴은 물론 전문분야 특성을 동시에 살필 수 있기 때문이다.

6.5. 행정 및 재무 프로그램 구입

컴퓨터가 발달하면서 모든 행정서류는 전산화되어 가고 있다. 이와 같은 행정업무를 전산화하기 위해서는 컴퓨터와 이 컴퓨터를 운용할 프로그램이 설치되어야 한다. 컴퓨터에 사용할 프로그램은 다음과 같이 준비하는 것이 바람직하다.

-. 보고서 및 행정 서류는 관할지역 관공서에 사용하는 오피스프로그램으로 사용하는 것이 바람직하며, 이 외에 홈페이지 관리 프로그램, 파워포인트 프로그램 등이 요구된다.

-. 통계관리 및 연계관리를 위한 프로그램은 엑셀이나 통계분석 프로그램이 바람직하다.

-. 재무관리 프로그램은 초기 소규모인 경우는 프로그램을 임대하여 사용하지만, 사업이 확대되면 독자적인 프로그램이 요구된다. 이를 위해 위탁 세무사나 회계사로부터 조언을 받을 수 있다.

사무실관리, 직원교육 그리고 행정 및 재무 프로그램에 대해서는 제7장 사무실관리에서 자세히 살펴보기로 한다.

6.6. 시설점검 및 개선

사무실 사업준비까지 끝나면 임대관리사업자는 임대대상건물이 신축인 경우에는 건축주로부터 직접 대상건물에 대한 시설내용을 인수하게 된다.

그러나 기존 건물을 다른 임대관리사업자가 운영하던 것을 인수하여 임대관리사업을 하는 경우 해당 시설에 대해 인수인계를 받아야 한다.

임대관리사업자가 기존 임대관리대상건물을 인수인계 받는 시기는 사업개시 직전에 이루어지고 있다.

기존의 임대관리대상 건물인 경우 종전의 임대관리사업자는 소유주에게 인계하고, 소유주는 임대관리대상건물을 확인하여 인수받은 후 이를 새로운 임대관리사업자에게 인계하는 것이 기본이다. 그러나 소유주들이 시설에 대한 상태를 점검하는 요령이나 내용을 잘 알지 못하므로 대부분 기존의 임대관리사업자와 새로운 임대관리사업자 간에 인수인계가 직접 실시되고 소유주는 참석만 하는 형태로 인수·인계 받고 있다.

6.6.1. 인수인계 사항

기존의 임대관리업자가 소유주에게, 또 소유주가 새로운 임대관리업자에게 인계·인수해야 할 사항을 다음과 같다.

① 건물 및 시설분야-전기 및 설비관리 요원
　　-. 관리할 건물과 시설의 현황
　　-. 시설의 가동상태와 보수 필요부분
　　-. 외주 광고물 부착 현황과 권리에 관한 사항
　　-. 지하 등 공동구 및 공용관리 현황
　　-. 소화기 및 소화전 관리에 관한 사항
　　-. 청소 및 소독 관리에 관한 사항
　　-. 조경관리에 관한 사항
　　-. 전기 및 기계실 관리에 관한 사항
　　-. 저수조 관리 실태에 관한 사항
　　-. 안내 및 홍보물 관리에 관한 사항
　　-. 기타 건물의 보수계획과 보수결과 등 건물과 관련된 사항

② 관리행정 분야-서무 및 경리요원
　　-. 관리규약 / 입주자에 배부물 현황
　　-. 장기수선 및 공사계획 및 결과
　　-. 안전관련 서류
　　-. 임대관리와 관련된 각종 서류 및 상태
　　-. 소방계획 수립 상태
　　-. 직원 근무에 관한 사항(근로계약, 입사서류, 출근부, 업무일지 등)
　　-. 기타 행정 관련 사항

③ 재무 및 회계에 관한 사항
　　-. 재무제표 및 감사관련 서류
　　-. 공기구 비품 및 감가상각 관련 사항
　　-. 각종 계약관련 증빙 서류
　　-. 관리비 부과징수 상태

-. 장기수선충당금 및 선수관리비 관련 현황 및 서류

-. 영수증빙 및 계수 확인

-. 잡수입 계정 운영 실태

-. 급여대장 검토

-. 미수관리비 및 미수임대료 실태

6.6.2. 인수인계 일정계획

임대관리사업자는 효율적으로 인수인계를 받기 위하여 소유주에게 인수인계 계획을 제출한다. 이때 임대관리업자가 소유주에게 제출하는 인수인계 계획은 아래 양식의 내용을 포함하여 작성하며, 필요에 따라서는 더 구체적으로 작성할 수 있다.

-. **임대관리업무 인수인계 및 시설관리계획 보고 일정(예)**

일정별	주요 인수·인계사항	담당자
D-3	관리업무 인계·인수	**건축주 또는 소유자와 신규 임대관리업자** -. 행정사항 -. 회계 및 재무사항 -. 시설에 관한 사항 -. 우선적 처리할 사항
D	관리업무 개시	**신규 임대관리업자** -. 인사 협의 및 발령 -. 위탁관리회사 변경 신고 -. 직원교육 실시 -. 제 규정 및 지침 지급 -. 환경 정비 -. 업무 및 시설검검 개시
D+7	하자 및 시설물 점검 완료	**신규 임대관리업자** -. 시설물 점검 -. 행정서류 점검 -. 임차인 확인
D+10	임대관리계획 보고	**신규 임대관리업자** ⇒ 건축주/소유자

인계인수 일정계획은 임대관리 할 건물의 형태와 그 수에 따라 기간이 조정될 수 있다. 단일건물의 경우는 2일 정도 점검기간을 두고 있고, 다세대주택 등과 같이 소규모 공동주택은 대략 7~10일 정도, 300세대 이상은 15~30일까지 계획하고 있다.

6.6.3. 시설물 등 점검

부동산임대관리업자는 임대대상건물을 효율적으로 관리하기 위하여 현 임대대상건물의 상태를 정확히 파악하고 이에 대한 건물관리계획을 작성하여 보고 또는 협의를 한다.

이를 위하여 임대관리대상 건물에 대한 점검을 실시하게 된다. 이때 점검하는 사항은 단순히 건물을 인수받기 위한 점검만을 하지 않고 건물을 운영할 경우에도 주기적으로 점검하여야 할 사항을 포함하여 점검하여야 한다.

임대관리업자는 효율적인 점검을 위하여 점검표를 작성하여 점검하여야 하며, 점검 시 시설 분야별로 담당자가 임수·인계를 받고 또 점검하도록 하여야 한다.

점검이 완료되면 임대관리업자는 시설관리를 어떻게 할 것인가를 보고서를 작성하여 소유주(임대사업자)에게 보고 및 협의를 하게 된다.

7. 사업개시

7.1. 업무개시

임대관리사업자의 업무개시는 신축인 경우는 임차인과 임대관리계약체결로부터 이루어지지만, 기존 임대관리건물의 경우는 임대관리대상건물을 인수받는 날부터 업무가 개시되고 임대관리업자는 임대관리업자의 교체로 업무의 공백이 발생해서는 아니 됨으로 입주자의 지원 및 퇴실자의 처리가 먼저 이루어질 수 있다.

따라서 신규임대관리사업자는 인수인계 시 우선적으로 처리할 사항을 반드시 파악하여 업무개시와 동시에 우선적으로 처리될 수 있도록 준비되어야 한다.

만일 종전의 임대관리업자가 잘못 처리한 사항이 있는 경우는 그 내용을 정확히 정리하여 입주자에게 설명하고 정상적으로 처리될 수 있도록 하며, 착안해야 할 사항은 가급적 입주자에게 불편이 안 가도록 하거나 덜 가도록 처리해주어야 한다.

7.2. 사업자 등록

사업이 개시되면 사업을 개시한 일로부터 20일 이내 세무서에 사업자 등록을 하여야 한다. 따라서 현명한 사업자라면 가급적 사업 개시 전에 사업자 등록을 하는 것이 바람직 하다. 그 이유는 업무가 개시되면 사업자 등록번호가 들어가는 영수증이나 서류 발급이 요구될 수 있기 때문이다. 사업자 등록은 등록관청에서 발행한 등록증 사본과 임대관리계 약서 사본 또는 건물 임대차계약서 사본 그리고 주민등록증을 지참하여 신고한다.

7.3. 임대관리계획 보고

임대관리사업자는 업무개시 후 가급적 빠른 시일 내에 소유주에게 임대관리건물의 상 태를 점검한 결과를 가지고 자신이 실행할 임대관리계획을 작성하여 보고하여야 한다.

자기관리형 임대관리사업자는 자신이 전부 위임받아 관리하므로 소유주에게 관리계획 보고를 무시하거나 소홀히 할 수 있는데 이는 매우 잘못된 생각이다.

자기관리형이든, 위탁관리형이든 기본적으로는 임대관리사업자는 임대관리대상 건물 의 관리인이지 소유주가 아님으로 대상건물의 근본적인 문제가 발생하면 소유주가 책임 을 져야 하며, 이렇게 되지 않도록 소유주는 임대관리인을 감독할 책임이 있고, 임대관리 업자는 수임인, 즉 대리인으로서의 임무를 성실히 수행하여야 한다.

임대관리인이 소유주에게 보고하고 협의할 임대관리계획은 자기관리형인 경우는 전체 분야를 분야별로 작성하여 보고하고, 위탁관리형의 경우는 위탁분야에 대한 위임범위 내 의 관리계획을 보고한다.

임대관리계획의 각 분야별 관리계획 작성 예문은 서식 #14부터 서식 #16을 참조한다.

7.3.1. 관리계획 수립 시 착안사항

7.3.1.1. 부동산경제면

부동산임대관리계획을 수립하기 위해서는 부동산경제에 대하여 잘 알아야 한다. 부동 산(주택)임대관리업에서 부동산경제면은 부동산시장이 결정적 영향을 준다. 따라서 부동산임대관리업자는 이 부동산시장에 대한 연구와 변화를 계속 주시하고 관찰하여 이에 적합한 관리계획을 수립하여야 사업에 성공할 수 있다.

부동산임대관리업에서 부동산시장은 매매시장보다 임대시장에 영향을 더 받는다. 특히 부동산시장에 영향을 주는 수요와 공급의 관계가 결정적 영향을 줌으로 이에 관심을 가져야 한다.

수요와 공급의 원칙이란 수요와 공급의 상호작용에 의해 부동산가치와 시장성쇄가 결정된다. 즉, 임대관리업의 경우 임차수요가 공급을 초과하면 임대부동산의 가치는 상승하여 임대료도 상승하고, 임차수요가 공급에 미달하면 임대부동산의 가치는 하락하여 임대료도 낮게 된다는 것이다.

그래서 수요와 공급은 임대관리업에 많은 영향을 주고 있는데 부동산임대관리업에서의 수요와 공급에 영향을 주는 요소를 살펴보면 다음과 같다.

-. 일반경기의 변화를 주시하라[6]

부동산시장은 일반경기의 후순환적 활동이 이루어지는 것이 일반적이다. 즉, 일반경제의 경기가 호경기로 들어서면 일정기간이 지난 뒤 부동산경기도 호경기로 들어서며, 일반경제 경기가 침체하면 즉각 부동산경기가 침체되는 것이 아니라 일정기간이 지나면 부동산경기도 침체기를 맞게 된다. 따라서 부동산임대시장도 일반경제의 변화의 영향을 받게 된다.

즉, 일번경제 경기가 호황일 때 공실률이 낮아지고 특히 상업용 부동산의 임대시장이 활발하다. 따라서 이때에는 수익률이 높기 때문에 더 많은 투자자들이 몰려오므로 임대부동산의 매매가치가 높아 매도의 적절한 시기가 된다.

반면 부동산 호경기가 순환되어 수축기에 들어서면 공급이 수요를 초과하여 임대율이 감소하고 공실률이 증가하며 이 시기에는 투자자가 감소하여 임대부동산의 가치도 하락하게 된다.

-. 부동산임대시장의 특징을 알라[7]

부동산임대시장의 특징은 경기변화에 즉각 대응하기 어렵다. 즉, 부동산의 임대시장이

---

6) 『자산관리』, 2005. 3. 26, 신창득 외 3인 역, 부연사, p.50.
7) 『자산관리』, 2005. 3. 26, 신창득 외 3인 역, 부연사, p.51.

호황기를 맞았더라도 즉각 임대부동산을 공급할 수 없고, 수축기에 들어섰다 하여 즉각 임대물량을 줄일 수 없는 특징이 있다.

따라서 임대관리업자는 부동산임대시장의 변화에 대응하는 것을 임대부동산의 물동량의 증감으로 대응하기보다는 적절한 관리비의 조정으로 수축기에 임대가 용이한 임대물건으로 수리 또는 공사를 준비하도록 하고, 수축기에 공사나 수리를 계획하며, 관리비를 인하하는 관리계획의 수립이 요구된다.

-. 임대료는 항상 최소의 수중의 운용비 이하로 하락하지 않는다[8]

부동산임대사업은 자산운용 사업이므로 투자된 자산에 적절한 이익이 발생하도록 하기 위하여 수행하는 사업이다. 따라서 부동산(주택)임대관리사업은 이러한 부동산임대사업의 목적을 달성할 수 있도록 운용되는 사업이다.

그러므로 부동산임대관리업자는 소유주의 무리한 투자가 이루어지지 않도록 효율성과 관리비용의 최소화를 위한 활동이 요구된다. 따라서 이에 적절한 관리계획의 수립이 요구된다.

-. 지속적으로 정보를 파악하라

부동산임대관리계획을 수립하는 데는 앞서 내용을 고려하되 이 외에 국가나 지방정부의 정책, 지역의 발전, 물가의 변화, 입주민의 소득수준 변화 등에 영향을 받아 입주율 및 공실률, 임대료 및 관리비, 운용비(이자지급액 포함) 책정 등에 영향을 줌으로 이에 대한 정보를 지속적으로 파악하고 분석하여 이에 적절한 관리계획의 수립이 요구된다.

7.3.1.2. 사회환경면

-. 인구유동추세

인구가 유입되는 지역은 주택의 수요가 증가하게 되어 그 지역의 부동산가치가 상승하고 가격이 오르게 되며, 이로 인하여 수요와 공급의 불균형으로 임대로 전환되어 임대경기도 활발하게 된다.

반대로 인구가 감소하면 공급이 수요를 초과하므로 부동산가치는 하락하게 되고, 임대

---

8) 『자산관리』, 2005. 3. 26, 신창득 외 3인 역, 부연사, p.51.

수요도 줄어들어 전세가 증가하며, 싼 임대료로 인한 임대수요가 증가하다가 점차 공실이 증가하게 된다.

-. 인구의 통계학적 특성

인구의 변화는 항상 발생한다. 따라서 인구가 감소하던 기간이 지나면 인구가 증가하는 현상이 있어 왔다. 이는 전쟁 등과 같은 사회적 여건 변화에서도 발생하고 국가가 정책적으로 변화를 가져오기도 한다. 대표적인 것이 베이비 붐 시대로 베이비시대의 사회진입과 직장에서 퇴역은 부동산시장에 많은 영향을 입히고 있다.

즉, 신규로 진입하는 세대의 증가된 수는 수요를 증가하게 되어 부동산가치가 상승하고 부동산경기가 활발하게 되며, 임대사업도 활발하게 되지만 소유를 위한 거래도 활발하게 된다.

반면 이들의 퇴역은 소비의 감소로 일반경기의 후퇴를 가져오고 이를 후속하는 부동산경기 또한 하락하게 된다. 그래서 이들이 선호하는 주택은 가격을 상승시켜 부분적으로 부동산의 가치가 증가되는 것도 있는데 일반적으로 이들은 규모가 작거나 관리하는 데 비용이 적게 드는 부동산을 선호한다. 한편 이들의 소득 감소는 노후생활의 불안으로 연결되어 임대사업을 통한 노후 보장책을 강구하고자 하는 경향이 있어 임대사업이 활발하게 이루어지기도 한다.

-. 정부의 정책 및 지자체 활동

정부의 부동산정책이나 세금 및 대출관리는 부동산경기에 막대한 영향을 끼치게 된다. 세금이 가중하면 부동산에 대한 수요가 감소하여 부동산가격이 하락하게 되고, 또 대출한도가 축소되거나 이자율이 높으면 부동산의 수요가 감소하여 가치에 영향을 주게 된다.

단지 국민의 재산권은 정부라 하더라도 함부로 통제할 수 없으므로 정부의 부동산정책은 그 반대현상이 나타날 때 부동산가치가 상승할 수 있다는 것을 잘 아는 자들은 정부정책에 반대하여 추후 부동산가치를 상승시키기도 한다.

지방자치단체는 대체적으로 자기지역의 특성에 맞는 개발을 잘 알고 있다. 그래서 이를 기획하여 중앙정부로부터 승인을 얻고자 많은 노력을 기울인다. 그래서 끊임없이 개발과 재개발을 실시하고 있어 부동산경기를 활성화시키고 있다. 이는 부동산가치를 상승시킨다.

그러나 선거에서 승리하기 위하여 과도하게 무리한 개발을 실시하여 재정적 어려움을 물론 과도한 공급은 부동산경기를 하락시키기도 한다.

특히 지방에서는 교육환경 및 교통 환경의 열악화도 부동산가치가 하락하여 부동산가격이 저렴하게 된다. 반면 국유지나 지방자치단체 토지가 많은 지역은 개발이 보다 용이하여 가치를 상승시키기가 유리하다.

7.3.2. 관리계획에 포함할 사항

관리계획은 부동산임대관리에 대한 전반적인 운영과 재무적 전략을 효율적으로 수행하기 위해서 필요하다. 관리계획은 소유주와 임대관리계약을 체결하고 건물에 대한 제반 점검이 완료되면 이에 준하여 작성하게 된다.

부동산임대관리업자의 관리계획은 부동산임대사업자인 건물주의 투자에 대한 수익 창출에 기초하여 부동산임대관리업자의 영업활동에 목적을 두고 작성한다. 따라서 임대료를 상승하여 수익을 올리는 단순한 생각보다는 부동산의 보유기간의 수익과 양도할 때 적절한 가치 또는 최고 이용의 가치를 높이는 데 중점을 두고 관리계획을 수립함이 중요하다.

관리계획의 작성범위는 관리계약상의 관리범위(업무범위, 관리해야 할 건물의 수 및 분포 정도 등)에 따라 상이하다. 다만, 본 책자에서는 자기관리형 임대관리 형태에 기준하여 논하고자 하며, 각 업무영역별 위탁임대관리 형태는 위탁관리 범위에 해당하는 사항을 자기관리형을 준용하여 작성하면 될 것이다.

관리계획에 포함할 요소는 다음과 같다.

① 관리활동계획
  -. 관리목표(소유자의 투자 목적 및 운영 목표)
  -. 관리방향(소유자의 투자 목표 분석결과에 대한 시행 방향, 지역 및 근린지역 분석
      결과, 당해 부동산의 분석결과, 자금조달방안 등)
  -. 사무실 관리계획
  -. 인력운영계획

② 임대차관리계획

-. 물건 홍보계획

-. 임차인 선정

-. 임대차계약 작성

-. 임대차기간 관리

-. 임대료 징수

-. 부동산 명도 등 소송업무

③ 보안 및 안전관리계획

-. 도난방지계획

-. 화재방지계획

-. 자연재해 대비계획

-. 전기안전계획

-. 가스안전계획

④ 위생 및 환경관리계획

-. 조경계획

-. 시설물 청소계획

-. 병충해 방재계획

-. 각종 쓰레기 및 폐기물 처리계획

-. 주차장환경조성(관리)계획

⑤ 시설유지 및 개선계획

-. 하자보수계획

-. 장기적 시설수선계획

-. 용도 및 환경변화에 따른 시설개선계획

⑥ 민원처리계획

⑦ 재무관리계획

　-. 임대료 관리계획

　-. 관리비 관리계획

　-. 예산편성계획

　-. 회계처리계획

7.3.3. 관리계획 작성시기

　관리계획의 작성시기는 신규물건을 확보할 시는 관리계약 체결 후 작성하여 소유주와 검토하여 완성하며, 기존 관리하던 임대관리 물건에 대하서는 매년 회계연도 도래 전에 작성하여 소유주의 검토 후 회계연도 개시 때에는 적용할 수 있도록 작성되어야 한다.

8. 임대관리업무 활동

　임대관리계획이 소유주와 협의가 완료되면 임대관리업자는 기본 임대관리업무를 수행하게 되는데, 임대관리업자가 수행하여야 할 각 분야별 업무를 정리하면 다음과 같다.

8.1. 임대차관리

부동산임대관리업자가 임대차관리 부분에서 점검하여야 할 착안사항은 다음과 같다.

① 공실 상태 및 공실에 대한 청결상태(청소, 곰팡이, 병충해, 파손 등)

② 당일 입주 및 퇴실자

③ 4일 이내 퇴실자 및 소유주에게 보고할 사항

④ 임대료 및 관리비 체납대상자 및 체납여부

⑤ 임대료 및 관리비 독촉에 관한 사항

⑥ 임차인 개별적 연락 및 전달할 사항

⑦ 1개월 이상 장기 비거주자 존재여부 확인

⑧ 자살 징후 대상자 존재여부 확인

⑨ 명도 대상자 명도절차 관계

8.2. 시설관리

시설관리는 시설보수 계획을 수립하여 매년 소유주와 합의하여 실행하고 점검하여야 한다. 특히 노후 임대관리건물일 경우 작업량이 증가함으로 부지런한 점검 및 확인이 필요하다.

이때 시설보수 계획수립을 위한 보수주기 및 소요예산은 공동주택 관리자료를 입수하여 수립할 수 있다.

시설관리를 위해서는 3년 이상 된 건물은 공사할 부분이 발생하므로 공사할 재료에 대한 단가파악과 계약체결요령 그리고 감독요령을 사전에 파악하여야 한다. 특히, 공사문제는 항상 비리가 상존해 왔으므로 청렴하게 업무를 수행하고 식사까지도 조심하여야 한다.

이 시설관리계획에는 안전 및 보안관리를 위한 유지관리 계획도 포함하여 작성한다.

시설관리를 위하여 점검사항은 다음과 같다.

① 옥상 방수 등 누수 지점 발생여부

② 내·외부 타일 및 외장 벽돌 추락 위험여부

③ 임차인의 보수의뢰 처리할 사항

④ 보일러, 싱크대, 주차장, 내·외부 도색 등의 보수주기 및 일정 점검

⑤ 1인 가구에 대한 옵션 가동상태 점검

⑥ 정화조 처리(수거 시기 등) 관련 점검

⑦ 건물 이미지 관리를 위한 보완할 사항

⑧ 공사사항 처리 관련 업무 점검

8.3. 보안 및 안전관리

보안 및 안전관리는 부동산 자체에 대한 보안 및 안전관리와 재산의 안전을 위한 보안

및 안전관리로 구분한다.

부동산 자체의 안전은 기본적으로 소유자나 임대관리자가 부담하여야 하는 사항으로 점검하여야 할 사항은 다음과 같다.

① 방범망 파손 및 추가 설치해야 할 부분 발생여부

② 가스배관 이용방지 대책 발생여부

③ 공실 열쇠관리 및 통풍 실시

④ 퇴실자 열쇠 회수 및 작동상태

⑤ 출입문 번호 주기적 변경 및 입주자에게 문자로 통지

⑥ CCTV 가동상태

⑦ 난간의 추락방지 훼손 및 위험여부

⑧ 전기선에 의한 감전 발생 가능성

⑨ 화재기구 점검 및 배치상태 확인

⑩ (승강기 있는 경우)임차인들에게 승강기 불량 발생상태 확인

⑪ 전기선 및 통신선 정리 상태

재산의 안전을 위한 보안 및 안전관리에 관한 사항은 부동산 자체에 대한 안전관리를 보장하기 위한 화재보험을 포함한 손해보험의 종류들로써 각종 보험에 관한 사항을 말한다.

재산의 안전에 대한 사항은 다음과 같다.

① 화재보험

② 자연재해 보상보험

③ 임대보증금 보증금보장보험

임대료가 매매가격의 70% 이상인 전세 또는 임대차를 일명 "깡통전세"라 부른다. 이는 그 지역의 낙찰가율에 따라 달라질 수 있으나 만일 경매를 당하는 경우 근저당 등 선순위 권리들이 배당을 받은 뒤, 당해 임대차가 보증금을 전부 회수할 수 없는 임대차를 말한다. 이런 경우 깡통전세를 해결하기 위하여 임대보증금은 보장보험을 가입하여 해결하기도 한다.

8.4. 위생 및 환경관리

환경 및 위생 관련하여 점검을 위해 착안해야 할 사항은 다음과 같다.

① 청소원의 당일 배치 및 결원상태

② 건물 내·외부 청소해야 할 사항

③ 도색 및 외부 교체 대상 발생여부

④ 일반쓰레기 및 음식물쓰레기 관리상태

⑤ 퇴실 시 청소 및 쓰레기 처리에 관하여 임차인에게 주지시켜야 할 사항

⑥ 관할 시·군·구의 환경 및 위생관리부서

⑦ 주변 및 화단의 잡초 제거

⑧ 기타 위생 및 환경에 관련된 사항 발생여부

8.5. 재무관리

8.5.1. 회계 관리규정 제정

부동산임대관리업도 관리대행을 하든 사업자등록을 하고 사업을 하던 재정관리를 위하여 회계 관리규정을 제정하여 각종 수입과 지출에 대한 명확한 규정을 정하여야 한다.

이때 수입의 재정으로는 임대료, 관리비, 중개수수료는 기본적인 수입이고 부가적으로 임차인을 위한 각종 서비스에 대한 서비스료로서 건물 내에 간이상점이나 식당운영, 초과 가구 및 물품의 보관을 위한 창고운영 수입 등을 들 수 있다.

8.5.2. 임대료 기준 및 현황

* 기존 건물의 경우는 관리계약의 임대차 현황으로 대체한다.

* 신축의 경우에는 주변 임대료와 비교하여 타당성을 검토하여야 한다.

임대료의 기준은 일정하게 정할 수 는 없다. 다만 그 지역에서 적용되고 있는 것을 기준으로 한다.

임대료의 기준이 되는 것은 부동산의 종류, 층수, 이자 전환율 등을 고려한다.

부동산의 종류는 주택, 상가, 사무실, 농지, 임야, 나대지, 기타 공장 및 창고로 구분되며, 층수는 건물로서 주거의 경우는 매매가를 기준하여 70%까지를 적정한 임대가로 간주하고 있고, 상가의 경우에는 도로의 접면의 너비에 따라 책정한다. 이자 전환율은 보증금을 월세로 전환 시 적용한다.

8.5.3. 관리비 기준 및 현황

관리비의 기본 관리비와 사용량에 대한 관리비로 구분되며, 기본 관리비는 주로 인건비에 해당하는 것과 수선유지에 대한 비용이 포함되고, 사용량에 따른 관리비는 전기, 가스, 수도 그리고 폐기물처리비, 정화조 처리비, 통신비용, 방송비용, 환경오염처리비 등이 포함된다.

관리비는 주거용과 상업용이 구분되는데 특히 상업용이나 공장 등 산업용은 그 업무와 관련된 시설의 사용으로 발생하는 제세공과금이 추가된다.

8.5.4. 재정관리

재무관리를 위해서는 임대료 및 관리비 그리고 기타 수입에 대한 재정관리에 따른 관리로서, 회계의 기본관리는 부동산임대관리업자가 수행하고, 제세금에 대한 것은 세무사를 통하여 관리하며, 주기적인 외부감사를 위하여 회계법인이나 회계사를 두고 관리한다.

만일 부동산중개업자가 부동산임대관리업을 병행하는 경우에는 소유자를 위한 재무관리 외에 부동산중개수수료 수입을 포함 재무관리를 별도로 할 수 있다.

재무관리에서 특히 주의하고 명확해야 할 사항은 지출에 대한 절차 및 관리이다. 재정의 투명한 관리를 위해 수입의 투명한 관리도 중요하지만 더 중요한 것은 지출에 대한 관리도 투명하여야 한다.

9. 예산편성 및 운영계획 보고

    예산편성은 매년 소유주와 다음해 임대관리를 위한 사업계획 보고 시 동시에 보고할 수 있도록 작성된다.

    예산편성은 연 1회 작성함을 기본으로 하되, 돌발상황이 발생하여 당해 연도 사업예산으로 수행할 수 없는 경우에는 추가 예산편성을 하여야 한다. 즉, 천재지변으로 큰 재해를 발생했거나 당초 예산했던 것보다 더 큰 재해를 입게 된 경우, 그리고 화재나 예상하지 못한 갑작스럽게 대대적인 사건이 발생하여 불가불 공사를 해야 하는 경우 등이다.

    예산편성을 위한 양식은 별도로 제한되지 않으나 통상 서식 #20 및 서식 #21의 운영계획보고서를 준하여 사용한다.

    임대관리업자가 소유주 및 행정기관에 보고하여야 할 사항은 임대관리업자의 업무활동 중 매우 중요한 업무 중의 하나이다. 따라서 이에 대한 준비 및 능력개발을 지속적으로 실시하여야 한다.

    자세한 사항은 재무관리 및 사무실운용에서 자세히 살펴본다.

10. 임대관리업무 관련 벌칙

10.1. 징역형 및 벌금

10.1.1. 2년 이하의 징역 및 2,000만 원 이하의 벌금

-. 주택임대관리업 등록을 하지 아니하고 주택임대관리업을 운영한 자
-. 주택임대관리업 등록을 거짓이나 그 밖의 부정한 방법으로 등록한 자

10.1.2. 1년 이하의 징역과 1,000만 원 이하의 벌금

-. 영업정지 기간에 영업을 한 자
-. 주택임대관리업의 등록이 말소된 후 영업을 한 자

10.1.3. 500만 원 이하의 과태료

-. 주택임대관리업의 등록사항 변경신고를 하지 아니한 자
-. 보증상품에 가입한 사실을 입증하는 서류를 제출하지 아니한 자

10.2. 등록말소 및 업무정지[9]

「주택법」에서는 주택임대관리업자에게 다음의 경우 등록 말소나 1년 이내의 업무정지를 할 수 있도록 처벌규정을 동법 제53조의3에 규정하고 있다.
-. 거짓이나 그 밖에 부정한 방법으로 등록을 한 경우
-. 제53조의2제3항에 따른 등록기준에 미달하게 된 경우
-. 고의 또는 과실로 임대를 목적으로 하는 주택을 잘못 관리하여 임대인 및 임차인에게 재산상의 손해를 입힌 경우
-. 임대를 목적으로 하는 주택의 관리 실적이 대통령령으로 정하는 기준에 미달한 경우
-. 제53조의7에 따른 보고, 자료의 제출, 조사 또는 검사를 거부·방해 또는 기피하거나 거짓으로 보고를 한 경우
-. 최근 3년간 2회 이상의 영업정지처분을 받은 자로서 그 정지처분을 받은 기간이 통산하여 12개월을 초과한 경우
-. 이 법 또는 이 법에 따른 명령을 위반한 경우

---

9) 「주택법」 제53조의3(주택임대관리업자의 등록말소 등) 및 시행령 제69조의4.

10.2.1. 등록말소 및 업무정지 처분기준

시장·군수·구청장이 업무정지 처분을 하거나 등록말소를 하는 일반적인 기준에 맞추어 처벌하도록 규정하고 있는데 그 일반적인 기준은 「주택법」 시행령 69조의4에 다음과 같이 규정하고 있다.

행정처분의 기준은 최근 1년간을 기준하며, 최근 1년간의 기준은 행정처분을 한 날과 그 행정처분 후 다시 같은 위반행위를 하여 적발한 날까지를 말한다.

이 기간 내 같은 등록사업자가 둘 이상의 위반행위를 한 경우로서 그에 해당하는 각각의 처분기준이 다른 경우에는 다음의 기준에 따라 처분한다.

1) 가장 무거운 위반행위에 대한 처분기준이 등록말소인 경우에는 등록말소처분을 한다.

2) 각 위반행위에 대한 처분기준이 영업정지인 경우에는 가장 무거운 처분의 2분의 1까지 가중할 수 있되, 가중하는 경우에도 각 처분기준을 합산한 기간을 초과할 수 없다. 이 경우 그 합산한 영업정기기간이 1년을 초과할 때에는 1년으로 한다.

시장·군수 또는 구청장은 위반행위의 동기·내용·횟수 및 위반의 정도 등 다음에 해당하는 사유를 고려하여 개별기준에 따른 행정처분을 가중하거나 감경할 수 있다. 이 경우 그 처분이 영업정지인 경우에는 그 처분기준의 2분의 1 범위에서 가중(가중한 영업정기기간은 1년을 초과할 수 없다)하거나 감경할 수 있고, 등록말소인 경우(법 제53조의3제1항제1호 또는 제6호에 해당하는 경우는 제외한다)에는 6개월 이상의 영업정지처분으로 감경할 수 있다.

1) 가중사유

  가) 위반행위가 고의나 중대한 과실에 따른 것으로 인정되는 경우

  나) 위반의 내용과 정도가 중대하여 임대인 및 임차인에게 주는 피해가 크다고 인정되는 경우

2) 감경사유

  가) 위반행위가 사소한 부주의나 오류에 따른 것으로 인정되는 경우

  나) 위반의 내용과 정도가 경미하여 임대인 및 임차인에게 미치는 피해가 적다고 인정되는 경우

  다) 위반행위자가 처음 위반행위를 한 경우로서 3년 이상 해당 사업을 모범적으로 해온 사실이 인정되는 경우

라) 위반행위자가 해당 위반행위로 검사로부터 기소유예 처분을 받거나 법원으로부터 선고유예의 판결을 받은 경우

마) 위반행위자가 해당 사업과 관련 지역사회의 발전 등에 기여한 사실이 인정되는 경우

또 시장·군수 또는 구청장은 주택임대관리업 등록말소 또는 영업정지 처분을 하려는 경우에는 처분일 1개월 전까지 해당 주택임대관리업자가 관리하는 주택의 임대인 및 임차인에게 그 사실을 통보하여야 한다.

10.2.2. 등록말소

10.2.2.1. 당연 등록말소

주택임대관리업자가 업무기간 중 다음 사항이 적발되면 당연 등록말소 하는 경우는 다음과 같다.

-. 거짓이나 부정한 방법으로 등록한 경우
-. 「주택법」또는「주택법」에 따른 명령을 위반한 경우로서 법 제53조의3에 따른 영업정지기간 중 영업을 하여 2차까지 업무정지를 받고 또 업무정지를 받는 경우

10.2.2.2. 임의 등록말소

주택임대관리업자가 등록말소 되는 경우는 다음과 같다.

-. 등록기준에 미달되어 영업정지처분을 받은 후 영업정지기간이 끝나는 날까지 이를 보완하지 않은 경우
여기서 "등록 기준 미달"이란「주택법」시행령 제69조의4제1항에 의하면 "매년 12월 31일을 기준으로 최근 3년간 주택임대 관리 실적이 없는 경우"를 말한다.
-. 최근 3년간 주택임대 관리 실적이 없는 경우
-. 최근 3년간 2회 이상의 영업정지처분을 받은 경우로서 그 정지처분을 받은 기간이 합산하여 12개월을 초과한 경우

시장·군수·구청장은「주택법」시행령 제69조의4(주택임대관리업 등록말소 등의 기

준 등) 별표 8의3(주택임대관리업자에 대한 행정처분기준) 1. 일반기준의 다항에 의해 등록말소를 업무정지 6개월 이상으로 경감할 수 있다.

10.2.3. 영업정지

업무정지 처벌에 대한 일반적 기준은 10.1.1. 등록말소 및 업무정지 처벌의 일반기준을 준용한다.

10.2.3.1. 이미 처분한 영업정지기간의 2배

-. 「주택법」 또는 「주택법」에 따른 명령을 위반한 경우로서 법 제53조의3에 따른 영업정지기간 중 영업하여 2차 영업정지를 받는 경우

10.2.3.2. 이미 처분한 영업정지기간의 1.5배

-. 「주택법」 또는 「주택법」에 따른 명령을 위반한 경우로서 법 제53조의3에 따른 영업정지기간 중 영업하여 1차 영업정지를 받는 경우

10.2.3.3. 업무정지 1년

-. 임대를 목적으로 하는 주택을 잘못 관리하여 임대인 및 임차인에게 고의로 재산상의 손해를 입힌 경우로 2차 업무정지를 받는 경우

10.2.3.4. 업무정지 6개월

-. 등록기준에 미달하게 된 날부터 1개월이 지날 때까지 이를 보완하지 않아 2차 업무정지 처분은 받은 경우
-. 등록기준에 미달하게 된 날부터 1개월이 지날 때까지 이를 보완하지 않아 3차 업무정지 처분은 받은 경우
-. 임대를 목적으로 하는 주택을 잘못 관리하여 임대인 및 임차인에게 고의로 재산상의 손해를 입힌 경우로 1차 업무정지를 받는 경우

-. 임대를 목적으로 하는 주택을 잘못 관리하여 임대인 및 임차인에게 중대한 과실로
재산상의 손해를 입힌 경우로 3차 업무정지를 받는 경우

10.2.3.5. 업무정지 3개월

-. 등록기준에 미달하게 된 날부터 1개월이 지날 때까지 이를 보완하지 않아 1차 업무
정지 처분은 받은 경우
-. 임대를 목적으로 하는 주택을 잘못 관리하여 임대인 및 임차인에게 중대한 과실로
재산상의 손해를 입힌 경우로 2차 업무정지를 받는 경우
-. 「주택법」 제53조의7에 따른 보고, 자료의 제출 또는 검사를 거부·방해 또는 기피하
거나 거짓으로 보고를 한 경우로 3차 업무정지 처분을 받는 경우

10.2.3.6. 업무정지 2개월

-. 임대를 목적으로 하는 주택을 잘못 관리하여 임대인 및 임차인에게 중대한 과실로
재산상의 손해를 입힌 경우로 1차 업무정지를 받는 경우
-. 임대를 목적으로 하는 주택을 잘못 관리하여 임대인 및 임차인에게 경미한 과실로
재산상의 손해를 입힌 경우로 3차 업무정지를 받는 경우
-. 「주택법」 제53조의7에 따른 보고, 자료의 제출을 거부·방해 또는 기피한 경우로 3차
업무정지 처분을 받는 경우
-. 「주택법」 제53조의7에 따른 검사를 거부·방해 또는 기피한 경우로 3차 업무정지 처
분을 받는 경우
-. 「주택법」 제53조의7에 따른 보고, 자료의 제출을 거짓으로 보고를 한 경우로 2차 업
무정지 처분을 받는 경우

10.2.3.7. 업무정지 1개월

-. 임대를 목적으로 하는 주택을 잘못 관리하여 임대인 및 임차인에게 경미한 과실로
재산상의 손해를 입힌 경우로 2차 업무정지를 받는 경우
-. 「주택법」 제53조의7에 따른 보고, 자료의 제출을 거부·방해 또는 기피한 경우로 2차

업무정지 처분을 받는 경우

-. 「주택법」 제53조의7에 따른 검사를 거부·방해 또는 기피한 경우로 2차 업무정지 처분을 받는 경우

10.3. 경고

-. 임대를 목적으로 하는 주택을 잘못 관리하여 임대인 및 임차인에게 경미한 과실로 재산상의 손해를 입힌 경우로 1차 업무정지를 받는 경우
-. 「주택법」 제53조의7에 따른 보고, 자료의 제출을 거부·방해 또는 기피한 경우로 1차 업무정지 처분을 받는 경우
-. 「주택법」 제53조의7에 따른 검사를 거부·방해 또는 기피한 경우로 1차 업무정지 처분을 받는 경우
-. 「주택법」 제53조의7에 따른 보고, 자료의 제출을 거짓으로 보고를 한 경우로 1차 업무정지 처분을 받는 경우

10.4. 과징금

시장·군수 또는 구청장이 과징금을 부과하는 기준은 영업정지기간 1일당 3만 원을 부과하되, 영업정지 1개월은 30일을 기준으로 한다. 이 경우 과징금은 1천만 원을 초과할 수 없다.

시장·군수 또는 구청장이 과징금을 부과하는 항목은 ① 제53조의2제3항에 따른 등록기준에 미달하게 된 경우 ② 고의 또는 과실로 임대를 목적으로 하는 주택을 잘못 관리하여 임대인 및 임차인에게 재산상의 손해를 입힌 경우 ③ 임대를 목적으로 하는 주택의 관리 실적이 대통령령으로 정하는 기준에 미달한 경우 ④ 제53조의7에 따른 보고, 자료의 제출 또는 검사를 거부·방해 또는 기피하거나 거짓으로 보고를 한 경우 ⑤ 이 법 또는 이 법에 따른 명령을 위반한 경우에 부과할 수 있다.

시장·군수 또는 구청장이 과징금을 부과하려는 경우에는 위반행위의 종류 및 과징금의 금액을 분명하게 적은 서면으로 알려야 하며, 통지를 받은 자는 통지를 받은 날부터

30일 이내에 과징금을 시장·군수 또는 구청장이 정하는 수납기관에 내야 한다. 다만, 천재지변이나 그 밖의 부득이한 사유로 그 기간 내에 과징금을 낼 수 없을 때에는 그 사유가 해소된 날부터 7일 이내에 내야 한다. 또한 과징금을 받은 수납기관은 과징금을 낸 자에게 영수증을 내주어야 하며, 과징금의 수납기관은 과징금을 수납한 경우 지체 없이 그 사실을 시장·군수 또는 구청장에게 통보하여야 한다.

시장·군수·구청장은 제2항에 따른 과징금을 기한까지 내지 아니하면 지방세 체납처분의 기준에 따라 징수한다.

11. 협회 설립[10]

주택임대관리업자들도 필요시 「주택법」 제81조에 의거 협회를 만들 수 있으며 협회는 법인으로 설립한다.

주택임대관리업자들이 협회를 구성하기 위해서는 법인서립절차에 의거 설립하며 협회를 설립하기 위한 최소 인원은 10명 이상이어야 한다.

---

10) 「주택법」 제82조(협회의 설립 등).

제3장

임대차관리

이영재 법학 석사

1. 임대차관리계약 체결

민간 임대사업은 점차 더 수요가 늘어나고 활발할 것으로 보인다. 왜냐하면 선진국의 주택시장 변화를 살펴보면 주택보급률이 110% 이상이 되고, 주택자가 보급률이 60% 이상이 되면 주택가격이 물가상승률을 초과하지 못하는 경우가 발생할 수 있기 때문에 양도차익은 기대하기 어렵다고 판단하여 주택을 소유하려는 의욕이 저하되며, 주택을 소유하는 것보다 임대로 거주하는 것이 보다 경제적이고 합리적이라고 판단하기 때문에 임대차 소요가 늘어나기 때문이다.

임대차관리업자가 될 수 있는 자는 임대차업무 범위에 따라 부동산중개업자(개업공인중개사 및 부동산중개업법인)와 부동산중개를 제외한 업무를 수행하는 주택임대관리업자로 구분된다.

현행 법규상으로는 임대관리 대상 부동산의 임대차관리 중 새로운 임차인에게 임대차 물건을 알선하고 확인·설명하며, 계약서를 작성하는 업무는 부동산중개행위에 해당하므로 부동산중개업자(개업공인중개사나 중개법인)만이 실시할 수 있다.

따라서 소유주가 직접 실시하는 경우를 제외하고 어떠한 경우라도 부동산중개활동은 부동산중개업자만이 새로운 임차인을 유인 및 알선하여 임대차를 성사시킬 수 있으며, 다만 입주한 임차인의 임대료 징수 등 임대차 기간 중 임차인 관리는 기타 소유주로부터 위탁받은 임대관리사업자 등이 할 수 있다.

즉, 새로운 임차인의 임대차 계약 이후, 입주 및 입주기간 중 관리, 임대료 징구 및 관리, 시설수리지원, 입주자 퇴실 시까지의 관리는 부동산중개업자가 아니더라도 관리할 수 있다.

그러나 업무의 효율화를 위하고 재산적 가치의 보존을 위해서는 부동산중개업자가 임대차관리 전반을 관리하는 것이 보다 바람직하다. 다만, 대형화되지 아니한 부동산중개업자의 임대관리는 대형화된 임대관리업자에 비하여 임차인에게 전문적인 서비스나 저렴한 서비스가 제한되는 단점이 있을 수 있으므로 법인화(대형화)가 요구된다.

부동산중개업자가 아닌 임대관리업자가 임대차관리를 효율적으로 수행하는 방안은 공인중개사를 채용하여 부동산중개업 개설등록을 하게 하여 임대차관리를 하는 방안이 있고, 또는 기존 개업공인중개사나 중개법인과 부동산중개 업무 협약이나 전속중개계약을 체결하여 임대차업무를 수행할 수 있다.

임대차관리업자가 임대차관리업무를 효율적으로 수행하기 위해서는 임대사업자인 소유주와 임대차관리계약(서식 #4)을 체결하여야 한다.

1.1. 소유주와 사전 조율할 사항

임대관리업자가 임대관리사업을 성공적으로 수행하기 위해서는 임대관리계약을 체결하기 전에 소유주와 다음과 같은 사항을 사전에 조율하여야 한다.
① 소유주의 임대사업 목적
② 소유주의 임대관리부동산의 관리방침(임대관리 부동산의 관리계획)
③ 건물관리 규약
④ 임대료 책정 및 관리에 관한 사항
⑤ 관리비 책정 및 관리에 관한 사항
⑥ 소유주의 임대료 입금에 관한 사항
⑦ 관리보수 결정 및 지급방법에 관한 사항
⑧ 위임관계 및 임대차관리 범위
⑨ 임대인이 제시하여야 할 제 서류 발급 위임문제(납세증명서, 행정처벌 확인서, 에너지 등급 확인서 등)

1.2. 소유주의 임대사업 목적

　임대차관리업자는 소유주의 임대사업 목적을 정확하게 숙지하고 소유주가 계획한 대로 임대사업이 이루어지도록 임대차관리 활동을 해야 할 의무가 있다.

　특히 소유주의 임대사업 목적이 수익을 창출하는 데 근본 목적이 있으므로 임대관리사업 중 임대차관리는 임대사업자인 소유주의 임대사업 수입의 가장 중요한 부분의 업무를 수행하는 업무이다. 따라서 소유주는 임대차업무를 맡아 수행할 자기관리형 임대관리업자나 임대차업무만을 위탁받은 임대차 위탁관리업자에게 이를 위탁함에 있어서도 세심한 관심을 집중하여야 한다.

　소유주의 임대사업 목적은 수익 면에서 부동산 투기(투자)목적과는 달라 보유기간 동안에는 운용상의 이익을 창출하는 데 있고, 조건이 되면 추가하여 양도차익을 획득하는 데 있다.

　이러한 목적을 가지고 임대사업자인 소유주는 임대사업을 평생 직업으로 임대사업을 하기도 하며, 노후대책(투자의 안정성)으로 임대사업을 하기도 한다.

　운용수익을 창출하기 위해 투자하는 경우는 일반적으로 장년층 소유자들로 노후의 생활비를 안정적으로 확보하기 위해 운용하는 경우이고, 청·중년층의 소유주들은 별도의 직업을 운용하면서 여유자금으로 안전한 투자처로 부동산임대사업에 투자하는 경우 등이다.

　평생 직업으로 임대사업을 하는 부류 중 대표적인 사업자는 노후대책으로 임대사업을 하는 개인과 민간건설업자 중 건설임대주택을 건설하여 임대사업을 하는 자들이 대표적이다.

　임대차관리자는 소유주의 운영수익을 최소한 일정하게 보장하거나 더 창출하기 위한 노력을 하여야 임대사업자의 투자 목적에 부응할 수 있을 것이다.

　이를 위해 임대차관리자는 임대수입 창출의 전문가가 되어야 한다.

　임대차관리자가 운용수익을 창출하는 방법에는 공실률을 최소화하는 방법, 차별화를 통하여 임대료를 최고화하는 방법, 가용 공간을 최대한 활용하여 임대료 외의 수입을 증대시키는 방법, 입주자들이 요구하는 부가시설을 운용하여 운용수입을 증가시키는 방법 등 다양한 방법이 있을 수 있다.

　또한 임대차관리자는 소유주가 적절한 시기에 매각할 경우 최선의 시설과 더불어 수익성을 높여 부동산가치를 증대시킬 수 있는 활동도 항상 염두에 두고 활동하여야 한다.

1.3. 소유주의 임대관리방침

소유주의 임대부동산의 관리방침은 임대차관리와 시설관리에 많은 영향을 줄 수 있다. 소유주가 임대차관리인에게 제시하는 임대차방침은 다음과 같은 것들이 있다.

① 임대료를 체납하지 않는 임차인을 입주시켜 달라.

② 건물 및 시설을 깨끗이 사용할 사람을 입주시켜 달라.

③ 임차인 간에 불편하지 않도록 도덕성을 가진 자로 입주케 해 달라.

④ 기타 임대료 및 관리비 체납 등을 체납하지 않을 자로 입주시켜 달라.

⑤ 가족 수가 적은 자로 입주자를 선정해 달라.

⑥ 어린이가 없는 가정으로 입주케 해 달라 등.

또한 임차인에게 요구하는 사항은 다음과 같은 것들이 있다.

① 약속한 임대료를 연체하지 말고 입금해 달라.

② 건물 및 시설물을 잘 관리해 달라.

③ 입주자로서 건물 내에서 도덕성을 지켜 달라.

④ 입주민들과 화목하게 지내 달라.

⑤ 기타 당해 건물의 임대차관리에 관한 사항을 잘 지켜 달라 등.

1.4. 건물관리규약

임대차관리사업자는 임대차관리를 위해서 임대사업자의 임대차관련 요구를 포함하여 시설관리에 대한 요구를 임대차계약 시 반영하기 위하여 소유주로부터 건물관리규약을 인수받아야 한다.

이 건물관리규약은 임차인을 위한 규약으로 임차인이 임대차기간 중 준수하기 위한 내용이므로 앞서의 소유주의 요구사항과 임대차관리 및 시설관리에 필요한 사항이 포함되어야 한다.

그러나 소유주들이 건물관리규약에 대해 잘 알지 못할 경우가 있으므로 이런 경우에는 임대차관리업자가 작성하여 승인을 얻는 형식을 사용한다.

건물관리규약은 공동주택의 경우는 「주택법」 및 「집합건물의 소유 및 관리에 관한 법률」 내용을 참조하여 작성하고, 다가구 등 산재한 주택에 대한 건물관리규약은 서식 #13의 건물관리규약 예문을 참조하여 임대건물관리규약을 작성하여 사용할 수 있을 것이다.

1.5. 임대차관리계획

부동산임대관리업자는 자기관리형이든 위탁관리형이든 소유주와 임대관리계약을 체결한 뒤 임대관리계획을 수립하여 소유주와 협의 한 후 임대관리업무를 실시한다. 이는 임대차관리업무에서도 동일하게 적용된다.

부동산임대차관리업자가 임대차관리계획을 작성할 때 임대차관리계획에 포함해야 할 사항은 1.1.의 소유주와 사전에 조율할 사항을 구체적으로 계획한 사항이 포함되도록 작성한다.

임대차관리계획은 별도로 규정된 양식은 없으며, 임대차관리 대상 물건의 특성에 맞도록 작성되어야 한다. 임대차관리계획의 작성 예문은 서식 #15를 참조한다.

임대차관리계획의 작성요령은 자기관리형의 경우는 임대관리건물의 관리계획의 일부로 작성하고, 임대차 위탁관리의 경우 임대차관리계획을 별도로 작성한다.

1.6. 공실률

공실률은 임대대상 부동산에 발생할 수 있는 연간 공실일 수를 연간 총 일 수(365일)에 대한 비율을 말한다.

공실률의 발생은 가장 기본적으로 임차인의 입주일정 차이에서 발생하는 공백과 수리로 필요한 입주일정으로 인한 입주지연 등으로 불가피하게 발생할 수밖에 없다.

일반적으로 양호한 임대 물건의 공실률은 가장 기본적인 공실률 밖에 이루어지고 있어 통상 연 6%를 고려한다.

그러나 지역과 상황에 따라 그리고 부동산의 종류에 따라 이 공실률은 달라지므로 해당지역의 공실률을 적용하여 산출한다.

임대가 잘 안 되는 곳은 최고 50% 이상도 공실률이 발생하기도 하며, 보통의 경우에는

12~15%를 적용하고 있다. 공실률에 대한 비용은 당해 임대관리 부동산의 연 총 월세의 합, 즉 총 임대료에 공실률을 곱하여 산출한다.

임대관리업을 성공하기 위해서는 공실률을 최소화하여야 한다. 따라서 이를 위해 임대관리업자는 임대하기 용이한 물건을 확보하는 것이 무엇보다도 중요하며, 만일 임대하기 어려운 건물이라면 건물주가 이를 개선할 계획이나 신념을 소지한 자의 건물을 컨설팅하여 임대하기 용인한 건물로 개선하는 방법도 있다.

공실률이 높은 건물을 살펴보면, 첫째 당해지역에 적합하지 않은 용도의 시설일 경우, 둘째 주변의 다른 건물에 비하여 넓이가 작거나 주거시설인 경우 햇빛이 안 들어오는 등 구조가 사용이 불편한 경우, 셋째 소유주가 건물 및 시설관리에 투자하지 않아 외형적으로 노후(낙후)화 한 것처럼 보이거나, 넷째 건축한 지 오래되어 설비 및 구조가 유행을 쫓아가지 못하는 경우 등이다.

이처럼 공실률이 높은 임대건물은 임대관리업자가 수익성 판단(서식 #10 참조)을 근거로 하여 소유주와 개선방안을 협상하고 그에 따른 사업 제안서를 제출하여 개선시키고 있다.

2. 임대차광고

2.1. 임대차광고계획 수립

임대차관리업자가 소유주와 임대차관리계약과 임대차관리계획이 확정되면, 임차인의 모집을 위한 광고를 실시한다. 따라서 임대차관리업자는 임대차광고계획을 수립하여야 한다.

임대차관리업자가 광고계획을 수립하는 것도 소유주의 운용수익, 즉 수익률 증대를 고려하게 된다. 즉, 소유주의 일정한 운용수익을 확보하거나 증대시키기 위해서, 기존 임대건물인 경우에는 현재의 운용 상태에서 공실률을 가장 적게 하기 위한 활동이 요구되고, 신규 분양인 경우에는 분양기간을 가장 짧게 하는 활동이 그 방안일 수 있다.

광고의 시기는 기존 주택의 경우에는 퇴실자(전 임차인)가 나가자마자 바로 입주할 수 있도록 퇴실자의 퇴실하는 날로부터 1~2개월 전에 광고가 이루어져야 하고, 분양광고의 경우는 준공 시에 가급적 입주가 만료됨이 가장 바람직함으로, 준공 전 최소한 3개월 전에 광고가 이루어져야 한다. 그러나 최근의 부동산경기의 침체기와 정부의 전세자금대출 등과 정책에 따라 월세 임대차는 6개월 이상 광고를 해도 임차인의 선정이 어려운 경우가 있음으로 상황에 따라 적절하게 준비하여야 한다.

임대차관리자는 사전에 입주시기와 임대료 수준, 그리고 광고문안 및 광고수단을 준비하여 적절한 시기에 광고를 의뢰하고, 입주접수 준비를 한다.

광고에서 가장 중요한 것은 가장 효율적인 광고이다. 즉, 해당 임대주택을 사용하는 데 가장 적절한 임차인을 유치할 수 있도록 적합한 임차인을 지정하고, 가장 효과적인 광고 수단을 이용하여 가장 적절한 비용으로 최단 시간 내 임차인의 입주가 완료되도록 하는 것이다.

임대차관리자는 이를 위해 기존의 주택의 경우는 공실시기, 분양의 경우는 입주가능 시기 등 입주계획을 정확히 파악하고, 임차인에게 안전한 입주를 할 수 있도록 각종 공부 서류를 발급받아 정확히 분석한 뒤 당해 건물의 장점을 파악하여 총체적으로 입주자들의 호감이 갈 수 있는 광고 문안을 연구하고 사용할 준비를 하는 것이다. 이렇게 하여 입주 예정자가 방문하면 자신감 있게 설명하고 안내할 준비를 한다.

특히 2015년부터는 에너지 효율등급을 입주자에게 주지시키도록 하고 있으므로 이를 장점으로 활용하는 것도 한 방법이다.

2.1.1. 임대만료 임차인 파악

임대차관리사업자가 광고계획을 수립하기 위해서는 광고의 대상이 될 임대차물건을 결정하여야 하는데 임대차물건을 파악하기 위해서는 공실을 먼저 확인하고, 임대만료 임차인을 파악함으로써 광고대상 임대차 물건을 결정할 수 있다.

부동산임대관리업자는 현 임차인의 계약기간 만료시기가 도래하면 계약기간 연장 여부를 조심스럽게 타진하여 재계약 여부를 확인하여야 한다.

임차인의 임대차계약 종료여부 파악하는 시기는 임대차 만료 최소 1~6개월 전에 임차인과 협의하여 연장 거주할 것인가 아니면 임대차를 만료할 것인가를 파악하기 위한 입주자 입주계획표를 작성 유지하여 지속적인 광고가 이루어져 공실률을 최소화하도록 노력한다.

임대 만료 시 소유주는 임대차관리업자와 함께 현 임대조건에 대한 적절성 분석과 그에 따른 대책 그리고 향후 임대의 기본방향을 설정하여야 할 것이다.

또 임대기간 만료 후 재계약이 성립되지 아니하는 근본적인 요인도 같이 분석해야 한다. 이는 장기적인 측면에서 임대관리부동산의 안정적인 임대수익과 직결된다.

또한 현 임대차조건을 주변 시세와 분석하여 적정하다면 현행조건으로, 저평가되어 있다면 상향조정해도 무방할 것이며, 만일 고평가 시에는 하향조정하는 것이 안정적인 임대관리를 할 수 있을 것이다.

이때 계약기간 만료 시 사전조율이 이루어져야 하는 사항은, 묵시의 갱신이 되어도 임대료 증감청구권은 존재하므로, 임대인의 임대방침을 사전에 파악하여 현 임대차 조건의 재계약인지, 아니면 하향 또는 상향조정되는 계약조건인지를 먼저 파악하고, 이에 대한 부동산임대차관리업자의 시장현황에 대한 의견을 피력하여 적정한 임대차 조건을 정리하고, 현 세입자에 대한 계약기간 연장 여부를 확인하며 상담하여야 정확한 계약만료에 따른 점검이 될 것이다.

예를 들어 주택의 경우 현 임대인의 임대차 재계약 조건이 상향조정되는 조건이라면 현 임차인에게 임대차기간이 끝나기 6개월 전부터 1개월 전까지 임대차관리자는 임대인의 재계약 조건을 임차인에게 통지하여야 한다. 이때 임차인이 임대차 만료 1개월 전까지 이를 수용하거나, 새로운 조건을 제시하면 조정된 조건을 임대인에게 통지하는 절차를 거쳐 임대차 만료 후의 사항을 종결한다. 즉, 임대차관리자는 새로운 임차인 모집을 하지 않아도 된다.

만일 임차인이 이 기간(임차인이 임대차 만료 1개월 전)에 이를 거절하거나, 또는 계약갱신 거절을 통지해오면, 임대차 만료일에 임대차가 종료되므로 임대차관리자는 임차인의 통지일로부터 새로운 임차인의 모집활동을 하여야 한다.

임대인이나 임차인이 법규에서 지정한 기간 내에 재계약 조건을 통지하지 아니하거나 계약갱신을 하지 아니한다는 뜻의 통지를 하지 아니한 경우에는 그 기간이 끝난 때에 묵시의 갱신이 되어 전 임대차와 동일한 조건으로 다시 임대차한 것으로 본다.

묵시의 갱신이 된 주택의 경우 임대인은 임차인에게 2년간의 임대차기간이 부여되나, 임차인은 임대차계약을 종료하고 싶은 날로부터 3개월 전에 통지하면 임대차계약이 종료[1])되므로 임대인이나 임차인은 새로운 임차인을 모집한다. 따라서 묵시의 갱신은 제반

계획에 변동을 줄 수 있으므로 임대차관리자는 가급적 계약갱신에 대한 사항을 사전에 확인하여 새로운 임대차계약을 체결하는 것이 중요하다.

2.1.2. 임대차관리업자의 계약관리 난이도 구분

임대차관리업자가 임대차관리사업을 함에 있어 임대업무수행은 단순한 행동을 해야 하는 내용부터 사건을 법규나 조건에 맞도록 조합하고 정리하여야 할 사항까지 활동내용의 복잡 정도에 따라 난이도가 다르다.

이를 분류하면 다음과 같다.

① 임대차 계약서 작성(기본관리)

② 임대기간 만료일 3개월 전 공실방지를 위한 사전홍보(심층관리)

③ 임대인 보호를 위한 악성 임차인 계약서 특약관리(심층관리)

2.2. 광고에 영향을 주는 요소

부동산임대관리업자는 임대만료에 따른 공실을 최소화하기 위해 계약만료 후 새로운 임차인을 선정하기 위한 효율적인 광고방법을 선택하여야 할 것이다.

임대차 광고는 임대부동산의 위치에 따라 그 광고방법과 적극성 여부가 결정된다. 즉, 임대부동산의 위치가 본래 임대목적과 적합하다면 선호도가 높기 때문에 광고의 필요성이 감소되지만, 임대부동산이 주변의 임대목적에 부적합하다면 광고의 필요성은 더욱 높아진다.

예를 들어 원룸의 경우 학교 주변이나 위락지역이라면 임차인들의 수요가 많아, 선호도가 높아 비교적 입주시키는 데 어려움이 없지만, 주택가 특히 단독주택 전용지역에서는 원룸 수요자가 적어 공실이 많이 생길 수 있다. 따라서 주택가의 원룸은 광고를 더 많이 하여야 한다.

또한 부동산임대차관리업자가가 자기관리형 주택임대관리업인지, 위탁관리형 주택임대관리업인지에 따라 임대차 광고는 많은 차이가 있다.

---

1) 「주택임대차보호법」 제6조의2.

자기관리형 주택임대관리업자는 임대관리 계약기간 중 임대인에게 임대료 지불을 보장하여야 하며, 자기책임으로 주택을 임대관리 하는 형태이다. 그래서 자기관리형 임대관리의 경우 임대차계약 시에도 소유자가 임대인이 되어 거래당사자가 되지 않고 주택관리업체가 거래당사자가 되어 임대차계약을 체결한다.

따라서 임차인 선정 및 임대차계약은 부동산중개업자에게 의뢰하여 실시되도록 규정하고 있지만 임대관리 책임이 임대관리업자에게 있으므로 계약만료 시, 새로운 임차인의 선정에 있어 더 적극적으로 임대차 광고를 하거나 광고활동을 할 것이다.

반면 위탁관리형 주택임대관리업일 경우에는 임대인과 임차인이 계약당사자로 계약을 체결하며 이때 임대차관리는 임차인의 모집 및 선정 그리고 임대차 계약까지는 부동산중개업자가 실시하고 중개보수만을 받고, 위탁 주택임대관리업자는 임대인과의 계약에 의하여 관리수수료를 받고 임대료 징수, 임차인 관리 및 시설물 유지관리업무 등을 대행하는 형태이기 때문에 계약만료에 따른 새로운 임차인 선정 및 광고에 소극적일 가능성도 있을 수 있다.

2.3. 임대차광고 방법

오늘날의 모든 사업은 광고, 혹은 마케팅을 외면하고서는 생존이 어렵다. 이는 사업자체의 홍보를 위한 자기광고뿐만 아니라, 사업의 목적달성을 하기 위한 필수적인 요소이다.

특히 부동산임대차관리업자는 우리나라의 특수 임대차인 전세제도와 정부의 전세자금대출 그리고 노후생활을 위한 대책으로 실시되는 임대사업자들을 대상으로 임대차관리사업자들의 난립 등 우리나라의 사회적 특수성에서 생존하고 임대차 목적달성을 위한 필수요소가, 바로 임차인 선정을 위한 광고이다. 이 광고 여하에 따라 공실률을 최소화하여 수익을 극대화시킬 수 있다. 이를 위한 광고기법에는 고전적인 방법과 최근에 유행하고 있는 스마트한 방법 등이 있다.

2.3.1. 고전적인 광고기법

첫 번째로 교차로 광고나 벼룩시장 등과 같은 정보지에 광고를 내는 방법으로, 지역에 따라 그리고 정보지의 발행 부수에 따라 그 효과가 크게 차이가 난다.

정보지에 의한 광고는 많은 광고비 지출이 아니면서 특별한 기법이 필요한 것이 아니기 때문에 손쉽게 활용하는 광고기법이다.

두 번째는 광고판 활용으로 아파트 등 공동주택의 승강기, 사무실의 전면의 유리 벽면, 전신주 등의 A4지를 이용한 부착하는 광고 등 그동안 부동산 소유주들이 가장 많이 활용하는 광고기법이다.

광고판 광고방법은 임대부동산에 필요한 안내문구를 작성하여 직접 부착하는 방법으로 최소의 비용으로 최대의 광고 효과를 볼 수 있는 광고기법이다.

다만 광고 안내판 작성 시 문구의 내용과 디자인에 신경을 쓰고 부착하는 위치를 잘 선정한다면 상당히 유용한 광고방법이라 하겠다.

예를 들어 주택인 경우 잘 보이는 벽면에 부착하거나, 유리창에 부착하는 방법도 하나의 방법이다.

세 번째는 프랜카드 광고기법으로 임대부동산이 위치한 광고효과가 좋은 지역에 프랜카드를 게시하는 광고방법으로 대단히 효과가 좋다 할 것이다.

단, 이 프랜카드 광고방법은 합법적인 테두리 안에서 운영되어야 한다.

넷 번째는 라디오나 TV광고 등 전파매체를 이용하여 광고하는 방법으로 최고의 광고 효과 얻을 수 있지만 너무 많은 광고비가 소요되어 현실적으로 개인이 그 광고비를 집행하기는 대단히 부담되는 비용이다. 현실적으로 대기업 또는 기업형 임대사업자가 많이 이용하고 있다.

그 밖에 전단지 광고, 정기 간행물과 출판물에 의한 소책자와 우편에 의한 광고도 한 예가 될 것이다.

어떠한 방법을 이용하여 광고를 하던 가장 좋은 방법은 부동산중개업소를 협력자로 활용하는 것이 가장 효과가 있고 정확한 바람직한 수단이다.

부동산중개업소를 협력업자로 활용하는 방법을 사용함에 있어 일부 임대사업자들은 중개수수료를 지불해야 함은 부담스러워 하기도 하지만, 무작정 소유자 본인의 광고에 의존해서 임차인을 선정하려 한다면 공실의 부담이 되고, 수익률도 현저히 떨어져 중개수수료 이상의 손해를 보게 된다.

이때 부동산중개업소를 협력자로 선정하는 기준은, 임대관리 부동산이 위치한 가장 가까운 곳에 있는 부동산중개업소가 바람직하며, 인근 부동산 중개업소 중 임대관리 전문

중개업소로 신망이 두터운 업소를 선택하는 것이 바람직하다.

인근 임대관리 전문 부동산중개업소를 이용하여 광고를 실시하면 광고효과를 극대화하는 방법으로 광고함은 물론 광고비도 절약할 수 있고, 공실률이 최소화되어 수입이 증대되는 효과가 있다.

2.3.2. 스마트한 광고기법

전파매체를 이용한 광고방법 중 기존에는 라디오나 TV광고 등을 이용하였으나, IT기술 발달로 최근에는 인터넷매체를 통한 광고와 엄청나게 보급되어 있는 스마트폰을 통한 광고가 크게 뜨고 있으며 향후에도 더욱더 저렴하면서 효과적인 방법으로 이 광고방법이 대세를 이룰 전망이다.

-. 인터넷광고

IT기술개발로 인터넷은 신세대를 중심으로 많이 검색하고 있어, 이 인터넷 광고가 매우 각광을 받고 있으며 그 광고기법도 여러 가지 형태로 발전하고 있다.

예를 들어 인터넷 검색어 광고, 즉 키워드검색 광고, 블로그나 카페, 사이트를 통한 광고, 요즘의 대세인 페이스 북과 트위터, 유튜브를 통한 강력한 노출 광고, 이들을 이어지게 하는 파워링크 광고기법 등이 있다.

이중에서 인터넷 검색어 광고, 즉 키워드검색 광고와 파워링크 광고기법 등은 광고비가 지출되나 많은 부담이 가지는 않고, 이를 제외한 방법은 본인의 노력과 실력에 따라 광고비 지출 없이 효과를 볼 수 있는 광고방법이다.

-. 스마트폰광고

국내 이용자 수가 약 3,500만 명을 돌파한 스마트폰을 통한 광고기법이다. 물론 앞서 언급한 인터넷 광고가 스마트폰과 연계되어 광고로 노출이 되지만, 스마트폰만을 위한 광고방법은 추가적으로 진행하여야 한다.

검색어 광고, 즉 키워드검색 광고 시 상위노출을 원하면 일정한 광고비용을 지불해야 하며, 나머지는 인터넷과 연계되어 광고가 되니 적극 활용하는 방법이 최선이라 본다.

요즘 가장 많이 이용하고 있는, SNS, 카카오 톡이나 페이스 북, 트위터, 밴드, 유튜브는 그 활용 방법에 따라 무궁무진한 효과가 창출되는 광고기법이라 하겠다. 그 활용 방법을 적극 활용하는 것이 요즘의 신세대, 특히 원룸이나, 오피스텔, 고시원 같은 수요세대와 가장 맞춤광고가 될 것이다. 또한 블러그나 카페, 동영상, 이미지, 지도 광고 등은 노력여하에 따라 광고비 부담 없이 큰 효과를 얻을 수 있는 방법 중의 하나이다.

3. 새로운 임차인 선정

3.1. 임차인 접수 및 안내

광고 등을 통하여 새로운 입주 희망자들이 방문을 하거나 전화 등을 통하여 접수를 하게 되면, 임대차관리자는 가급적 일정한 양식을 사전에 준비하여 이를 접수한다.

접수 시 사용하는 양식은 임대차관리자가 필요에 의해 필요한 요소가 파악될 수 있도록 작성하여 사용한다. 부동산중개업의 경우에는 임차인 중개대상물자료요구서를 기본으로 하여 임차 희망면적, 임대료, 입주 시기, 같이 입주하는 입주자 수, 희망 임대료 수준, 임차인 전화번호 등을 추가하여 사용하고 있다.

이 외에 방문하여 안내를 받는 입주 희망자에게는 임대료 지급방법(전세, 보증금의 정도, 월세의 정도, 월세 지급방법), 불량 임차인을 선별하기 위하여 임차인의 직업이나 신분을 확인한다.

임대차관리자가 입주 희망자에게 설명할 사항은 「공인중개사법」을 준용하여야 하며, 공법상의 허용 및 제한사항, 물건의 상태, 당해 임대차 부동산의 이용방법, 기타 관리규약상 준수해야 할 사항 등이다.

임대차 관리자는 입주 희망자에게 임대차 부동산을 자신 있게 설명하기 위해서는 사전에 임대인에게 당해건물에 대한 중개대상물 자료요구서, 당해 건물의 임대차내역서(호별, 보증금 및 임대차 만기 등 기재), 등기사항전부확인서, 토지대장 및 건물관리대장, 토지이용계획 확인서, 당해 지자체의 조례 등을 발급받거나 확인하여야 한다.

특히 공동주택이나 단지형 임대건물의 경우는 임대관리자가 소유권을 제한하는 권리 및 세금 등에 대해 잘 알고 있겠지만 분산된 임대건물의 경우와 임대차만 위탁받아 관리하는 건물의 경우는 소유주로 하여금 세금 및 행정처분에 대한 내용을 지차체 등 행정기관에서 확인서를 발급받아 제시하도록 하여야 한다.

이때 소유주가 공부상 명시되지 않은 사항에 대한 확인서의 종류는 다음과 같다.

① 근저당 설정 금융기관의 "부채확인증명서"

② 지자체 세무과의 "지방세납부확인서"(별지 #8 참조)

③ 국세청의 "국세납부확인서"(별지 #7 참조)

④ 에너지효율등급평가서

3.2. 양호한 임차인 선정

임대차관리자는 입주희망자들 중 새로운 임차인을 선정하는 데 착안할 사항은 퇴실 임차인의 퇴실일자와 새로운 임차인의 입주일자가 가급적 짧을 것 등 가급적 양호한 임차인으로 선정하여야 한다.

양호한 임차인이란 다음의 조건을 가진 자를 말한다.

① 임대료(월세)를 체납하지 않는 임차인

② 정신적 및 신체적으로 건강한 임차인

③ 정서적으로 안정되고 도덕성을 갖춘 임차인

④ 이삿짐이 많지 않고, 자녀가 적으며 고교 이상의 자녀가 있는 임차인 등

양호한 임차인을 선별하는 요령은 다음과 같다.

임차인과 상담 시 충분한 내용을 파악한다. 먼저 임대료를 체납하지 않는 임차인이란 직업이 안정적이거나, 정규직으로 근무하는 자이며, 일반적으로 공무원, 교사, 연구원, 회사 정규직원, 학생들은 우량 임차인으로 보고 있고, 또 임대료가 자신의 수입의 20%를 초과하지 않는 사람이면 비교적 임대료를 체납하지 않는다.

또한 부모님이나 형제자매가 당해 지역 내에 거주하는 임차인이나 당해지역 내에 있는 우량한 사업체에서 근무하는 임차인은 비교적 우량한 임차인인 경우가 많다.

정신적 및 신체적으로 건강한 임차인은 우선 사고하는 것이 경우가 밝은 사람이고, 비교적 젊은 층에 해당하며, 얼굴색이 밝거나 명랑한 성격의 소유자인지를 살펴보면 알 수 있다.

정서적으로 안정되고 도덕성을 갖춘 임차인은 매우 알아보기 어려운 부분이지만 경우가 밝은 사람은 대부분 도덕성도 밝다. 그리고 차분한 성격을 가진 자는 정서적으로도 안정되는 경우가 많다.

이삿짐이 많지 않고 자녀가 적으며 자녀가 고교 이상인 임차인은 신혼부부이거나 임차인의 나이가 여자의 경우는 40대 중반, 남자의 경우는 40대 후반이나 50대 초반인 경우는 자녀들이 중학교 이상 대학에 재학 중인 시기이다.

여담으로 모 임대사업자는 우량한 임차인을 유치하기 위하여 관상학을 공부하기도 했다는 이야기가 있을 정도로 우량 임차인은 임대사업자 또는 임대관리업자에게는 매우 중요한 고객이다.

만일 양호한 임차인이 아니라고 판단되는 경우는 별도로 체크하여 주기적으로 동향을 감시하여야 한다.

선호하는 임차인 선정에는 입주 시기도 고려하는데 분양하는 임대대상 부동산의 경우 양호한 임차인에는 앞서의 양호한 임차인의 조건에 추가하여 가급적 준공일과 더불어 가장 빨리 입주할 수 있는 자이다.

이는 기존 임대차 대상 물건의 경우에도 퇴실자가 퇴실한 일자로부터 가장 빨리 입주하는 사람도 또한 같다.

또한 임대료에 있어서도 대부분의 임대인은 광고한 임대료로 입주하는 임차인을 우선적으로 선정하고 있다. 이 임대료는 무조건 임대료를 많이 지불하는 사람이 우량한 임차인이라고 볼 수 없음을 고려하여야 한다. 여기에는 월세 연체가 많이 있음도 착안하여야 한다.

3.3. 임대차 보증금 대출

임차인의 임대차 보증금은 임대차 기간 중 임대료를 전부 공제할 수 있을 정도로 충분하게 책정하여 보증금을 받는 것이 바람직하다.

최근에는 정부 및 금융권에서 전세자금이나 임대보증금 대출을 해주고 있어 임대차관리자는 보증금이나 전세금 대출도 알선해주고 있다.

임대차관리업자는 보증금이나 전세금을 알선해주는 경우의 착안할 사항은 이자율이 가장 낮고 임차인의 희망하는 가격대로 대출금을 받을 수 있는 금융기관이다.

또 임차인이 임대차 만료 시 보증금을 안정적으로 회수할 수 있도록 보증금 보장보험에 가입하여 보장을 받을 수 있도록 보증금보험 제도를 안내하는 것도 바람직하다.

또 정부에서 기초생활수급자나 저소득층에 전세자금이나 보증금 그리고 월세대출을 해주고 있다.

3.4. 임대차계약 체결

새로운 임차인이 선정되면 임대차관리업자 또는 소유주는 새로운 임차인과 임대차계약을 체결하는데 이때 임대차계약을 체결하면서 착안하여야 할 사항은 다음과 같다.

소유주는 임차인에게 시설물 및 건물의 상태에 대하여 빠짐없이 설명하여야 하며, 국세나 지방세의 체납이 없음을 확인해주어야 한다.

소유주나 중개업자가 임차인에게 건물의 상태에 대해 설명할 사항은 다음과 같다.

① 중개대상물의 종류·소재지·지번·지목·면적·용도·구조 및 건축연도 등

② 소유권·전세권·저당권·지상권 및 임차권 등 중개대상물의 권리에 관한 사항

③ 거래예정금액·중개수수료 및 실비의 금액과 그 산출내역

④ 토지이용계획, 공법상의 거래규제 및 이용제한에 관한 사항

⑤ 수도·전기·가스·소방·열공급·승강기 및 배수 등 시설물의 상태

⑥ 벽면 및 도배상태

⑦ 일조·소음·진동 등 환경조건

⑧ 도로 및 대중교통수단과의 연계성, 시장·학교와 근접성 등 입지조건

⑨ 권리를 취득할 때 부담하여야 할 조세의 종류 및 세율

이는 중개대상물 자료요구서 또는 중개대상물 확인·설명서를 가지고 설명하면 된다.

다만 이를 설명할 때 임대차관리업자는 토지이용계획, 토지대장등본, 부동산종합증명서, 등기전부증명서를 제시하며 설명하여야 하고, 소유주가 제시한 국세 및 지방세 납부증명서를 같이 제시하여야 한다. 만일 소유주가 국세 및 지방세 납세증명서를 제시하지 아니하면 표준임대차계약서 또는 중개대상물확인·설명서에 "소유주가 국세 및 지방세 납세증명서를 제시하지 않았음" 하고 기재해주어야 한다.

임차인과 작성하는 임대차계약서 작성은 자기관리형인 경우는 임대관리업자가 소유주를 대신하여 작성하고, 이때 임대관리업자는 임대인의 위임장이나 임대관리계약 체결 내용에 임대차계약의 위임사실이 명시된 임대관리계약서를 첨부하거나 제시하여야 한다.

또한 위탁관리형인 경우는 소유주가 거래당사자가 되어 계약서를 작성함이 원칙이며, 만일 임대인이 임대차관리업자에게 위임한 경우에는 임대인의 위임장을 첨부하고 임대차관리업자가 임대차계약서를 작성한다. 이외의 임대차계약과 관련된 사항은 「공인중개사법」의 규정을 적용하여 작성한다.

임대차관리자나 임대사업자 및 임대인이 임대차계약서를 작성할 때 사용하는 서식은 「임대주택법」에서 권장하는 임대차계약서나 한국토지주택공사에서 사용하는 임대차계약서를 사용할 수 있고, 2013년 법무부에서 국무회의 의결을 거쳐 권장하는 첨부의 표준주택임대차계약서를 사용한다.

임대차계약 체결 시 착안할 점은 단순 부동산중개를 하는 임대차계약이 아니라 당해 임차인을 임대차 만료 시까지 관리를 하여야 하므로 임대차 기간 중 임차인이 준수해야 할 사항도 임대차계약서에 포함되어야 함도 착안하여야 한다.

뿐만 아니라 임대관리업자 또는 임대차관리업자가 자기관리형 관리를 하는 경우에는 임차인이 입주 시 준수해야 할 사항을 임차인에게 입주하기 전까지 제공하여야 한다.

4. 새로운 임차인 입주 전 준비

4.1. 퇴실 임차인 준비 및 처리

새로운 임차인이 결정되면 임대차관리자는 퇴실 임차인에게 새로운 임차인이 결정되었음을 통지하고, 이어서 퇴실을 위한 준비를 하게 된다.

퇴실하는 임차인이 준비할 사항은 다음과 같다.

첫째, 연체된 임대료 및 관리비에 대한 완납 준비

둘째, 퇴실일까지 전기·수도·도시가스·인터넷 사용료·TV 시청료 또는 유선방송케이블 사용료 등 공과금에 대한 정산 준비

셋째, 입주 시 인수받은 부동산의 상태에 대한 확인 및 원상복구

넷째, 새로운 이삿짐이 도착하기 전까지 퇴실 임차인의 이삿짐 적재

다섯째, 퇴실 시 청소 및 쓰레기 처리문제 등.

위탁 임대차관리자는 퇴실 임차인이 퇴실하는 날 위와 같은 퇴실 임차인의 준비한 사항에 대해 확인 후 보증금 정산을 실시한다.

만일 시설관리업자가 별도로 위탁된 경우에는 부동산상태 점검은 위탁받은 시설관리자에게 인계하여 처리하고, 이때 착안할 사항은 위탁받은 시설관리자로부터 이상 없음을 확인받은 뒤 보증금 정산을 하여야 한다.

또 새로운 임차인의 입주를 위하여 수리가 필요한 경우 임대차관리업자는 소유주와 상의하여 퇴실 임차인을 필요한 수리기간 전에 퇴실시켜야 한다. 따라서 임대차관리업자는 소유주와 임대차관리 위탁계약 체결 시 당해 건물의 퇴실이 집중되는 때의 반환보증금의 총액을 판단하여 이에 해당하는 금액을 임대차관리업자에게 예치하고 있다.

4.2. 입주 임차인에 대한 준비

새로운 임차인의 입주를 위한 준비는 새로운 임차인이 입주하여 거주하는 데 지장이 없도록 수리 및 준비를 하여야 한다.

통상 임대차관리자는 새로운 임차인의 입주일을 기준하여 준비 일정계획을 수립하여 준비하여야 차질 없는 준비가 된다.

임대차관리업자 또는 소유주가 새로운 임차인이 입주하기 전 준비할 사항은 통상 전기 및 상하수도 배관상태, 보일러 등 난방기구 가동상태, 도배 및 장판, 싱크대, 변기의 배수 그리고 천정 등의 누수문제를 점검하고 준비한다. 또한 아파트의 경우는 관리사무실에서 연간계획을 수립하여 병충해 소독 등을 하고 있으므로 임대차관리자가 별도로 계획을 수립하지 않아도 되지만, 다세대 주택 등의 아파트 외의 공동주택과 단독주택, 다가구주택 등은 새로운 임차인의 입주 준비사항에 병충해소독을 포함하여야 한다.

난방 등의 수리나 보완 공사를 하여야 할 경우는 임차인들의 교체시기에 함이 가장 바람직하므로 입주계획에 포함하여 실시한다.

차량 주차스티커 및 입주자 카드 그리고 이사를 위한 승강기 등의 사용 문제도 입주

전 미리 확인하여 준비하여야 한다.

5. 입주 시 임대차물건 확인 및 인도

5.1. 주거용

입주 임차인의 입주 시 임대차 물건을 확인한 후 입주민에게 인도해주는 사항은 퇴실 시 입주민의 원상복구와 연계되며, 이로 인한 보증금의 반환금 정산까지 영향을 주므로 입주 임차인으로써는 매우 중요하다.

특히 주택의 경우 2년 후 임대차를 종료하는 경우는 비교적 입주 임차인의 임대차대상 물건의 퇴실 시 확인 및 인도는 비교적 무난하게 인수인계되는 데 반하여, 5년 이상 장기 임차한 경우에는 입주 시 입주 임차인의 임대대상물건의 철저한 확인 및 인도는 자주 분쟁을 일으키고 있어 장기간 입주 임차인에게는 매우 중요하다.

새로운 임차인이 입주 시 임대차관리업자 또는 소유주는 새로운 임차인과 중개대상물의 상태를 확인 후 인계하게 되는데 이를 위한 인수인계사항은 서식 #24 입주 및 퇴실 시 임대부동산 점검표를 사용하여 임차인과 임대관리자 합동으로 점검하여 확인하여야 한다.

이때 이 점검표는 점검 완료 후 임대(차)관리업자와 임차인 간에 확인하고 서명하여야 하며, 이는 입주 시 임차인이 인수받은 임대대상 부동산의 상태로 퇴실 시 임차인이 임대(차)관리업자에게 인계하여야 하는 사항이므로 정확하게 하여야 한다.

이 점검표는 퇴실 시 임차인에게 원상복구의 기본서류이며, 손해배상의 증빙자료가 된다.

5.2. 주거 이외의 부동산용

주거용 외의 임대대상물에 대한 퇴실 및 입주 임차인이 입주 및 퇴실 시 임대관리자와 부동산 인수인계를 위한 임대대상 부동산의 점검사항은 서식 #25 주거용 외의 임대부동산 점검표를 참조하여 점검하고 인수인계를 하여야 한다.

이때 이 점검표는 주거용과 같은 요령으로 점검 완료 후 임대관리자와 임차인 간에 확인 서명하여야 하며, 이는 입주 시 임차인이 인수받은 임대대상 부동산의 상태로 퇴실 시 임차인이 임대관리자에게 인계하는 사항이므로 정확하게 하여야 한다.

이 점검표는 퇴실 시 임차인에게 원상복구의 기본서류이며, 손해배상의 증빙자료가 된다.

6. 임대차기간 관리 및 준수사항 교육

임대차관리업자는 새로운 임차인이 거주하는 기간 동안 당해 중개대상물을 사용함에 있어 지켜야 할 사항 물건관리 및 지켜야 할 사항은 주지시켜야 한다.

공동주택의 경우는 입주자카드를 접수하면서 관리규약 등의 서류를 제공하고 입주자대표회의에서 결정된 사항을 교육한다.

주택 중 다가구 등 산재된 임대차 부동산은 당해 건물의 규약이 각각 상이함으로 각각의 건물에 대한 건물관리규약이나 규칙을 제작하여 제공하고, 임차인으로써 꼭 지켜야 할 사항에 대해서는 임대차계약에 포함하는 경우가 일반적이므로 특별히 별도의 교육을 요구하지는 않으나 만일 계약서 외의 사항이 있는 경우는 별도로 교육을 하여야 한다. 교육방법은 입주 시 관리사무소나 부동산 인수·인계 시 병행하여 설명하며 교육한다.

입주기간에는 필요한 경우에 DM을 제작하여 세대별로 발송하는 방법을 이용하거나 반상회처럼 주기적으로 해당 건물별 단합대회를 실시하면서 이를 이용하는 방법, 그리고 카페나 밴드를 구성하여 이를 이용하는 방법 등이 있다.

7. 임대료 징수

소유주 또는 임대차관리업자가 임대료를 징수하는 방법은 일반적으로 통장으로 자동이체 하는 방법과 직접 수금하는 방법을 이용하고 있으나 가급적 통장으로 자동 이체하는 방법을 이용하는 것이 바람직하다. 이때 자동 이체계좌는 컴퓨터와 연계하여 입출금관계를 컴퓨터로 확인할 수 있도록 시스템을 이용하고 있다. 소유주 및 임대차관리업자는 임대료 징수에 대한 임차인 교육이 별도로 필요하다.

즉, 우리나라는 임대보증금에 대한 인식을 임차인들은 임대료(월세) 미납 시 이를 대체하는 것으로 인지하고 있는 경우가 많다. 그러나 이는 임대료 미납 시 대체를 할 수도 있으나, 근본은 월세 부담을 적게 하면서 소유주의 수익률을 확보하고, 임차인의 손해배상에 대한 것에 대한 보증을 위해 보증금을 받아두는 것임을 인지시켜야 한다.

따라서 임대료를 연체하면 임대료에 대한 연체료가 부가됨을 인지하도록 하여야 하는데 이때 연체료는 최소한 제1금융기관의 정기예금 이자율보다 높음을 주지시켜야 한다.

또한 관리비는 임대료와는 별개로 징수하고, 임대료 징수방법을 준용한다.

8. 임대료 미납자 최고 및 소송 업무

소유주 또는 임대차관리업자는 임차인의 임대료 미납에 대비하여 임차인으로 하여금 임대료 미납에 대한 보증보험에 가입하도록 유도하여야 한다. 이를 위해 소유주 및 임대차관리업자도 임차인의 임대보증금에 대한 보장을 위해 보증보험에 가입하여야 한다.

임차인이 임대료 미납 시 임대료 보장을 위한 보증보험은 가스 사용료 미납 시 서울보증보험에서 운용하는 보증보험을 활용하는 방법이 있다.

이에 대하여 정부에서도 임대사업을 통하여 부동산 및 일반경기 활성화 방안으로 임대료 보장보험제도가 발달해야 할 것이다. 그러나 아직까지 우리나라는 임차인의 열등의식에 의해 임대료 보장을 위한 보증보험에 가입하는 비율이 낮음으로 소유주 및 임대차관리업자는 임대료 체납자에 대한 대책을 항상 강구하여야 한다.

임대사업을 효율적으로 수행하기 위해서는 임대사업자들의 인식 전환이 우선 요구되어야 한다. 즉, 주거의 경우에는 2회 이상 임대료가 연체하는 경우, 주거 이외의 경우는 3회 이상 임대료를 연체하는 경우 과감하게 명도소송을 통하여 임대료가 연체되지 않는 인습이 요구된다. 따라서 소유주 및 임대차관리업자는 임차인에게 이러한 사실을 주지시키고 만일 연체가 법 규정에 의해 발생하는 경우 내용증명서를 발송하고 합법적인 명도 절차를 이행할 준비를 하여야 한다.

법 규정에 의해 연체된 임차인의 처리는 다음의 절차에 의거 처리한다.

먼저 주거의 경우에는 2회 이상, 주거 외의 경우에는 3회 이상 연체를 하는 다음 날 소유주 및 임대차관리업자는 임차인에게 유선 또는 문자메시지 및 문서로 내용증명을 발송하여야 한다. 이때 사용하는 내용증명서는 일정한 양식은 없으며 다만 다음과 같은 요소가 포함되면 된다.

즉, 받는 사람의 성명·주민등록번호·주소 그리고 발신자의 성명·주민등록번호·주소를 기재하고, 계약서상의 임대료 연체 시 처리사항과 연체 임대료를 1개월 정도 기간을 부여하여 납입하도록 하고 납입기일이 초과하면 부동산명도소송절차를 이행하며, 이때 소요되는 모든 비용은 임차인의 보증금에서 제함과 물품의 경매에 소요되는 비용과 보관비용도 보증금에서 모두 제함을 포함하면 된다.

내용증명서를 발송했음에도 이를 이행하지 아니하는 경우에는 즉시 명도소송절차를 이행하는데 이때 준비할 서류는 임대차계약서와 명도소송고소장 그리고 주민등록등본 1통, 소송비용 약간만 준비하면 된다.

이때 주의할 사항은 임차인이 고의로 내용증명을 미접수하는 경우가 있으므로 3회 이상 발송할 준비를 하고, 특별송달도 준비하는 것이 바람직하다.

또 임차인이 관리비 및 공과금도 체납하는 경우도 있으므로 이를 연체 시 빨리 확인하여 소송비용을 최소화할 수 있도록 하여야 한다.

또 임차인이 짐만 남겨놓고 도망하는 경우가 있으므로 주민센터 직원이나 경찰이 입회할 수 있도록 하여 임차인의 물건을 휴대폰으로 자세하게 촬영하여야 한다.

9. 임대차 만료 시 부동산 인수인계 업무

임대차 만료자의 부동산 인수인계는 임차인이 입주 시 작성한 점검표로 확인하여 인수인계를 한다.

이사 가는 임차인의 보증금은 이사하는 날 즉시 지불할 수 있도록 준비하되, 연체 차임과 파손된 시설에 대한 손해배상을 그리고 연체된 차임이 있는지 확인하여 정산하고 지불하여야 한다.

이때 착안해야 할 사항은 이사하는 임차인이 입회하여 손해배상이 처리되어야 하므로 소유주 또는 임대관리업자는 목공, 철물점 등 견적을 산출할 수 있는 사람과 업무협약을 체결하고, 시공업자로 하여금 중개대상물 확인 시 입회하여 금액을 정리할 수 있도록 하여야 한다.

이때 손해배상을 처리할 수 있는 견적내용은 이사하는 임차인과 견적을 산출한 시공업자와 합의하여 결정하며, 그 결정된 내용에 해당하는 금액을 이사하는 임차인이 해당 시공업자에게 지불하는 것을 확인 후, 임대관리업자 또는 소유주는 이사하는 임차인에게 보증금을 반환한다.

부동산 인수인계와 관련된 사항은 추후 감사의 대상이므로 임대관리업자 또는 소유주는 그 증빙서류를 반드시 문서규정에 의거 보관 관리하여야 한다.

10. 임차인 편의시설 제공계획 수립

소유주 및 임대차관리업자는 중개대상물의 이미지를 고양하고 임차인의 거주 편의를 제공하기 위하여 당해 건물별 또는 구역별로 정하여 식당, 일용품 소매점, 운동시설, 세탁소 등 편의시설을 공간을 활용하여 제공할 계획을 수립할 수 있다.

예를 들면, 거주공간의 건물의 용적률을 초과하지 않는 범위 내에 증축 허가를 받아 증축하여 운용할 수 있고, 지하 공간 등을 거주자들이 입주를 꺼리기 때문에 이런 곳을 용도변경 신청을 하여 개선하는 방법 등이 있다.

단, 이러한 용도변경이나 증축 등에 해당하는 사항은 반드시 소유주의 행정적 절차가 수반됨으로 행정관서의 승인을 득하여 운용하여야 한다.

11. 임대차 분쟁 해결

2012년 국토부에서 제공한 자료에 의하면 우리나라의 전·월세 임대가구 수는 전체 가구 수의 약 45%에 해당한다고 한다. 그리고 이 임대가구가 임대차계약에 대해 불편이나 분쟁을 해온 원인을 보면 다음과 같다.[2]

임차인과 임대인의 분쟁이 가장 많은 것은 임대차중개에 대한 불만이 4,840건으로 전체 분쟁건수 27,371건 중 17.7%로 부동산중개업자의 부동산중개기법 정예화가 가장 시급했다.

그다음이 보증금 반환문제가 4,613건으로 16.9%를 차지하여 보증금 반환문제 해결책 강구가 매우 중요한 사항으로 대두되었으며, 그다음이 부동산에 대한 수선유지 의무, 임대차기간 위반사항, 차임연체 및 계약해지 등, 경매 시 배당관계, 소액보증금에 대한 문제, 집주인의 분쟁상담문제, 차임증감청구 문제 등으로 나타났다.

본서에 게재된 상황 및 처리 내용은 그동안 부동산중개과정에서 거래당사자 간에 상황처리 했던 내용을 정리하여 임대관리업에 참고하도록 게재한다.

11.1. 임대차계약 후

상황 1: 예약계약(통상 가계약이라 함)으로 계약금의 일부만을 입금한 후 임차인이 계약을 해제하면서 계약금 반환을 요구하는 경우로 계약금을 임대인에게 입금한 경우.

처리: 현행 우리나라 법률상 가계약이란 없음. 일종의 예약계약으로 예약계약도 계약임으로 정식계약으로 봐야 함. 따라서 정식으로 해약계약서를 당사자 합의하여 작성하여 해약함이 바람직함. 다만, 민법 565조의 해약금 조항을 적용하여 계약금을 해약금으로 하여 해약하는 것이 통례이지만 합의에 의하여 계약금의 범위 내에서 해약금을 합의하고 해약하는 것이 바람직함.

상황 2: 위 상황과 동일하나 계약금을 거래 당사자에게 입금하지 아니하고 중개업자가 보관하는 경우.

처리 1: 거래 상대방(임대인)에게 통보가 안 된 경우. 계약이 이루어지지 않았음으로 중개업자는 계약금을 반환하여야 함.

---

2) 법무부. 2013.7.19. 보도자료.

처리 2: 거래 상대방(임대인)에게 통보되었고 계약금 보관을 부탁한 경우. 계약이 합의된 경우로 상황 1과 동일하게 처리절차를 거치는 것이 합리적임.

상황 3: 위 상황 1에서 계약금의 일부를 받은 임대인이 해약을 요구하는 경우. 계약금이 임대인에게 입금되었거나 부동산중개업자에게 임대인이 보관을 부탁한 경우.
처리: 임대인은 계약금의 배액을 지불하고 계약을 해약할 수 있음. 다만, 해제계약서를 작성하여 명확하게 함이 바람직함.

상황 4: 상황 2에서 임대인에게 통보나 입금되지 않고 중개업자가 보관만 한 경우로 임차인이 계약금의 배액을 지불해야 계약을 해지하겠다고 요구하는 경우.
처리 1: 중개업자가 임대인에게 통보되지 않았고, 새로운 임차인에게 새로운 임차인이 반드시 임대차계약을 하겠다는 증빙으로 증빙금액으로만 간주하여 받아 두겠다고 설명한 경우. 임대차 계약이 아님으로 새로운 임차인 예정자는 계약금 배액을 요구할 수 없음.
처리 2: 중개업자의 단순 보관 설명 없는 경우는 새로운 임차예정자는 임대차계약 체결로 간주되므로 중개업자가 임대인을 대신하여 계약금 배액을 지불해야 할 경우가 발생할 수 있음으로 유의하여야 함.

상황 5: 계약서를 작성하고 계약금까지 지불한 상황에서 임차인이 "남편(아내)의 반대로 또는 24시간 이내"라는 이유로 계약을 취소 또는 해약을 요구하는 경우.
처리 1: 계약한 시간으로부터 24시간 이내에는 계약을 해약하거나 취소할 수 있다는 법규나 규정은 어디에도 없으므로 이는 억지를 부리는 것임. 따라서 계약서에 24시간 이내에는 상호 해약할 수 있다는 특약을 맺은 경우 외에는 정상적인 해약절차를 밟아야 함.
처리 2: 남편이나 부인의 반대로 해약하는 경우는 정상적인 해약절차로 처리하여야 한다. 정상적인 해약절차는 임대차의 경우에는 법정해제권은 없고 약정해제권으로 해약을 하는데 통상 매매의 계약금을 해약금으로 한 법정해제조항인 "매도인은 계약금의 배액을 매수인은 계약금을 포기하고 해약하는 조항을 인용하여 임차인은 계약금을 포기하고, 임대인은 계약금을 2배로 지불하고 계약을 해지할 수 있다"라고 약정하여 계약서를 작성하고 이를 적용하고 있음. 중개업자 및 임대관리자는 임대차 계약의 해약 시 가급적 거래 당사자가 상면하여 해약 계약서를 작성하도록 하는 것이 바람직하다.

상황 6: 임대차 계약 후 임차인이 "임대차물건이 임대차 목적을 달성할 수 없을 정도의 하자를 발견한 경우."
처리: 임차인의 처리 방법 - ① 하자 부분이 수리하면 임대차 목적대로 사용할 수 있는 경우에는 임대인이 잔금일까지 임대차 목적대로 사용할 수 있도록 수리를 요구할 수 있음. 이때 이 부분의 별도 계약을 체결하는 것이 바람직함.
② 하자 부분이 수리를 하여도 임대차 목적대로 사용할 수 없는 경우에는 계약을 해제하고, 손해가 발생하였으면 손해배상 청구 가능함.

상황 7: 잔금 전 임차인이 임차건물을 수리한 경우에 해약이 발생한 경우. 임대차계약서 체결 시 임차인이 수리하는 것을 약속하고(신혼부부 입주 시 등) 만일 공사 중이나 만료 후 해약사건이 발생할 경우의 처리를 별도로 약속하지 않은 경우.
처리: 해약절차와 수리비에 대한 처리 두 가지로 나누어 처리되어야 함. 해약절차는 정산적인 해약절차를 밟고, 동시에 수리비에 대한 것은 해당 공사부분의 전문가 의견이나 견적을 받아 처리하며, 손해배상도 발생할 수 있음.

상황 8: 잔금 전 임차인이 임차건물을 수리한 경우에 해약이 발생한 경우. 임대차계약서 체결 시 임차인이 수리하는 것을 약속하고(신혼부부 입주 시 등) 만일 공사 중이나 만료 후 해약사건이 발생할 경우의 처리를 약속한 경우.
처리: 해약절차에 따라 해약계약을 체결하고, 공사부분에 대해서는 임대차 계약 시 약속한 부분대로 처리하면 됨. 한 가지 조심할 것은 유익비로 처리가 가능 시 매수청구권 발생할 수 있으므로 이런 경우는 임대인과 임차인이 합의하여 임대인이 적절한 금액으로 인수하는 것이 바람직함.

상황 9: 장기수선 충당금을 임차인이 부담하는 조건의 계약 시.
처리: 임대인과 임차인이 합의하면 임대차계약을 체결할 수 있음. 다만, 임차인에게 월

등이 불리한 조건이면 무효가 될 수 있으므로 조건을 잘 살펴 계약해야 함. 예를 들면 임대인이 시세보다 저렴한 조건으로 임대료를 요구하는 대신 장기수선충당금을 임차인이 부담하는 조건으로 임대차 계약을 체결한 경우는 임차인에게 월등히 불리한 조건이 아님으로 해약조건은 되지 않는다. 다만 이때 임대인은 이 내용을 계약서의 특약사항에 구체적으로 명기하는 것이 바람직하다.

상황 10: 임대인이 대리인으로 하여금 계약하도록 하였으나 위임장을 지참하지 아니한 경우로 임차인이 대리권의 불인정을 주장하며 해약이나 사건화시킬 경우.

처리: 임대차관리업자는 계약 시 위임장을 지참토록 우선하고, 만일 계약 시 이를 지참하지 아니하면 계약하기 전 임차인이 임대인으로부터 위임했다는 것을 휴대폰으로 고지할 수 있도록 하며, 이를 계약서에 명시함과 동시에 계약서상에 위임장을 추후일정을 정하여 거래당사자로 하여금 보완토록 한다.

상황 11: 임차인이 계약금을 임대보증금의 1/20 이하로 넣고 다음날 나머지 계약금을 입금하지 않는 경우.

처리: ① 임대차이지만 이런 경우는 이행지체에 해당함. 따라서 임대차관리업자는 핸드폰의 문자메시지 또는 이메일 및 문서를 통해 이행촉구와 미이행 시 계약해제로 간주한다는 통지를 보내어 이행을 촉구하고 그래도 미이행 시는 계약을 해제조치 함.

② 만일 이행을 연기해달라는 응답이 있는 경우 1차 연기를 해주면서 약속한 기일에도 미이행 시는 계약이 해제된 것으로 한다는 약속한 말을 분명하게 녹음이나 증거를 남기도록 하고 그래도 미이행 시는 해제처리 함.

11.2. 입주 후

상황 1: 구 임차인이 보증금이 있는 월세로 임대차계약을 체결하고, 임대차 기간 중에 어쩔 수 없는 상황으로 이사를 가야 할 상황이 될 경우.

처리 1: 묵시의 갱신의 경우: 임차인은 3개월 전 통지하면 임대차가 종료되는 규정을 인용하여 3개월 월세를 위약금으로 하여 계약을 해지하고 보증금을 회수하고 이사처리 함.

처리 2: 묵시의 갱신이 아닌 경우: 원칙적으로는 임차인은 임대차 만료 시까지 임대차 계약을 유지하여야 함. 그러나 현지상황과 임대인의 성품에 따라 위 묵시의 경우를 적용하기도 함.

상황 2: 구 임차인이 보증금이 있는 월세로 임대차계약을 체결하고, 거주하던 중 임대차종료 전에 어쩔 수 없는 상황이 되어 임대인에게 통고하고 중개 의뢰한 결과 새로운 임차인이 임대차 계약을 체결하였다. 그런데 구 임차인의 임대차 종료 전에 새로운 임차인이 계약을 파기하여 구 임차인은 이사 갈 주택에 임대차 계약을 체결한 상태라 이사를 가야 할 상황이 될 경우.

처리 1: 임대인은 임차인에게 위약금으로 통상 3~5개월분 임대료(월세)를 받고, 임차인에게 보증금을 반환하여 이사하도록 처리.

처리 2: 이런 상황은 구 임차인은 새로운 임차인이 임대인과 임대차 계약을 체결함으로써 새로운 임차인이 입주하기로 한 일자까지 임대차 기간으로 보아야 함. 따라서 새로운 임차인이 입주를 하든 안하든 새로운 임차인이 입주하기로 한 일자까지는 구임차인이 그 책임과 의무를 다해야 하고, 새로운 임차인이 입주하기로 한 일자에는 임대인은 보증금을 반환해주어야 함. 만일 이렇게 처리되지 아니하면 판결을 받아보는 것이 가장 명확하겠으며, 구 임차인이 최대 양보를 한다 해도 묵시의 갱신에 의한 임대차 종료와 같은 처리로 합의하는 것도 한 방법임.

상황 3: 임차인이 임대차 기간 중 임대차 물건이 제3자에게 매매된 경우 임차인이 할 수 있는 처리는?

처리 1: 양수인은 양도인으로부터 양도인이 임차인과 체결한 계약에 대한 책임과 의무를 모두 양수받는 의무가 있으므로 양수인은 양도인과 임차인 간에 체결한 계약의 책임과 의무를 준수해야 책임이 있다. 따라서 임차인인 양수인과 별도로 계약을 체결하지 않고 양도인과 체결한 계약을 계속하여 이행하면 된다.

처리 2: 임차인은 계약당사자를 선택할 권리가 있으므로 양도인과 체결한 임대차계약

을 해지하고 양도인으로부터 보증금을 반환받고 임대차를 종료할 수 있다. 이
때는 계약해지도 계약이므로 해지계약을 작성하여야 한다.

처리 3: 임차인은 계약당사자의 선택할 권리가 있으므로 양수인과 새로운 계약체결을
요구할 수 있다. 이는 새로운 계약임으로 계약기간과 임대료가 새롭게 설정될
수 있다.

상황 4: 임차인이 임대목적물의 수리를 요구하는 경우

처리: 임대인은 수리를 해주어야 함. 실제로 형광등 등 소모품에 해당하는 것은 임차인
이 부담하고 살아야 하나 이런 것조차 요구하는 임차인이 있으므로 계약 시 임대
차 기간 중의 수리문제도 명확히 해두는 것이 바람직함.

실제 예: 임대인과 임차인이 합의하여 결정하도록 하고 합의내용을 계약서에 명
시한다. "임차인의 고의·실수로 고장이나 훼손한 것은 임차인이 부담하고, 또한
1회(수리일자 1일 기준) 수리비용이 거래금액의 5% 이내(또는 5만 원) 이하의 수
리비는 임차인이 수리비를 부담하기로 한다.

상황 5: 임차인이 잔금 지불 후 이사를 오지 않고 3개월 이상 거주하지 않는 경우, 또는
일부 물품만 넣고 실제 장기간 거주하지 않는 경우.

처리 1: 전세이고 아파트의 경우는 관리 연체로 인한 통지가 임대인에게 옴. 이를 근거
로 내용증명 등 부동산 명도소송절차를 거치면 됨.

처리 2: 월세인 경우는 차임 연체를 근거로 부동산 명도절차를 실시하여 처리함.

상황 6: 임차인이 잔금 지불 후 퇴폐 및 사회질서 위반에 해당하는 임대차 목적대로 사
용하지 않는 경우(도박장, 색시방, 음란 무도장 등).

처리: 임대차 목적대로 사용하지 않음을 근거로 부동산 명도소송절차에 의거 부동산을
명도받음.

상황 7: 임차인이 계약 및 입주 시 제시하지 않은 애견 등 가축을 집안에서 사육하는
경우.

처리: 입주민의 반대가 없으면, 허용할 수 있고, 입주민의 반대가 없더라도 독사 등 주

민에게 공포의 대상이 되는 동물의 사육은 가축사육제한법에 의거 부동산 명도를 요구할 수 있음.

상황 8: 입주 후 매일 같이 심한 부부싸움이나 소란으로 입주민이 공포를 느끼는 경우.
처리: 자제를 요구하고 그래도 해결되지 않으면 계약해지를 처리함. 이를 위해 계약서에 이러한 사항을 명시하는 것이 바람직함.

11.3. 임대차 종료 시

상황 1: 공과금 결산을 하지 않는 경우.
처리: 보증금에서 정산 후 지불.

상황 2: 종료일에 행방불명된 경우.
처리: 명도소송을 신청하여 집행관 입회하에 이삿짐을 옮겨 처리.

상황 3: 물건을 파손하고 이사한 경우.
처리: 이삿짐을 이삿짐 차에 완전히 싣고 부동산 상태를 확인 후 보증금 지불, 부동산 상태 확인 시 필요하면 수리견적을 위해 전문가를 대동하여 확인.

상황 4: 보증금이나 전세금이 가압류된 경우.
처리: 임차인으로 하여금 가압류권자로부터 보증금 또는 전세금을 임차인에게 지불하는 것을 승인한다는 문서와 인감을 받아오도록 처리 또는 가압류권자에게 통지하여 처리.

상황 5: 계약은 부인 이름으로 한 임대차 계약을 남편이 보증금 회수 요구 시.
처리: ① 부인에게 확인 후 지불
     ② 부인과 같이 오도록 요구
     ③ 공탁하는 방법

④ 계약자가 전화나 연락이 안 되는 경우에는 남편이 부인의 승인서를 인감 첨부
하여 제출 요구

상황 6: 임대차가 만료되었는데도 부동산을 명도해주지 않는 경우. 임대차 특히 전세의
경우 입주할 때 전세금과 임대차 만료 시 전세금이 차이가 있어 임차인이 이사
하지 못하는 경우, 또는 다른 전세를 구하려고 보니 현재 거주하는 주택보다 못
하여 이사를 안 가려 하는 경우, 또 새로운 임차인이 나타나 구두로 현 임차인
이 구도로 이사 날짜를 정해놓고 이사 일자 근접 시 이사 못 가겠다고 하는 경
우 등.
처리: ① 임대차만료 1~6개월 전 월세로 전환하여 계약을 기존 계약에 추가
② 보증금을 공탁하고 월세와 손해배상금을 받는 방법
③ 보증금 보증증서를 제출하도록 하는 방법

제4장

시설관리

권태달 부동산학 박사

1. 시설관리계약 체결

임대관리사업에서 시설관리업무는 임대차업무 및 재무관리업무와 더불어 3대 주요업무 중 하나이다.

시설관리업자는 임대사업자의 시설관리업무을 수행하기 위해서는 시설관리계약(서식 #5)을 체결하여야 한다. 이 시설업무에는 통상 보안 및 안전업무 그리고 위생 및 환경업무가 포함되어 계약한다.

2. 시설관리란

시설관리란 시설의 유지관리를 뜻하며, 건물의 본래 기능을 지속적으로 발휘할 수 있도록 주기적으로 점검하고 조사하여 건물의 노후화를 방지하고, 물리적 또는 관리 잘못으로 발생하는 노후화나 고장을 보수하여 기능이 정상적으로 발휘되고 유지할 수 있도록 하는 제반 활동을 말한다.

시설관리에는 시설자체의 관리 외에 일반적으로 보안 및 안전관리, 위생 및 환경관리, 주차관리를 포함하여 관리하기도 한다.

제4장 시설관리 123

부동산임대관리에서 시설관리는 임대차기간 중의 시설관리가 주요업무이다.

그러나 시설관리는 임대차거래 시의 임차희망자가 임차대상물을 선택할 수 있도록 욕구 충족을 위해, 그리고 임대차기간 중에 편리함과 안전함을 느껴 지속적 거주 의욕 유지를 할 수 있도록 관리되어야 한다.

즉, 임대차거래 당시의 중개대상물의 상태를 설명하는 데 자신감을 주기도 하지만 임차인이 직접 확인하고 임차대상물 선택하는 데 만족하도록 하며, 임대차기간 중에는 거주에 쾌적함과 편안했던 점으로 지속적 임대차 유지에 중요요소로 작용한다.

3. 시설관리 목적

임대관리업자가 시설관리를 하는 근본목적은 소유주의 운영이익 보장 및 증대하는 데 있으며, 이를 통한 자신의 사업을 성공적으로 추진하는 데 있다. 따라서 임대관리업자는 이를 위하여 다음과 같은 데 중점을 두고 관리하여야 한다.

① 소유주의 최대 수익 창출

② 임차인의 사용 만족 증대

③ 부동산의 물리적 상태를 최상으로 보존

즉, 임대관리업자는 임대사업자가 임대사업을 하는 기본목적에 충족할 수 있도록 운용수익을 최소한 보장하여야 한다. 그러나 현재의 임대사업자(소유주)들은 최초 구입 시 투자비용 외에는 임대사업기간 임대차 대상물의 상태를 유지하고 수리하는 데 가급적 비용을 더 이상 지불하지 않으려는 생각으로 관리하면서 건물의 상태가 노후되어 가치가 하락하는 것을 인정하지 않으려 한다.

임대사업자들이 임대사업 목적에 맞도록 수익을 창출하기 위해서는 임대물건이 임차인이 선호할 수 최상의 상태의 물건이여야 한다. 그래서 현재와 같이 임대물건에 대해 최상의 상태로 관리하기 위해서는 지속적으로 임대물건에 유지관리비용을 투자해야 한다는 인식으로 변화되도록 임대사업자에게 주지시키는 노력이 요구되고 있다.

즉, 임대건물이 최상의 상태를 유지하면, 보유 시에는 임차인의 선호도 집중으로 임대수입이 증가하여 임대목적을 달성할 수 있고, 또 매매 시에는 쉽게 거래되며, 좋은 가격으로 거래가 가능하다. 따라서 임대건물을 최상의 상태로 유지하기 위해서는 지속적으로 유지관리비를 투입해야 한다는 것을 인지할 수 있도록 임대차관리업자나 임대관리업자는 임대사업자들을 주지시켜야 한다.

이렇게 될 때까지 임대차관리업자 및 임대관리업자는 많은 어려움이 예상된다. 그러나 임대관리업자는 이 어려움을 현명하게 해소하고 임대사업자의 목적도 달성할 수 있는 방안을 지속적으로 방법을 강구하고 노력하면서 관리하여야 할 것이다.

이 한 방법으로 임대관리업자는 시설관리계획과 수익성을 비교분석하여 임대사업자에게 보고하여 임대사업자가 점차 시설유지관리에 유지관리비를 투자하도록 유도하고, 임대차사업자나 임대사업자는 임대사업자가 시설유지관리에 투입하는 시설관리 비용을 최소화하는 방안을 강구하여야 한다.

4. 시설관리 방법

시설관리의 최종목적은 건물의 상태를 가장 양호한 상태로 유지하는 데 있으며, 이를 통하여 당해 부동산의 기능을 정상적으로 발휘하면서 노후화를 지연시킴으로써 부동산의 가치를 향상시키는 데 있다. 이렇게 되기 위해서는 소유주는 시설 유지관리를 위하여 적절한 유지보수비용을 주기적으로 투입하여야 한다.

반면 시설관리자 및 시설관리책임자는 시설관리 유지비용을 최소화할 수 있도록 하면서 건물이 최고의 상태로 유지할 수 있도록 아래의 활동이 요구된다.

4.1. 사전점검 및 조사

시설관리에 있어서 가장 최고 상태를 유지하기 위해서는 고장이나 훼손 전에 사전에 점검하고 조사하여 미리 처리하는 활동이 중요하다. 그러므로 임대관리업자는 이 점검 및 조사활동을 근거로 적시 적절한 유지보수 소요를 산출하여 관리할 수 있다.

이때 사전점검 및 조사할 사항은 시설 및 설비는 내용연수에 따라 운행되고 있는 것들에 중점을 두고 실시하고, 고정적이거나 주위 환경에 대한 것은 순찰로 사전점검 및 조사 활동을 실시하게 된다.

사전점검 및 조사할 사항은 부동산의 종류에 따라 다소 차이가 있다.

주거용의 경우는 공동주택은 단독주택에 비하여 승강기, 복지시설(어린이 놀이터, 노인 정 등), 경비실 및 관리사무실, 물탱크, 전기 및 가스, 수도의 분배시설 등이 추가되어야 한다.

상업용 시설은 냉난방 시설이나 창고시설 등이 추가되고 각 점포마다 사용용도가 상이 하므로 해당 용도에 따른 배관 및 설비 등에 착안하여야 한다.

공장은 제조 및 조립기계 설비가 설치되어 있고 환경오염과 관련된 시설이 추가로 고려되어야 한다.

사전점검 및 조사는 일일, 주간, 월간, 분기, 반기 연간으로 구분하여 계획을 수립하여 실시함이 요구된다.

4.2. 사전보수 계획수립 실시

시설관리를 위하여 각 시설마다 내용연수가 있고 그 내용연수가 상이하므로 관리자는 시설별로 내용연수에 맞추어 관리될 수 있도록 하기 위하여 사전에 보수계획을 장·단기 구분하여 수립하고 이에 맞추어 보수를 실시함이 요구된다.

시설관리를 위한 사전보수 계획 수립하기 위하여 관리자는 주택의 경우는 「주택법」과 「임대주택법」, 「건설산업기본법」 그리고 「집합건물의 소유 및 관리에 관한 법률」을 참조 하여 작성할 수 있으며, 상가건물 및 빌딩 등 상업용 및 산업용 부동산의 보수계획은 주거용의 보수계획을 참조하여 작성할 수 있다.

시설관리자가 보수계획을 수립함에 있어 기본적인 사항은 모든 임대관리 부동산에 동일하게 적용하여 작성되어야 하나 관리해야 할 부동산의 보수소요의 정도에 따라 우선순위와 소요비용을 적용하여 작성함이 요구된다.

공동주택 보수계획 기준은 서식 #9[장기수선 계획(예)]를 참조할 수 있다.

4.3. 적시 적절한 유지보수 활동

건물은 건축 주재료에 따라 내용연수가 상이하다. 특히 자주 사용하는 소모품 부분은 잦은 교체로 벽 내부에 설치된 근본시설이 마모나 훼손되어 벽 내부의 근본시설까지 수리하는 경우가 발생할 수 있다.

따라서 각종 설비나 시설은 적절한 시기에 수리나 정비를 해둠으로써 내용연수를 연장할 수 있다. 이를 위해서는 각종 시설 및 설비의 내용연수를 정확히 숙지하고 이에 맞는 적절한 수리 및 정비시기에 적절한 수리나 정비가 될 수 있도록 보수계획을 수립하여 실시함이 바람직하다.

예를 들면 아래의 냉방기에 대한 점검표와 같이 점검표를 작성하여 점검 및 확인한다.

냉방기 점검표

점검일자: ,   ,   ,

설비명: 보관장소:

범례	유지보수	상태
	T: 시험가동 이행 V: 관찰점검 L: 주유/기름칠 C: 청소요구 됨 R: 교체요망	G: 양호 F: 보통/가동 가능 P: 수리요망 N: 교체대상

품 목	유지보수	상태	예상/요구일자	의견
냉각기	V-C	G		
탈수기	V-C	G		
냉매제/윤활유	V-C	F		
앰플조정튜브	R	F		
냉각장치필터	R	F		
오일저장	L	F		
조정장치	V-C	P		
리모컨	V	N		
긴급 및 의견				

또 계절별 사용하는 장비는 사용 후 노후화를 방지하기 위한 정비를 하여 보관 및 관리하여야 함을 잊어서는 아니 된다.

4.4. 비용의 최소화

시설관리를 통하여 소유자에게 최대의 수익을 보장하면서 시설상태를 최상으로 유지하기 위해서는 적절한 수리비용의 투자는 불가피하다. 그러나 현실은 임대인 및 임차인 공히 보수비용의 추가적 투자를 매우 꺼리고 있어 이는 결코 건물 자체의 노후화를 앞당기는 결과를 가지고 와 우리나라 콘크리트 건물이 다른 나라에 비하여 매우 수명이 짧고 표면상 단기간 내에 노후된 건물로 보이도록 하고 있다.

그러나 우리나라도 선진국 대열에 진입함으로써 경제의 구조가 서구화를 많이 닮아가고 있어 임대수입을 통한 투자는 불가피하게 되었고, 임대인의 건물관리를 위한 투자가 점차 관심을 고조시키고 있다.

관리자들은 임대인의 수입을 최대로 보장하면서 건물의 최상의 상태로 유지하기 위한 활동에 책임이 있으며, 이를 위해 임대관리의 목적을 충족하기 위하여 유지 보수비용을 최소화할 수 있도록 계획하고 활동하여야 한다.

이러한 방법에는 연간계획을 수립하여 필요한 수리부품을 가격이 저렴할 때 다량을 종합 구매하여 단가를 낮추는 방법을 이용하거나, 임대관리업자 간 협동조합을 결성하여 공동구매를 하는 방법 그리고 수리할 부품에 대해 내용연수를 초과하여 사용할 수 있으면서 항상 가동상태를 지속할 수 있는 방법 강구 등의 활동이 있다.

5. 임대관리업자의 시설관리 방법

5.1. 시설관리요원 또는 시설관리업자 운영

임대관리 부동산의 시설을 관리하기 위해서는 시설 및 설비에 대한 전문가가 요구된다. 그러나 임대관리업자는 시설관리의 전문가일 수도 있고, 비전문가일 수도 있다. 즉, 임대관리업자가 시설관리 업체를 운영하거나 전문기술자를 직원으로 채용한 경우는 전문가로서 임대관리업자라 할 수 있으나, 부동산중개업자가 임대관리대행을 하는 경우 개업공인중개사는 부동산중개는 전문가일 수 있으나, 시설 및 설비는 전문지식을 모두 갖추었다고 할 수 없으므로 비전문가로서 임대관리업 대행을 하게 될 수 있다.

5.1.1. 전문시설관리업체와 위탁

따라서 비전문가로서 임대관리업을 하는 경우 임대관리업자는 전문가를 직원으로 채용하기 전까지는 임대관리 할 부동산 인근의 시설관리 전문업체와 협업화를 하거나 위탁계약을 체결하여 임대관리 할 부동산을 협력계약이나 위탁계약을 체결한 시설관리업체로 하여금 전담하여 시설관리 하도록 하는 방법이다.

시설관리업체와 협업화 및 위탁화하는 방법은 다음과 같다.

① 인근 시설관리 전문업체와 협업화 또는 위탁계약

② 기존 시설관리업체에 재위탁계약

③ 협동조합을 결성하여 협동조합본부가 시설관리를 맡는 방법

임대관리업자가 시설 및 설비 전문요원을 채용하거나 업체를 운영하려면 최소한 관리비에서 시설 및 설비 전문요원은 확보할 수 있어야 할 것이다. 이를 위해서 다가구주택 기준 최소한 50호 이상을 관리할 수 있어야 한다. 즉, 이 이전까지는 비전문 시설관리 임대관리업자는 인근 시설관리전문업자(예: 시설물수리업자, 인테리어업자 등)와 협업화계약이나 시설관리위탁계약을 체결하여 임대관리 부동산의 시설관리를 할 수 있을 것이다.

만일 임대관리 할 부동산에 대해 기존의 시설관리업자가 있으면 인근 시설관리업자와 동일한 방법으로 협업화 또는 시설관리위탁계약으로 시설관리를 하도록 할 수 있다.

그러나 100호 이상의 자기관리형 임대관리업자나 300호 이상의 위탁관리형 임대관리업자는 반드시 시설관리전문가를 직원으로 운용하여야 한다.

5.1.2. 협동조합을 운용하는 방법

시설관리업자들로 협동조합을 구성하여 인력 및 장비 그리고 물자를 효율화하는 방법이 있고, 또 개업공인중개사 중 임대관리대행을 하는 경우 임대관리대행을 하고 있는 개업공인중개사 5명 이상이 모여 부동산임대관리업 협동조합을 결성하여 협동조합 본부에서 시설관리 및 위생관리 업무를 총괄하고 개업공인중개사들은 부동산중개만을 전념하는 방법이다.

이 경우 수익금액 구분은 개업공인중개사는 부동산중개보수로 한정하고 임대인 및 임차인의 관리 및 관리비는 협동조합 본부의 수입으로 하여 운용하는 방법 등이 필요할 것이다.

이때 협동조합본부가 맡아 관리하여야 할 업무는 다음과 같다.

① 청소업무 및 환경관리 업무

② 시설 및 설비 수리업무

③ 관리비 및 월세 징구업무

④ 재무 및 행정관리 업무

5.2. 시설관리 절차

5.2.1. 임차인의 수리 청구의 경우

일반적인 임차인에 대한 시설 및 보수 관리는 임차인의 보수 청구로부터 시작된다. 임차인은 임대차 부동산에 대해 선의의 시설을 양호하게 관리할 책임이 있으므로 임차인이 계약이나 당해 건물의 관리규약상 수리해야 할 사항이 발생하면 즉시 수리를 하여야 하거나 수리를 신청하여야 하고, 만일 이 수리하여야 할 사항이 소유주가 수리해주어야 할 사항이면 즉각 수선을 요청하여 항시 가동상태가 양호하게 되도록 할 책임이 있다.

따라서 임대관리업자는 임차인의 수선 신청이나 요구가 있으면 이를 즉시 검토하여 소유주의 수선사항에 해당하면 즉각 수선을 하여야 한다.

이때 임차인이 수선을 신청하거나 요구하는 요령은 관리사무소나 임대관리자가 요구하는 신청서로 의뢰함이 바람직하다. 임차인의 수선 요구 및 신청서 양식은 별도로 제한되지는 않으므로 해당 관리업자가 제작하여 사용하면 된다.

다음의 양식은 일반적으로 사용하고 있는 양식을 소개하고자 한다.

수선 신청서

접수일자:　　　　　년　　월　　일

소　속:　　동　　　호
수리하여야 할 곳:
수리하여야 할 내용:

수리에 필요한 부품:

확인일자:　　　년　　　월　　　일
수리 불가능 사유:

발주일자:　　　년　　　월　　　일
검수일자:　　　년　　　월　　　일

신청일자:　　　　　　　년　　　월　　　일
신 청 자: 성명　　　　　　　(인)　전화번호:
접 수 자: 성명　　　　　　　(인)
참고사항란:

5.2.2. 임대차기간 중의 시설관리를 하여야 하는 요소

　임대관리업자 및 시설관리업자는 임차인의 수선 신청이나 요청 그리고 건물 유지관리를 위한 보수계획에 의거 시설보수 및 유지관리 활동을 하게 된다.

　이때 임대관리인이 시설보수 및 유지관리 활동을 하는 범위는 소유주와 위탁계약에서 약정한 시설의 보수 및 유지관리 하여야 하는 범위에 따라 상이하다.

　일반적으로 임대관리업자와 소유주 간에 약정한 시설보수 및 유지관리 범위는 다음과 같다.

　① 임차인이 수리 신청 및 요구하는 범위

　② 환경관리 중 청소와 정화조 관리

　③ 인터폰 및 유선방송 선과 인터넷 선 관리

　④ 시설 전반 관리

5.2.3. 임대관리업자와 임차인의 수리 및 유지보수 한계

임대관리업자 및 시설관리업자의 임대차 대상 시설의 고장수리 및 유지보수는 임차인이 관리해야 할 사항과 임대관리업자나 시설관리업자가 관리해야 할 사항으로 구분된다.

5.2.3.1. 임차인이 수리 및 유지 보수할 사항

민법상으로는 임대인에게 시설유지 관리 책임을 부여하고, 임차인은 선량한 관리 책임만을 부여하고 있다. 대법원 판례에서는 임차인에게 소액의 수리 책임을 부여하고 있다.

현실적으로는 임차인은 임대인으로부터 임대차 대상물을 인수한 상태로 유지 및 관리할 책임을 부여받고 있다. 그래서 주거용인 경우 주거에 필요한 기본적인 시설의 교체 및 대수선은 임대인이 수선하고, 그 외의 수선 부속품에 대한 수선책임은 임차인에게 부여하고 있다.

그래서 임대차거래 시 임차인은 인수하는 임대차대상 물건의 상태에 대하여 정확하게 인수함은 매우 중요하다. 또 대법원 판례에 따라 임차인이 소액에 해당하는 부속품의 고장 수선도 경우에 따라 그 금액이 임차인에게 부담되는 금액에 해당하는 경우가 있어 현장에서는 임차인의 부속품 수리범위를 1회 수리비용으로 일정 범위를 임대차계약서에 정하기도 한다.

현장에서 임차인의 수리요구 내용을 종합하면 다음과 같다.

① 싱크대 수도꼭지 누수
② 목욕탕 샤워꼭지 누수
③ 화장실 변기 및 세면기 그리고 화장실 바닥의 하수구 막힘
④ 보일러 배관 분배기 누수
⑤ 보일러 점화장치 미 점화 및 온수통 누수
⑥ 인터폰 고장
⑦ 방충망 훼손
⑧ 출입문 열쇠 훼손
⑨ 형광등 교체 및 발전기 교체
⑩ 베란다 페인트

⑪ 싱크대 문 훼손

⑫ 기타 도배 및 장판 교체, 방범망 설치, 건조대 교체 등이 있다.

5.2.3.2. 시설관리업자(관리인)가 수리 및 유지 보수할 사항

임대관리업자나 시설관리업자 또는 소유주가 임대차대상 부동산의 수선 및 유지 보수할 사항은 고장에 대한 사항은 물론 예방적 차원에서도 실시해야 하고 건물의 가치를 증진하기 위해서도 해야 할 사항이 있다.

따라서 관리인이 관리하여야 수선 및 유지 보수할 사항은 우발적 발생사항 외에는 보수계획이나 공사계획을 수립하여 체계적으로 이루어질 수 있도록 하여야 한다. 통상 장기수선계획을 말한다.

6. 시설관리비 책정

6.1. 시설관리비 책정 기준

시설관리비 책정 기준은 「주택법」 제45조 및 동법 시행령 제58조를 기준으로 책정한다.[1]

지출은 환경관리비인 청소용역비, 병충해 방지를 위한 소독비, 정화조 관리비, 임차인 퇴실 후 수리비 및 청소비, 관리요원 수당, 당해건물 연간 수리비, 안전관리비, 행정비 등을 기준한다.

관례적으로 일부 지역에서는 소독비와 임차인 퇴실 후 청소비는 임차인으로부터 징구하고 있으며, 임차인으로 징구하는 소독비와 퇴실 후 청소비는 별도로 수입이나 지출에 포함하지 않고 있으며, 일부에서는 이도 수입과 지출비로 산출하여 재무정리를 하고 있다.

수입의 기준은 당해 건물의 상태 및 관리계획에 따라 산정하여야 하며, 현재 일반적인 기준은 다음과 같다.

---

1) 「주택법」 제45조 및 동법 시행령 제58조.

6.1.1. 관리비

관리비에 관한 규정은 「임대주택법」을 적용한다.

「임대주택법」 시행규칙 제18조의 관리비에 관한 규정을 보면 다음과 같다.[2]

먼저 관리비를 세대별로 부담액 산정은 사용자 부담을 원칙으로 하고, 공평한 부담을 원칙으로 한다.

임대사업자가 관리비 부과 및 산출하는 관리비 항목은 다음과 같이 9가지 항목 외에는 어떠한 명목으로도 징수할 수 없도록 규정하고 있다.

1. 일반관리비
2. 청소비
3. 경비비
4. 소독비
5. 승강기 유지비
6. 난방비
7. 급탕비
8. 수선유지비
9. 지능형 홈 네트워크 설비가 설치된 임대주택의 경우에는 지능형 홈 네트워크 설비 유지비

또 임대사업자가 관리비 징수를 위탁할 수 있는 관리비 항목은 다음과 같다.

1. 전기료(공동으로 사용하는 시설의 전기료를 포함)
2. 수도료(공동으로 사용하는 수도료를 포함)
3. 가스 사용료
4. 지역난방방식인 공동주택의 난방비와 급탕비
5. 정화조 오물 수수료
6. 생활 폐기물 수수료

이 외에도 임대사업자는 인양기 등 시설의 사용에 대해 사용자(임차인)에게 사용료를

---

2) 「임대주택법」 제18조(관리비 등).

부과할 수 있다.

「임대주택법」에서 규정한 관리비는 주택관리업체에 적용되고 있으나 기타 다가구 등을 관리하고 있는 관리업체에는 별도로 규정이 없다. 다만 현재 징수에 있어서는 공동주택 중 아파트의 경우에는 「임대주택법」을 적용하여 입주자대표회의에서 결정하고 있으나 공동주택이라 하더라도 연립주택 및 다세대주택 그리고 다가구 등은 별도의 규정은 없고 소유주와 건물의 상태에 관계없이 다음과 같이 관리비를 징수하고 있다.

이들이 현재 부여하고 있는 관리비에는 관리업체의 관리수수료와 청소비, 정화조비용을 포함하는 곳도 있고, 전기료, 상·하수도료, 가스비, 텔레비전 시청료 및 인터넷케이블 사용료는 별도로 징수하고 있으며, 관리수수료, 청소비, 정화조 비용을 규모에 따라 차등 적용하고 있다. 예를 들면 일반적으로 부여 상태를 보면 원룸 관리비는 12,000원에서 13,000원, 신축은 15,000원을, 투룸 관리비는 15,000원에서 17,000원, 신축은 18,000원을, 쓰리룸 및 주인세대는 평수 또는 임대료로 산출하기도 하는데 평수로 하는 경우에는 평당 5,000원으로 산출하고, 임대료로 산출하는 경우에는 전세금으로 환산하여 1,000만 원당 3,500원에서 4,000원으로 산출하고 있으며, 소유주가 주인세대를 사용하는 경우에는 소유주는 관리비를 징구하지 않고 있다.

상가는 공조기의 운영에 따라 냉·난방비를 포함하는 곳도 있고, 포함하지 않는 곳도 있는데 공조기가 포함된 곳은 지역에 따라 상이하나 예를 들면 평당 최대 2만 원 정도, 공조비가 포함되지 않은 곳은 최대 8,000원 정도로 하고 있다. 상가의 관리비는 지역에 따라 상이함으로 해당지역의 관리비를 참조하는 것이 바람직하다.

또한 관리비에 포함할 사항에 대해서도 「임대주택법」에서는 별표 2에 구체적으로 열거하고 있는데 그 내용을 보면 다음과 같다.[3]

---

3) 「임대주택법」 제18조(관리비 등).

[별표 2] <개정 2009.12.16.>

관리비항목의 구성명세(제18조제1항 관련)

관리비 항목	구성내역
1. 일반관리비	• 인건비: 급여·제수당·상여금·퇴직금·산재보험료·고용보험료·국민연금·국민건강보험료 및 식대 등 복리후생비 • 제사무비: 일반사무용품비·도서인쇄비·교통통신비 등 관리사무에 직접 소요되는 비용 • 제세공과금: 관리기구가 사용한 전기료·통신료·우편료 및 관리기구에 부과되는 세금 등 • 피복비 • 교육훈련비 • 차량유지비: 연료비·수리비 및 보험료 등 차량유지에 직접 소요되는 비용 • 그 밖의 부대비용: 관리용품구입비 그 밖에 관리업무에 소요되는 비용
2. 청소비	용역 시에는 용역금액 직영 시에는 청소원인건비·피복비 및 청소용품비 등 청소에 직접 소요된 비용
3. 경비비	용역 시에는 용역금액 직영 시에는 경비원인건비·피복비 등 경비에 직접 소요된 비용
4. 소독비	용역 시에는 용역금액 직영 시에는 소독용품비 등 소독에 직접 소요된 비용
5. 승강기유지비	용역 시에는 용역금액 직영 시에는 제부대비·자재비 등 다만, 전기료는 공공용으로 사용되는 시설의 전기료에 포함
6. 난방비	난방 및 급탕에 소요된 원가(유류대, 난방 및 급탕용수비)에서 급탕비를 뺀 금액
7. 급탕비	급탕용 유류대 및 급탕용 수비
8. 수선유지비	• 보수용역 시에는 용역금액, 직영 시에는 자재 및 인건비 • 냉난방시설의 청소비·소화기 충약비 등 임차인의 주거생활의 편익을 위하여 제공되는 비용으로서 소모적 지출에 해당하는 비용
9. 지능형 홈네트워크 설비 유지비	용역 시에는 용역금액 직영 시에는 지능형 홈 네트워크 설비 관련 인건비, 자재비 등 지능형 홈 네트워크 설비의 유지 및 관리에 직접 소요되는 비용 다만, 전기료는 공동으로 사용되는 시설의 전기료에 포함

6.1.2. 청소비

청소용역비는 수당으로 지급하는 방법이 있고, 월급으로 지급하는 방법이 있다. 일반적으로는 수당으로 지급하고 있는데 다가구의 경우 1동에 1주일에 2회 청소하는 것으로 하여 월 5만 원을 지급하고 있고, 공동주택의 경우에는 1동에 1주일에 2회 청소하는 것으로 하여 월 10만 원에서 15만 원을 지불하고 있다.

월급으로 지급하는 경우에는 40~120만 원까지 지불하는데 청소의 범위에 따라 차등 지급하고 있다.

6.1.3. 소독비용

병충해 소독비용은 1세대 1회 소독하는데 15만 원을 받고 있으며, 6개월간 관리해주고 있다. 소독비도 바퀴벌레 및 개미에 대한 방제 소독을 하는 경우와 그 외에 종합적으로 소독하는 경우에 따라 차이가 있으나 이에 대해서는 상황에 따라 차이가 있다.

6.1.4. 정화조 관리비

정화조 관리비는 해당 지자체의 관리계획에 의거 관리되며, 주택의 경우에는 1년에 1~2회 규모에 따라서 관리되며, 상업용 시설 및 공공시설의 경우에는 매월 또는 분기별로 관리된다. 관리비는 정화조 용량에 따라 결정되므로 해당 지자체에 확인하여 산출한다.

6.1.5. 임차인 퇴실 후 수리비

임차인 퇴실 후 수리비는 새로운 임차인을 입주하기 위한 준비로서 일반적으로 도배 또는 도배 및 장판 설치, 수도 및 전기 수리, 싱크대 수리 또는 교체, 화장실 변기교체 및 방수, 베란다 방수, 각종 문의 경첩수리 및 열쇠 수리 등이 있다.

도배는 전세의 경우에는 임차인이 부담하고 들어오거나 경우에 따라서는 임대인이 설치해주기도 한다. 보증금 있는 월세의 경우와 사글세의 경우에는 대부분 2년에 한번 해주고 있으며 평당 3만 원 기준으로 하고 있다.

장판은 토지주택공사에서 실시하고 있는 기준을 보면 10년에 한 번 해주는 것을 기준으로 하고 있으며, 바닥 평당 2~2.5만 원 기준으로 한다.

수도 및 전기 수리비는 상태에 따라 수리를 하는데 통상 전구는 임차인 교체 시 교환해주고 있다.

화장실의 변기교체 및 방수는 사건 발생 시 하며, 변기는 임차인의 요구가 있는 경우 교체하거나 방수를 해주고 있다. 그리고 방수 시기는 10년에 한 번씩 수리해주고 있다. 이는 베란다 방수도 동일하다.

각종 문의 경첩 및 출입문 열쇠 수리 등도 사건 발생 시 해주며, 열쇠는 5년 단위로 문 교체 및 경첩 수리는 15년을 기준으로 수리해주고 있다.

6.1.6. 임차인 퇴실 후 청소비

임차인 퇴실 후 청소비는 통상 퇴실하는 임차인이 부담하고 있다. 그러나 이 퇴실하는 임차인의 퇴실 후 청소가 매우 미흡한 상태로 이루지고 있어 입주자가 다시하거나 임대인이 청소를 해주기도 한다. 따라서 임대인이 청소를 하는 경우 다가구는 세대당 5만 원, 공동주택의 경우에는 통상 10~12만 원의 청소비를 퇴실하는 임차인으로부터 징구하고 있다.

6.1.7. 관리요원 수당

관리요원이란 부동산임대관리업과 관련하여 업무를 수행하는 관계요원 전원을 말하며, 좁은 의미에서는 시설업무와 관련된 요원만을 말한다.

넓은 의미에서의 관리요원은 임대관리업자와 회계 및 행정관리요원인 경리담당자와 행정(서무)담당자, 임대차관리요원, 환경 및 위생에 관련된 청소요원, 방제소독요원, 보안 및 안전관리요원인 방화관리자 및 전기안전 그리고 승강기 안전관리자, 시설관리요원으로는 설비관리자 및 공사 관련자 말한다.

그리고 좁은 의미에서는 시설관리업자가 직접 관리하는 시설관리요원과 경리담당자를 의미한다.

시설관리는 외주를 주어 관리하기도 한다. 이때는 임대관리업자와 설비 및 전기관리요원, 경리담당자, 그리고 서무담당자는 임대관리업자가 직접관리하고, 그 외의 관리요원은 해당 외주업체가 관리한다. 즉, 청소요원, 방제소독요원, 승강기 안전관리요원, 공사 관련 요원은 외주하여 관리하고, 설비 및 전기관리자, 경리담당자, 행정(서무)담당자는 직접 관리한다.

임대관리업자가 직접관리 하는 경우 행정담당자는 방화관리자를 겸무하고, 또는 행정담당자가 경리업무를 겸무하며, 방화관리자를 임대관리업자나 소유주가 겸무하기도 한다. 또 방화관리자는 설비관리자가 겸무를 하고 있는 곳도 있다. 또 부동산중개업자가 임대관리업자인 경우에는 부동산중개업자가 임대차관리를 겸무하면서 방화관리자 또는 경리업무를 겸무하기도 한다.

관리요원의 수당은 건물별로 산출하거나 각 세대별로 산출하는 방법을 적용하고 있다.

관리요원의 수당 실태를 보면 임대차관리자는 중개보수를 수당으로 대체하거나, 임대차 관리보수를(통상 총 임대료의 2~3%) 별도로 합의하여 지급하고 있다.

청소요원의 수당은 청소재료비 포함하여 건물당 5만 원씩 계산하여 지불하고, 방제소독요원은 면적당 단가를 협의하여 결정하여 지불하고 있으며, 승강기 안전관리요원은 분기 1회 정기검사를, 월 1회 수시검사를 해주는 조건으로 반기 10만 원씩 지불하고 있다.

공사 관리요원은 별도로 수당을 지급하지 않고 공사대금에 포함되고 있다. 관리수당은 월급제로 지불하거나 수당제로 하고 있다. 수당제로 하는 경우는 월급제 관리요원이 휴가 등 공백으로 임시 해당 직무 관리요원에 대한 수당을 지급하는 경우와 외주를 준 경우 그리고 직원이지만 채용 시 성과급식으로 수당제로 지급하기로 계약한 경우에 수당제하고, 임대관리업자가 직접관리 하는 관리요원은 월급제로 하고 있다.

이때 수당을 산출하는 요령은 다음과 같다.

급여액 ÷ 관리 동수로 산출하거나, 급여액 ÷ 총면적 × 해당 동의 면적의 공식으로 산출하고 있다.

6.1.8. 해당 건물의 연간 수리비

해당 건물의 연간 수리비는 관리비 산정에 포함하는 경우가 있고, 또는 별도로 해당 동의 매매가격에 3%를 곱하여 산출하기도 한다.

해당 건물의 연간수리비는 장기수성충당금과 같은 성격의 수리비를 말한다.

해당 건물의 연간 수리비는 시설 내부의 수리비 중 기본시설에 대한 수리비와 건물외부의 도색 및 옥상방수 그리고 조경 등 외부시설 관리비가 포함된 비용이다.

여기에서 고려되는 시설물은 주거의 경우, 보일러는 8년을 내용연수로 보며, 세탁기도 8년, 탈수기는 5년, 에어컨은 5년, 싱크대는 10년, 가스렌즈는 7년, 정수기는 10년을 내용연수로 보고 있다.

다만, 정수기는 매월 또는 기기에 따라서 매월 또는 3~6개월 1회 휠터 교체 및 청소를 하는 비용 1~3만 원을 고려하여야 한다.

6.1.9. 안전관리비

안전관리비에는 소방안전관리비와 전기안전관리비 그리고 시설안전관리비 및 보안안전관리비가 있다.

소방안전관리비는 방화관리자가 있은 경우에는 겸무로, 방화관리자가 없는 경우에는 소방안전관리 업체에 반기 또는 연간 10만 원씩 지불하고 위탁할 수 있다.

전기안전관리자는 승강기가 있는 경우에는 승강기안전관리업체에 위탁하여 관리하는 데 반기 10만 원씩 지불하고 있다.

시설안전관리비는 해당건물 연간 수리비에 포함하여 산출한다.

보안안전관리비는 1 및 2층의 경우 방범망 설치, 가스배관을 통한 침입을 방지하기 위하여 가스배관선이 있는 지면으로부터 2.5~3m 지역에 차양막을 넓게 설치하는 비용, 출입문(대문) 및 각 세대 출입문에 대한 번호 열쇠나 잠금장치에 대한 것으로 통상 10년을 수명기간으로 판단하여 산출한다.

6.1.10. 행정비용

행정비용에는 임차인의 관리를 위한 행정비용과 시설관리를 위한 행정비용으로 구성된다.

임차인 관리를 위한 행정비용에는 입주 신고서, 관리비 지로 작성 및 인쇄비용, 입주 및 퇴실 시 물건상태 점검표, 입주 시 제공하는 관리규약 인쇄비, 각종 시설관리비 수납에 다른 장부구매비용 및 수납서류 작성비용, 기타 행정기기 비품비(복사 잉크 등) 및 전화비 및 통신비, 임대료 및 관리비 연체자 연체 통보비용, 악성 임차인 명도소송 비용 등을 말한다.

시설관리를 위한 행정 비용은 주로 구매와 관련하여 지불되는 행정적 비용으로 구매청구서 작성비용, 견적서 의뢰비용, 재고 자산관리와 관련된 비용, 수리신청과 관련 비용, 공사계획 및 계약체결 그리고 준공처리비용, 장기 및 단기 수리계획 수립비용 등이 있다.

행정비용은 건물 동수로 나누어 산출하거나 면적으로 산출하여 평균 단가로 산출하여 적용한다.

일반적으로 소규모인 경우에는 총 행정비용을 250만 원을 기준 한다. 그러나 규모가 커지면 행정비용도 추가가 됨으로 실제 산출된 비용을 적용하여야 한다. 근본적으로는 여기에 인건비도 고려하여야 하나 부동산중개업자의 경우에는 부동산중개업과 겸하여 실시하므로 별도로 인건비는 고려하지 않았으며, 부분적으로 관리비에 포함하여 징구된다.

자기관리형 부동산임대관리의 경우에는 소유주와 임대관리계약 체결 시 관리 예산 판단 포함하여 협상되어야 한다.

6.1.11. 공실관리

시설관리업자는 공실이 발생한 시설에 대하여 다음과 같이 시설관리를 한다. 먼저 입주와 퇴실일의 차이로 공실이 발생하거나 임대차계약이 만료되어 공실이 된 경우는 새로운 임차인이 즉시 입주할 수 있도록 시설을 수리하여 관리한다. 그래서 새로운 임차인 입주하고자 하는 욕구를 충족하여 공실기간이 짧도록 상태를 유지한다. 또한 대수선이 필요한 기본시설에 대한 공사도 이때 계획하여 실시한다.

다음 주변 환경과 적합하지 않아 장기간 공실이 되는 경우는 소유주와 합의하여 주변 용도에 적합하도록 개조하여 공실이 발생하지 않도록 하여야 한다. 이때 시설관리업자나 임대관리업자는 수익과 공사비용을 비교하여 소유자가 판단할 수 있도록 준비하고 또한 시설개조의 인·허가문제를 필히 확인하여야 한다.

6.2. 시설관리비 운영

구분 건물(공동주택, 상가 및 업무용 빌딩 등)의 경우는 일반적으로 「주택법」에 기초하여 시설관리비를 책정하고 운영하고 있다.

그러나 다가구 및 단독주택 그리고 100호 미만의 주택관리 회사들은 책정된 관리비를 다음의 요소들을 근거로 판단하고 책정하며 운영하고 있다.

① **임차인의 수리요소**

입주 시 임대인으로부터 인수한 상태에서 이후 고장이나 훼손사항에 대한 수리 및 보수사항은 다음과 같다.

-. 전구 교체

-. 형광등 안정기 교체

-. 수도꼭지 교체

-. 샤워꼭지 교체

-. 수건걸이 및 화장지걸이 교체

-. 수세식 변기의 물 내림 장치 교체

-. 변기 좌대 교체

-. 출입문 및 방문 잠김 뭉치 및 열쇠 교체

-. 개별난방의 경우 보일러 점화 플러그 노후화

-. 임차인이 고의 실수로 발생한 훼손이나 고장

　· 방충망

　· 싱크대 문이나 주방 기구걸이대

　· 건조기

　· 이 외의 임차인이 훼손 및 고장 낸 부분 및 부품

② **임대인(소유주) 및 임대관리업자의 수리요소**

-. 청소비: 건물당 50,000원(주 2회)

-. 고지서 등 행정비용

-. 배관 및 전기시설 수선(임차인이 수리해야 할 요소의 부품비는 별도)

-. 시설관리직원 인건비

7. 시설관리행정

　임대관리업자 및 시설관리업자는 시설관리를 효율적으로 수행하기 위해서는 체계적인 계획과 조직으로 시설관리 활동을 하여야 한다.

7.1. 시설관리계획

먼저 시설관리계획으로는 장기 시설관리계획, 단기 시설관리계획으로 구분하여 작성하여야 한다.

시설관리업자는 시설을 효율적으로 관리하기 위해서 기본이 되는 것은 준공일로부터 30년을 기준하여 작성한 장기계획과 임차인의 수리청구, 그리고 시설관리업자의 평상시 조사결과를 기초로 작성한 단기계획을 수립하여 시설관리 활동을 한다.

단기계획에는 일반적인 수리요소 외 겨울철의 동파 및 적설 등으로 인한 시설관리에 주는 요소, 그리고 여름철 장마 및 강풍으로 인한 시설관리에 영향을 주는 요소, 해빙기 및 월동을 위한 계획 등 계절적 및 일반재난에 대한 요소들이 반드시 포함되어야 한다.

7.2. 시설관리카드

모든 건물들도 모두 적용되지만 임대관리 대상 건물의 소유주 및 임대관리업자는 건물별로 시설카드를 작성하여 관리하여야 한다. 이렇게 함으로써 당해 건물의 수리요소를 정확하게 파악하고 수리사항이 기록 유지되므로 계획수립이 용이하다.

시설관리카드에는 건물별로 작성 수리카드를 작성함이 기본이나 상황에 따라서는 호실별로 작성하기도 한다.

시설카드에는 당해 건물의 기초자료 외에 설비 및 비품내역이 포함되고 이러한 시설 및 설비 그리고 비품의 수리상황이 지속적으로 기록 유지될 수 있도록 구성하고 지속적으로 기록되어 관리되어야 한다.

또한 임대관리업자는 차별화된 임대관리를 하기 위하여 각 세대별 시설관리카드로 작성 유지하고 해당 호실에 비치함으로써 고객에게 신뢰도를 높일 수 있고 또 임차인의 책임한계도 명확하게 할 수 있어 호실별 시설관리카드는 효율적인 시설관리를 위해 필요하다.

7.3. 시설관리 위한 회계관리

소유자나 입주민들은 투명하고 정확한 것을 요구하고 있어 시설관리에 해당 자금의 회계관리는 매우 필요하다.

시설관리와 관련된 회계관리는 주로 당해 건물 또는 해당 호실의 수리나 보수 및 공사 등에 투입되거나 지출한 자금의 합법적이고 합리적이면서 정확한 관리를 말한다. 이를 위하여 시설관리업자는 최소한 금전출납부와 입금 전표 및 지출결의서 그리고 지불한 자금에 대한 영수증이나 세금계산서를 철저히 관리하고, 최소 연 1회 회계감사를 실시하여 이를 당해건물 게시판에 공고하고 홈페이지가 있는 경우 홈페이지에 항상 관련자들이 볼 수 있도록 공고하여야 한다.

특히 자기관리형의 임대관리업자는 필요시 외부감사를 수감해야 하므로 시설관리의 회계관리 정확도도 매우 중요하다.

시설관리에 소요되는 자금의 사용결과를 반드시 유지 관리하여 시설관리 및 계획을 수립할 때 참조할 수 있도록 하는 것도 효율적으로 시설관리를 위한 좋은 방법일 수도 있다.

8. 안전점검 관리계획(심층관리)

안전관리는 주기적인 순찰과 점검으로 실시한다. 주요 위기별 관리할 사항은 다음과 같다.

구분	대상시설	점검회수	점검시기
해빙기 진단	· 석축, 옹벽, 법면, 교량, 비상 저수시설, 옥상물탱크 등	연 1회	2~3월
우기진단	· 석축, 옥벽, 법면, 담장, 하수도, 옥상 배수로	연 1회	6월
월동기 진단	· 노출 배관의 동파방지 · 조경수 보온 · 난방시설 확인점검 · 옥상	연 1회	9~10월
위생진단	· 물탱크실 · 저수시설	연 2회	3월, 9월
기타	· 도시가스시설, 소방시설, 맨홀	정기 및 수시	매월 1회

제5장

보안 및 안전관리

오섬환 지회장

보안 및 안전관리 업무는 시설관리계약을 체결할 때 시설관리업무의 일환으로 수행하거나 소방 및 전기 등과 같이 별도로 보안 및 안전관리계약을 체결하여 수행한다.

보안 및 안전관리업무를 함에 있어 임대관리업자는 두 가지 유형으로 구분하여 착안하고 관리하여야 한다. 개별 세대별 임대 관리할 경우와 단지형 임대관리를 하여야 할 경우이다. 다만, 단지형 임대관리의 경우에는 300세대 이상인 경우에는 보안 및 안전관리계획을 별도로 작성하여 관리하여야 한다.

보안 및 안전관리는 넓은 의미에서 안전이라는 분야로 볼 수 있으며, 입주민의 인명과 재산보호에 매우 중요한 분야이다. 따라서 이 두 분야는 입주민의 인명과 재산보호에 관련하여 검토하고 관리되어야 한다.

1. 보안관리

1.1. 보안관리 개요

보안관리는 도난방지와 신분관리가 중점이다. 도난방지를 위해서는 외부인의 침입자 방지를 위한 출입자 관리가 중점이다. 따라서 다가구 및 단독주택 및 단독빌딩 등의 개별 부동산의 경우에는 출입문 관리, CCTV 관리 등을 통하여 보안관리 업무를 수행하고, 단지형(團地形) 임대관리 부동산은 경비업무, 단지(團地) 정문 출입통제관리, CCTV를 통한 관리, 그 외 각 동별 그리고 각 세대별로 보안관리를 실시하고 있다.

신분관리는 임차인에 대한 개인정보보호를 말한다. 임대관리업자는 여러 채의 부동산을 관리하고 있으므로 관리사무소에서는 다수의 임차인에 대한 개인정보를 보유하게 된다. 따라서 국가의 공식요청이나 이해관계인의 합법적인 정보요청이 아니고는 개인정보를 유출하여서는 아니 된다.

관리사무소는 입주자 대표라 하더라도 업무상 반드시 필요한 경우를 제외하고는 개인의 자료나 휴대폰번호, 주민등록번호를 당사자의 승인 없이 타인에게 알려주어선 아니 된다.

1.2. 단독건물의 보안관리

단독건물의 보안관리는 건물출입구의 인터폰 및 각 세대별 인터폰 관리, 번호키 관리, 그리고 CCTV 관리 등이 있는데 이중 인터폰 및 번호키 관리는 기본적으로 해당 세대원이 관리하고, CCTV는 관리업자의 관리이다.

그러나 각 세대원이 관리하는 인터폰이나 번호키 관리도 고장이 발생하거나 조작 미숙으로 인하여 발생한 고장 등에 대하여 관리업자에게 확인 또는 수리를 의뢰하는 경우가 있으므로 관리업자는 이에 대한 사전지식과 수리요령을 주지할 필요가 있다.

1.2.1. 인터폰 관리

건물출입구의 보안관리는 경비원을 배치하여 운영하는 경우는 특수한 경우가 아니면 거의 운영되지 않고, 인터폰을 설치하여 해당 세대에서 응답하여야 출입할 수 있도록 운영하고 있거나, 아니면 건물의 출입구는 자유스럽게 출입하고 세대별 인터폰으로 보안관리를 하고 있다.

인터폰은 불필요한 요원의 출입을 방지하는 데 대단히 중요하다. 이 인터폰의 형태에는 음성만 듣는 인터폰과 영상을 볼 수 있는 인터폰이 있다. 음성만 듣는 인터폰은 연결선의 문제와 건전지 문제가 없으면 항시 작동이 가능하다. 그러나 영상을 볼 수 있는 인터폰은 노후되었거나, 연결선 및 형상 스크린 고장이 있으며, 그 외에 음성 폰의 고장과 건전지 문제 등이 있다.

인터폰 관리에서 유의할 것은 인터폰 설치한 지 10년 이상이 되면 노후화가 이루어지며 이로 인해 인터폰을 교체하는 경우가 많이 있다. 이때 제조회사에 따라 각각 특징이 있어 호환이 되지 않는 경우가 많다. 그러므로 인터폰 교체 시 반드시 호환성이 있는지 확인하고 교체하여야 하며, 간혹 영상 인터폰을 설치했으나 호환성이 되지 않은 채 관리되는 경우가 있으므로 인수인계 시 착안하여야 한다.

1.2.2. 번호키 관리

세대별 번호키는 보조키로써 외부인의 출입 통제와 입주민의 출입의 편리를 위하여 설치된다.

번호키는 각 세대별로 대부분 설치하고 있다. 이와 같은 번호키는 가격에 따라 성능이 각각 다르므로 번호키 구매 시 조작요령에 대하여 잘 관리하도록 각 세대에 주지시킬 필요가 있다.

또 이 번호키는 임대인이 대부분 설치해주고 있으나 임차인이 별도로 설치하는 경우가 있으므로 임대차 만료 시 종전의 번호키를 설치하거나 임차인이 설치한 번호키를 인수받는 것에 대해 관리자는 착안하여야 한다.

또한 임차인이 번호키를 설치하는 경우 번호키 설치하기 위하여 천공한 구멍이 임대인이 설치한 번호키의 천공 구멍과 상이하여 출입문 자체를 교체하는 문제가 발생할 수 있으므로 이것도 착안해두어야 한다.

특히 이사 시에는 모든 문을 열어놓은 상태이므로 인터폰 상태와 번호키의 상태에 소홀히 확인할 수 있음도 유의하여야 한다.

1.2.3. CCTV 관리

최근에는 단독 건물에도 건물 외벽과 출입문 그리고 복도 및 승강기에 CCTV를 설치하고 있으며, 이를 3~7개월분의 동영상 자료를 관리 유지하고 있다.

CCTV는 건물외부에 설치하여 불법행위자 관리 및 침입자를 관리하기 위하여 설치하고 있으며, 출입문 그리고 복도 및 승강기 등에 설치한 CCTV는 대부분 고정식으로 주목적 지역을 관리한다.

이 CCTV 관리를 위한 동영상 TV는 대부분 관리사무실에 통합하여 관리되거나 경비실이 있는 경우 경비실에서 관리하고 있는데, 관리업자는 관리 건물별 CCTV를 관리사무실에서 통합 관리할 수 있는 시설과 공간이 요구된다. 또한 이 영상필름을 보관관리 할 수 있는 보관실이 요구된다.

특히 CCTV의 동영상은 각종 범죄 발생 시 증거자료로 사용하고 있어 가급적 해상도가 높은 것으로 설치되어야 하고, 녹화된 자료의 관리에 관심을 갖고 점검 및 보관하고, 대외유출방지를 위해 관리체제를 확고하게 수립하여야 한다.

1.3. 단지형 건물 보안관리

단지형 건물에 대한 보안관리는 공동주택 보안관리를 참조하여 해당 단지의 특성에 맞도록 운영되어지고 있다. 단지형 보안관리에는 정문의 출입관리, 단지 울타리에 설치된 CCTV 설치, 각 건물 출입문 관리, 안전담당자의 순찰, 그리고 각 세대별 보안관리 및 입주자의 개인정보 관리가 있다.

이중 각 세대별 보안관리는 단독건물의 보안관리를 참조하여 관리하게 된다.

시설관리자는 단지형 건물의 보안관리는 관리요소가 단독건물의 보안관리보다 많기 때문에 중복되어 낭비되거나 또는 누락되어 관리되지 않는 곳이 없도록 체계를 조직화하여 운영하여야 한다.

1.3.1. 정문 출입관리

정문 보안관리는 경비에 의한 관리와 출입자 자동인식장치에 의한 보안관리가 운영되고 있으며, 정문 보안관리를 별도로 운영하지 않고, 개별 건물에 경비를 할당하여 관리하거나 또는 세대별 보안관리에 중점을 두고 있다.

경비에 의한 정문 보안관리는 전통적인 보안관리 방법으로 출입인원 및 차량에 대하여 출입목적과 시간을 파악하고 출입자의 인적사항을 기록 유지하는 방법으로 보안관리를 실시한다. 이를 위하여 경비들은 출입자 및 차량 관리기록부를 작성하여 교대 시 인수인계를 하고, 매일 관리소장이나 입주자 대표의 결재를 받아야 한다. 이때 정문에 비치하는 인원 및 차량 관리기록부에 기재하는 내용은 다음과 같다.

일자	방문자					방문대상			비고
	성명	방문시간	나간시간	전화번호	차량번호	목적	방문 동/호수	연락여부	

정문에 출입자 자동인식장치에 의한 보안관리는 단지 내 인원에 대한 보안관리를 위하여 운영하나 부가적으로 외부차량에 대하여 주차료를 징구하기 위한 경우에 많이 운영하고 있다. 그래서 정문에 출입자 자동인식장치에 의한 보안관리의 경우에는 경비가 병행하여 운용된다. 본래 주차장으로 지정된 곳이 아니면 주차료를 징구할 수 없고, 만일 징구하려면 주차장으로 인허가를 받아야 한다. 실제 행정관서로부터 주차장으로 인허가를 받지 아니한 곳에 주차료 징구 인허가를 받기란 쉽지 않다. 그러나 실제로 주변에 유입시설이 있는 지역에서 주차난은 매우 심각하므로 주차료 수입에 유혹되는 경우가 많다.

이 경우 자동인식장치에 대한 관리는 매우 많은 일을 수반하기 때문에 임대관리업자는 이에 대한 준비를 하여야 한다. 이때 임대관리업자가 착안할 사항은 다음과 같다.

1. 자동인식장치 가동상태 점검표
2. 자동인식장치 전원단절 시 복구대책
3. 주차료 결제방법(현금/카드)
4. 주차료 수입에 대한 관리와 처리(별도 통장으로 관리)

정문에 출입하는 차량의 자동인식장치는 카메라를 통한 인식장치를 이용하고 있으며 인식용은 차량번호와 들어온 시간과 나간 시간을 체크한다. 정문의 자동인식장치는 차량의 번호를 인식장치가 인지하면 차단기가 열리는 방법과 나갈 때는 입력된 차량은 자동인식기가 인지하여 자동으로 차단기를 올려주지만 외부 차량은 경비원이 차단장치를 올려주는 형식을 취하고 있다. 이는 그 출입차량의 단순 출입관계만을 인지하므로 차량의 출입목적에 대해서는 알지 못하는 단점이 있다.

이 자동인지상태는 외부차량의 출입을 통제하기 위한 목적으로 많이 운용하고 있어 보안장치로서 기능을 전부 발휘하지는 못하고 있고, 관리부서에서 외부차량의 주차비를 산출하는 데 사용되고 있다.

따라서 자동인식장치는 전원(電源)이 생명이므로 전원이 차단되면 작동할 수 없어 관리자는 전원차단 시 비상전력 공급준비나 수동으로 인지장치를 작동하는 매뉴얼을 준비하여야 한다.

또 일부에서는 이 자동인지장치를 이용하여 주차료를 산출하고 있는데 이는 최근 판례에서 주차료를 받을 수 있는 주차장 신청이 안 되었다는 원인으로 불법으로 규정하고 있다.

그래서 만일 주차료를 받아야만 하는 경우, 즉 상가 밀집지역에 있는 공동주택 단지의 주차장은 외부인의 출입 및 주차로 입주민에게 피해를 주고 있어 이를 예방하기 위한 방법으로 운용하고자 할 경우 주차료를 받는 주차장으로 신고하고 운영되어야 한다.

이때 주차료는 주차시간을 단위로 산정하여 받게 되는데 주차시간을 엄정하게 하지 않으면 장기주차 이용장소로 이용될 수 있음도 착안하여야 한다.

주차료는 현금과 카드로 받을 수 있도록 준비되어야 하며, 이는 조세성격을 가지고 있으므로 회계계정이 별도로 적용됨도 착안하여야 한다.

1.3.2. 외곽 및 각 건물외부에 CCTV 관리

관리할 건물이 여러 건물이므로 단지형으로 관리하여야 할 경우에는 외곽 울타리에 CCTV를 설치하여 운영하고 있고, 단일 건물인 경우에는 건물 외벽에 CCTV를 운영하고 있다.

건물 외곽에 운영하거나 또는 건물외부에 설치하는 CCTV는 침입자나 불법행위를 감시하기 위하여 운영하는 것으로 이를 관찰하기 위하여 경비실에 감시화면을 설치하고, 또 각 기기별로 녹화장치를 운영하여 최소 3월로부터 최고 7월의 녹화물을 관리 유지하고 있다.

이 감시화면 및 녹화장치의 운영은 각 기기별 관할지역에서 발생하는 침입행위나 불법행위에 대해 즉시 대처하기 위함과 그 증거를 확보하기 위하여 이들 장치를 운영하므로 지속적인 관리운영의 점검 및 최상의 상태로 보관이 요구된다.

1.3.3. 각 건물 출입구 보안관리

단지형 관리에서 각 건물의 보안관리는 각 건물의 출입구에 경비원을 배치하여 보안관리를 하는 방법과 반도체 기술의 발달로 인터폰식 자동출입통제장치를 운영하고 있다.

각 건물별 경비를 할당하는 방법은 각 건물에 경비원을 한사람씩 배치하는 방안이 있고, 수개 건물에 한사람씩 경비요원을 배치하여 관리하기도 한다.

각 건물별 및 정문에 배치하는 경비원들의 활동업무를 보면, 보안관리 업무 외에 조경관리, 외곽 청소 및 쓰레기 관리 등의 환경관리, 제설작업 및 안전관리 업무, 이사세대에 대한 주차관리 및 평상시 야간 외부차량 주차여부 확인 관리, 단지 내 수목에 대한 전지 및 소독작업, 출근 시 차량통제, 응급환자 발생 시 구급차 호출, 화재 시 차량 및 인원 대피 통제 등의 업무를 수행하고 있다.

이러한 경비원들의 업무를 각 건물별로 경비원을 한 사람씩 배치하지 않는 경우 이 업무의 일부를 주민이 실시해야 하므로 임대관리업자가 임대차관리 외의 업무까지 관리할 경우 주민들과 협의가 잘 이루어져야 한다.

각 건물별 출입구에 인터폰을 설치하여 보안 관리하는 방법은 단순건물의 보안 관리하는 방법과 동일하게 각 세대에서 응답을 하여야 출입할 수 있는 방법을 사용하고 있다. 따라서 사전에 연락되거나 각 세대에 입주민이 거주하는 시간에만 외부인은 출입할 수 있다.

1.3.4. 각 세대별 보안관리

각 세대별 보안 관리는 앞서의 1.2항의 단독건물의 각 세대별 보안관리와 동일하므로 이를 참고하여 관리하면 된다.

1.3.5. 사무실의 입주자 보안관리

단지별 보안관리 중에서 관리업자가 가장 착안하여야 할 사항은 관리사무소를 운영하는 경우, 관리소 직원들이 입주민에 대한 인적자료에 대한 보안관리를 철저히 하는 것이다.

이는 신분관리로 개인적 피해가 직접적으로 발생하여 관리사무소에서 전적으로 책임을 져야 하는 관리이다.

따라서 외부인이나 같은 단지 내 거주민이라 하더라도 업무와 관련하여 필요한 경우가 아니면 입주민에 대한 신상정보를 누구에도 누설하여서는 아니 된다.

입주민의 인적관리를 알려주어야 하는 경우는 당사자의 승인을 얻어야 한다.

특히 입주민의 통합된 개인정보의 유출은 범법 행위이며 많은 인원들에게 동시 많은 피해를 줄 수 있으므로 어떠한 경우도 누출이 있어서는 아니 된다.

2. 안전관리

안전관리는 보안관리와 더불어 입주민의 인적 피해와 재산적 피해를 입을 수 있는 요소에 대한 관리를 말한다. 안전관리로 인한 인적 피해와 재산적 피해는 동시에 발생할 수도 있고, 구분하여 발생할 수 있으나 대부분의 경우 동시에 발생할 수 있어 매우 세심한 관심이 필요하고 필요시 반복적 연습으로 대처방안에 대한 사전준비가 필요하다.

인적 피해에 대한 안전을 관리할 사항으로는 건물에서의 추락, 미끄럼에 의한 상해, 위험물 및 폭발물에 의한 피해, 화재에 의한 피해, 전기에 의한 위험과 보안과 연계된 외부인의 침입으로 인하여 발생할 수 있는 강도나 강간 및 살상 등이 있을 수 있다.

재산적 피해와 관련된 안전으로는 인적 피해와 더불어 발생할 수 있는 사항 외에 당해 부동산의 소유자나 관리인의 재정적 관리능력 부족으로 발생할 수 있는 경매 및 공매 등과 관리인의 부정한 재정관리로 인한 재정적 피해 등에 대한 안전을 생각해볼 수 있다.

이 외에도 자연재해로 인한 피해에 대한 안전으로는 폭우로 인한 침수 및 붕괴, 폭설이나 폭우 그리고 강풍으로 인한 주변 인공시설의 전도 또는 붕괴로 인한 피해, 폭설로 인한 붕괴 및 교통사고 등에 대한 안전 등이 있다.

이러한 위험에 대비하는 안전관리는 각 입주민 개인이 관리하여야 하는 사항이 있고, 관리인이 관리하여야 하는 사항이 있다.

개인이 관리하여야 할 사항은 입주민 각 개인이 관리할 수 있도록 관리인은 점검표 및 관리요령을 작성하여 주지시켜 관리되도록 하여야 하여 피해가 발생하지 않도록 하여야 하며, 관리인이 관리할 사항은 관리할 책임자를 지정하고 또 점검표 등을 작성하여 주기적으로 점검하고 수시로 순찰에 의해 관리를 보완하여야 한다.

개인적으로 입주민이 관리할 사항이나 관리인이 관리해야 할 부분에서 일반적으로 간단히 수리하거나 시정할 수 있는 것은 즉시 수리 및 시정하고, 기술적인 사항은 전문가를 통하여 수리하거나 교체하는 방법 등으로 관리한다.

2.1. 추락이나 미끄럼 피해

건물에서 추락이나 미끄럼으로부터 발생하는 피해는 당해 건물의 계단 및 옥상, 베란다 그리고 창문 등의 월담에 대한 안전대를 설치함에 있어 규정을 이행하지 아니하여 발생하고 있고, 미끄럼은 계단 및 화장실 등과 겨울철 적설을 즉각적으로 처리하지 아니하여 발생하고 있다.

이를 위하여 관리인은 건물을 인수받거나 준공 시 안전대의 설치 높이 및 견고성에 대한 확인이 절대적으로 필요하며, 만일 규정에 미흡할 경우에는 즉시 규정대로 재설치하거나 수리계획을 소유자에게 건의하여 수리하고, 순찰로 보완하여야 한다.

창문에는 가급적 방범망을 설치하여 외부침입을 방지함은 물론 내부에서 월담을 방지할 수 있도록 하되 인접건물에서 내부를 볼 수 없도록 창문 외부에 차단 울타리를 설치하는 방법을 사용하기도 한다.

2.2. 위험물 및 폭발물에 의한 피해

위험물 및 폭발물에 의한 피해로는 고의적인 사항과 과실로 인한 사항으로 구분할 수 있다. 고의적인 사항으로는 당해 건물에 취사용이나 난방용으로 설치한 연료 외에 입주민이 사업상 또는 필요에 의하여 인입한 위험물이나 폭발물로 인한 폭발 등의 위험을 말한다.

여기에는 휴대용 가스의 인입이 주를 이루고 있으며 그 외에 휴대용 독성가스 및 액체의 인입에 의하여 발생한다. 휴대용 가스 등의 인입은 취사용이나 등산 등의 활동을 위해 필요한 경우가 있으므로 무조건 인입을 금지할 수는 없다.

따라서 관리인 및 소유자는 각 입주 세대별 별도의 창고를 운영할 수 있도록 준비하여 이를 이용하도록 함이 필요하며, 반면 거주 건물에는 일체 반입하지 못하도록 주기적으로 주지시키는 활동이 필요하다. 또한 수시로 가정적으로 다툼이 많거나 입주민의 성격상 갑작스런 폭력성 성격의 소유자를 파악하여 지속적으로 관심을 가지고 관리하는 활동이 요구된다.

선진국에서는 입주민의 거주시설 인근에 입주민이 거주시설 내에 장식하거나 설치할 수 없는 필요한 물품을 거주지역 인근의 창고에 보관할 수 있는 사업이 성행하고 있음도 참작할 필요가 있다.

과실로 인한 사항으로는 난방 및 취사용 연료로 도시가스나 LPG가스를 사용하는 경우 가스관리를 잘못하여 발생하는 위험으로, 주로 가스를 열어놓아 누출되는 줄 모르고 상당한 시간 누출되도록 한 후 점화물질을 가입시킴으로써 발생하는 폭발의 위험과 취사 중임을 잊고 외출하거나 휴식을 취하다가 발생하는 가스 폭발 등이 있을 수 있다.

이는 입주민의 잘못 관리로 발생하는 위험이므로 관리인은 규칙이나 수칙과 같은 사항을 제정하여 입주민에게 스스로 지킬 수 있도록 함과 동시에 냉장고나 가스렌즈 위 환풍기 등에 이를 부착하여 입주민이 착안할 수 있도록 하는 방법 등을 강구할 필요가 있다.

또한 이런 위험물은 독성 악취나 화재를 수반하는 경우가 많으므로 화재안전과 병행하여 경보장치 운영에 병행될 수 있도록 함이 바람직하다.

2.3. 화재에 의한 피해

화재로 인한 피해는 전기와 취사가스 등 인화물질에 의한 피해가 있다. 전기로 인한 피해는 누전 및 합선에 의해 주로 발생하는데 이 누전이나 합선에 의한 피해로는 감전 및 화재의 피해가 발생하고 있다.

감전에 대한 관리방법은 전기안전에서 다루기로 하고, 화재피해에 대한 내용만 본 난에서 취급하고자 한다.

전기에 의한 화재피해 시 안전관리를 위하여 조치해야 할 시설은 화재가 발생하면 건물 전체의 전기차단장치 및 각 세대별 전기차단장치가 자동으로 차단되도록 전기차단설치와 가동상태 관리가 중요하다.

건물 전체의 전기차단장치는 개별세대의 전기로 인한 화재로 인하여 건물 전체로 확대되는 것을 방지하기 위함이므로 이에 대한 관리는 관리인의 책임이다. 따라서 주기적으로 차단장치를 점검하여야 한다.

그러나 개별세대에 대한 차단장치는 당해 세대가 관리할 책임이 있으며, 이는 감전사고와 누전으로 인한 화재를 방지하는 데 있다. 따라서 관리인은 누전이나 감전에 대하여 각 세대로부터 신고를 접수하면 누전검사 장비를 이용하여 이를 측정하고 확인하여 그 원인을 처치해주어야 한다.

또한 전기로 인한 화재 중 대부분 전기선의 피복 노출로 인한 합선으로 화재가 발생하는 경우와 먼지 등 인화성 먼지가 쌓여 이를 전선 피복 노출로 인한 누전에 의하여 발생하는 경우, 그리고 한 전선 플러그에 여러 개의 전기 플러그를 연결하여 과도한 전선 연결로 인한 발열에 의한 화재 등이 있고, 구분 건물의 경우에는 세대별로 임의로 전선 설치작업으로 인하여 불필요한 전선의 혼선으로 발생하므로 20년 이상 된 건물은 전선 피복의 경화로 인한 노출을 근본적으로 방지할 수 있도록 전선교체를 계획하고, 플러그 부분의 전선박스를 청결하게 하고, 혼선된 전선이 발생하지 않도록 함과 전선 플러그에 용량을 초월한 전기스위치 연결을 하지 않도록 홍보하거나 신고하는 조치가 필요하다.

다음은 인화물질에 의한 화재이다. 인화물질에 의한 화재는 기존시설의 인화물질과 임의 반입한 인화물질에 의한 화재발생이 있을 수 있다.

기존시설에 의한 인화물질은 취사 및 난방을 위한 연료로써 도시가스, LPG가스, 석유, 휴대용가스 등이 있고, 임의 반입에 의한 인화물질에는 이동식 취사 및 난방연료인 부탄가스, 프로판가스, 점화 및 연료용 숯 등이 있다.

기존시설에 대한 화재방지를 위하여 각 세대는 스스로 안전활동을 하여야 하며, 관리인은 해당 인화물질 사용장소에 안전에 대한 경고 표지를 설치하도록 제공하는 등의 활동이 필요하며, 임의 반입 인화물질은 세대 내로 반입을 하지 않도록 별도 보관장소를 지정하거나 개별창고를 운영하는 방안 등이 요구된다. 또한 각 세대별 그리고 복도에 소화기를 배치하고, 건물설계 시 화재감지기 및 소화장치를 설치하기도 하며, 순찰 등을 계획하며, 자체 방화대를 편성하여 운영하기도 한다.

2.4. 전기에 의한 위험

전기에 의한 위험은 감전과 화재가 있다. 이 중 화재는 화재의 안전에서 언급했으므로 여기에서는 감전에 대해서만 취급하기로 한다.

전기 감전사고는 화재에 비하여 많이 발생하지는 않으며, 감전으로 인한 피해는 두 가지로 분류할 수 있다. 하나는 감전으로 인하여 인명피해가 날 수 있으며, 다른 하나는 감전으로 인하여 놀란 뒤 이로 인한 정신적 공포감을 갖는 것이다.

감전으로 인한 인명피해는 감전 정도가 사람마다 차이가 있어 같은 감전의 양으로도 사망할 수도 있고, 치료를 받아야 할 정도로 내상을 입을 수도 있으며, 놀라기만 하고 별다른 피해가 없을 수도, 아무런 피해를 입지 않을 수도 있다. 그러나 후유증이 발생할 수 있어 진료는 받아두는 것이 바람직하다.

관리인은 피해의 정도에 관계없이 손실이 발생할 수 있으므로 이에 대한 대책을 항상 강구하여야 한다. 따라서 누전의 보고를 받으면 즉시 이에 대한 누전부분을 조사하여 즉시 처리하여야 한다. 또한 누전의 원인이 될 수 있는 요소들을 사전에 제거할 수 있도록 주기적인 점검 및 교체계획을 수립하여야 한다.

2.5. 외부인의 침입

부동산임대관리에서 가장 많이 발생하는 사고가 외부인의 침입으로 인한 위험과 피해이다. 외부인의 침입에 의한 위험은 다양한 방법으로 발생하고 있다.

즉, 창문이나 가스배관을 통한 침입이 있고, 출입장치를 사전에 알고 출입장치를 통하여 침입하는 방법, 거래를 의뢰 중인 부동산인 경우 부동산을 현장 확인한다는 명목으로 침입하거나 가전제품 등의 고장신고를 핑계로 침입하는 방법 등이 있다.

따라서 창문 및 가스배관 등을 통하여 침입하는 피해를 방지하기 위하여 방범장치, 즉 오름 방지장치를 설치하여 가스배관을 타고 침입하는 피해 방지책을 강구하고, 특히 1층 및 2층까지는 창문 및 거실 외부 창문에는 방범장치를 설치하여야 한다.

창문의 방범망은 일반적으로 1층 및 2층에만 설치하였으나 최근에는 층수에 제한 없이 설치하는 추세이다.

거래 의뢰 중인 부동산이나 가전제품의 고장 등을 수리하거나 점검하기 위하여 방문하기로 한 자의 경우는 해당 세대에서 정확하게 확인하여 출입하도록 하는 주의가 요구된다.

이를 위하여 관리인(소유자 포함)은 외곽 및 출입문 그리고 계단 및 통로에 CCTV를 설치하여 녹화해두기도 하고, 출입문에 번호키와 인터폰을 설치하여 감시 및 감독하고 있다.

2.6. 경매 및 공매

당해 건물 또는 세대의 경매 및 공매로 인한 위험에 대한 피해는 소유자의 경제력으로 인하여 발생하므로 관리인에게는 책임이 없다. 다만, 부동산임대관리인은 임대차관리를 겸하여 실시하여야 하므로, 임차인에게 소유자의 경제력에 관계되는 법적 고지할 의무와 설명을 해주어야 할 의무는 있다.

또 소유자의 경제적 원인에 의해 발생하는 경매 및 공매로 인한 입주민의 피해는 입주민의 보증금 피해를 입을 수 있고, 입주민의 변동을 발생하게 함으로써 주민 간의 상호협력 자세와 입주민과 소유자 및 관리자 그리고 입주민 상호 간의 신뢰감 그리고 당해 건물에 대한 소속감이 와해되어 인심이 평온하지 않을 수 있다.

입주민의 경매 및 공매에 따른 보호대책을 경매 및 공매 당한 입주민에게 상담해줄 준비는 요구된다. 경매 및 공매로 인한 입주민의 피해를 감소하는 것 중 가장 효율적인 방법은 예상 입주민의 정체 보증금이 예상 낙찰률로 낙찰 시 매매가격의 1/2 이하로 설정하여 각 호・실별로 배분하고 월세를 증가하는 방법이 있고, 입주민으로 하여금 보증금 반환 보장보험에 가입하여 보증을 회수할 수 있도록 하는 방법이 있다.

또 경매 및 공매되는 부동산에 대한 관리비 등의 처리 문제도 항상 대책을 강구해두어야 한다.

2.7. 기타 위험관리

기타 위험관리 요소는 입주민 중 무단하게 장기출입을 하지 않는 세대에 대한 관리, 경매 및 공매당한 건물의 입주민이 방치시킨 가구를 비롯한 각종 쓰레기 처리, 자살 등의 발생에 대한 소란 등이 있다.

또 입주민이 이사하여 비어 있는 세대의 출입문 개방으로 인하여 노숙자 등이 해당 건물을 이용하여 기거 및 음주행위 그리고 촛불 등의 사용으로 발생하는 화재 위험 등이 있다.

이러한 문제들은 자주 발생하는 위험은 아니나 발생하는 사례들이므로 사전에 처리 모델을 작성하여 만일의 경우 즉각 대체할 수 있도록 함이 필요하다.

2.8. 관리사무소의 위험관리

관리사무소의 위험관리는 두 가지를 유형이 있다. 하나는 입주민의 개인정보의 관리문제와 다른 하나는 직원의 관리비 횡령에 관한 문제가 있을 수 있다.

입주민에 대한 개인정보 관리문제는 개인정보보호법에 대한 규정을 직원들에게 교육하고, 직원들은 이 법에 근거하여 어떠한 경우에도 개인정보가 누출되지 않도록 행동하도록 하며, 부단한 감독이 지속적인 교육이 요망된다.

직원의 관리비 횡령문제는 근본적으로 임대관리업자로부터 전 임직원이 약정된 급여 외에는 어떠한 돈도 공금이라는 인식하에 욕심을 부리거나 낭비를 하지 않는 자세와 정신이 갖추어져야 한다.

겸하여 관리자는 예산 및 자금에 대해 철저한 결산 및 확인 등 자금관리결과에 대한 확인이 요구된다.

이 외에 직원들이 입주민과 야합하여 사무실 내의 정보나 개인신상정보를 누출시키는 경우가 있고, 재활용폐기물 및 공사 시 사례비 등의 횡령 등이 있을 수 있다.

제6장
위생 및 환경관리

진영섭 부동산학 석사

　위생 및 환경관리는 시설관리업무의 일환으로 시설관리계약에 포함하여 실시하거나 또는 청소관리업체 등에 위생 및 환경관리계약을 별도로 체결하여 실시할 수 있다.

　위생 및 환경관리는 입주자의 건강에 기초를 두고 활동하는 것이 기본이다. 위생 및 환경관리업자가 착안하여야 할 사항은 물리적으로는 청결, 오염방지, 거주 및 영업의 적절한 여건 조성 등에 있고, 사회적 심리적으로는 지속적으로 임차인이 임차를 유지하고자 하는 마음을 갖도록 하는 것이다. 결과적으로는 당해 부동산의 가치를 증진시켜 새로운 가치를 창출하는 것이다.

　부동산임대관리업자가 위생 및 환경관리를 위하여 활동해야 할 요소는 크게 3가지로 대별할 수 있다. 즉, 청소관리, 위생관리, 환경관리로 구분된다.

1. 청소관리

　오늘날의 청소관리 개념은 생활환경의 청결유지 외에 입주민 스스로 당해 임대부동산에 대한 위생환경을 조성할 수 있도록 하여 오염발생 원인을 사전에 예방하는 개념까지 포함하고 있다.

　청소를 하는 목적은 청소를 통하여 입주민의 건강과 쾌적한 환경을 조성하여 입주민의 거주 만족도를 증진하는 데도 있지만, 그 외에 청소를 통하여 당해 건물의 본래의 아름다

움을 최초 건축 시와 같이 유지함으로써 건물의 품격을 증진시켜 신축건물처럼 그 가치를 유지하는 데 있다. 또 청소를 통하여 건물자체에 때를 비롯한 각종 노화 촉진요소를 제거하고, 주변의 환경을 잘 관리함으로써 건물의 수명유지를 관리하는 데 있다.

청소를 해야 할 요소는 먼지, 재활용 및 음식쓰레기, 때 등의 더러움과 오물 등으로, 부동산임대관리업자는 이를 제거 및 통제하는 계획을 수립하고 실시하는 것이다.

임대관리업자가 실시할 청소는 입주민의 입주 시 청소와 공용지역에 대한 청소로 구분된다.

입주민의 입주 시 청소는 통상 퇴실자의 책임으로 실시되고 있다. 그 이유는 임차인의 임대차 만료로 인한 원상회복 일환으로 보아야 하기 때문이다.

그러나 공용부분에 대한 청소의 책임은 임대관리업자가 실시할 책임이 있다.

1.1. 먼지

먼지란 건물내부에 떠다니는 부유물질을 말하며, 이와 같은 먼지는 사람이 활동에 의해서 발생하므로 우리는 먼지가 발생하지 않도록 할 수는 없다.

이 먼지는 인체에는 알레르기나 진폐증을 일으키거나 자극을 준다. 또 일부는 불활성 먼지로서 인체에 유해를 주지 않더라도 때를 발생시키게 된다.

이러한 먼지 중 관리인이 관리해야 할 먼지는 건물 내 공용부분의 먼지이며, 이를 위하여 관리인은 복도 등에 설치된 시설에 얹혀 있는 먼지와 거미줄을 동시에 제거하며, 주기적으로 청소원을 투입하여 청소를 한다.

1.2. 쓰레기

쓰레기에는 음식쓰레기와 재활용쓰레기로 구분되며, 쓰레기는 배출 감소 및 재활용을 위하여 분리수거하는 것을 법으로 의무화하고 있다.

관리인은 각 쓰레기별로 분리수거를 할 수 있도록 분리수거함을 구분하여 설치하고, 평소 보관장소를 사전에 준비해둘 필요가 있다.

쓰레기 중 일부는 임대관리의 재원이 될 수 있도록 한다.

1.2.1. 음식쓰레기

음식물 쓰레기는 입주민의 거주비용에 영향을 준다. 음식물 쓰레기는 각 세대마다 배출량에 대한 측정이 되고 있다. 즉, 공동주택의 경우는 동(棟) 단위 음식물 쓰레기를 모으는 용기를 비치하여 각 세대단위로 측정하고 있고, 단독주택 및 다가구 그리고 다세대 및 연립주택의 경우(단독주택 등이라 한다)는 세대단위로 용기를 구입하여 지방자치단체에서 수거할 수 있도록 일정한 장소에 모으도록 하고 있으며, 음식물 쓰레기가 가장 많이 배출되는 음식점 및 호텔 등은 사업자별로 음식물 쓰레기를 측정하여 처리비용을 부과하고 있다.

그러나 단독주택 등에 거주하는 일부 주민들은 이 음식물 쓰레기를 제대로 관리하지 않고 있어 지정된 장소가 지저분하고, 파리 등 해충의 번식처가 되고 있어 물청소가 요구된다. 따라서 임대관리업자는 청소요원으로 하여금 이 음식물 쓰레기 집결장소를 물로 세척하여야 한다.

또 음식물 쓰레기는 반드시 분리수거를 어기는 경우 해당세대 만일 해당 세대를 알 수 없는 경우에는 해당 건물 세대 전원에게 과태료를 부과함도 착안하여야 한다.

음식물 쓰레기 중 뼈 부분은 음식물 쓰레기가 아니고 일반 쓰레기임으로 분리수거에 착안하여야 한다. 또 음식물 쓰레기에는 아기들의 기저귀와 동물의 인분도 이에 해당하지 않음도 주의하여야 한다.

1.2.2. 재활용 쓰레기

재활용 쓰레기는 자원으로 분류되어 수거 후 수거량에 따라 대가가 지불된다. 그래서 매우 관심이 높은 자원이다. 이 재활용 쓰레기는 종류에 따라 분리하여 수거하게 되는데, 그 분류를 보면 종이류, 병류, 프라스틱류, 전구류, 폐건전지류, 의류, 고철류, 목재류, 가전제품류 등이 있다.

관리인은 이 재활용 쓰레기를 입주민들이 정기적으로 또는 수시로 수거할 수 있도록 비치기구를 준비하여 입주민들이 수시로 분리하여 모을 수 있도록 강구하고, 이를 자원으로 전환하여 그 자금을 입주민을 위해 사용될 수 있도록 관리함이 요구된다.

1.3. 때 등 더러움

임대관리업자가 관리하여야 할 때 등 더러움은 주로 통로와 계단 그리고 외부 수도시설 주변, 정화조 주위, 안전 난간, 우편함 그리고 장식품과 외벽 등이다.

때 등 더러움은 먼지 털이 및 물청소를 통하여 관리한다. 특히 외벽과 건물 내 통로 및 계단은 해당 건물의 이미지와 밀접한 관계가 있어 청소의 중점지역이다. 외부 수도시설 주변은 청소담당자가 자주 사용함으로 잘 청소되고 있으나 누수되는 경향이 있음도 착안하여야 한다.

내부 정화 침전조가 있는 건물은 이 지역의 더러움이 방치되어 악취가 나기도 한다. 그리고 외부 정화조 주변은 정화조 수거 후 즉각 청소하여야 악취 등을 방지할 수 있다.

거미줄을 제거하는 것도 청소담당자가 관리해야 할 사항이므로 관리인은 거미줄을 제거하도록 주지시킬 필요가 있다.

1.4. 청소요원 관리

청소요원 관리는 자체에서 확보하여 운영하는 방법이 있고, 용역회사를 통하여 운영하는 방법이 있다.

또 청소담당자는 주로 여자들이 실시하고 있으며, 건물별로 주 1~2회 청소를 실시하고 청소요원의 근무상태를 확인하기 위하여 CCTV를 통하여 근무상태를 점검하고 있다.

이 청소담당자도 정기적으로 또는 수시로 교육이 요구되는데, 일반적으로는 월 1회 급여 지급 시 교육을 병행하고 있다.

1.4.1. 청소요원의 자격

청소요원은 단순히 바닥을 쓸고 닦는 요원이 아니라 건물의 가치를 상승시키는 주요한 요원이다. 따라서 청소요원은 그 기본적인 자질의 소유자여야 하며, 건강하여야 하고 자긍심을 갖도록 하는 것이 중요하다.

청소요원의 자질은 다음과 같은 요건이 필요하다.

① 청소요원은 청소업무를 하고자 하는 의지의 소유자여야 하고 책임감이 강해야 한다.

② 청소요원은 당해 건물의 청소업무에 대해 잘 알고 또 성실하게 수행하는 자여야 한다.

③ 청소요원은 건강하여야 한다. 그래서 50대 이전의 젊은 층이 바람직하다.

④ 청소요원은 회사에 대한 소속감과 긍지를 갖도록 제복 등을 통일해서 지급하고 외출복으로 사용하여도 손색이 없는 것으로 해줌이 바람직하다.

⑤ 청소요원은 다른 업체보다 보수가 더 좋도록 배려하여야 한다.

1.4.2. 청소요원의 관리

청소요원은 실질적으로 건물의 관리요원이므로 담당 건물의 가치에 영향을 미친다. 따라서 청소요원의 활동을 조직적이고 적극적인 활동을 할 수 있도록 사전에 관리에 필요한 계획을 수립하고 교육을 실시하여야 한다.

청소요원을 관리하는 방법에는 청소요원을 자체적으로 운용하는 경우와 외주를 주는 방법 그리고 조합을 결성하여 조합본부에서 지원하는 방법 등이 있다.

청소요원을 자체계획에 의거 관리하는 경우 개개인 청소요원이 모든 청소도구의 구입 및 관리하고 청소도구 및 자재는 관리사무소에서 구입하여 지원한다.

청소를 외주 주는 경우에는 외주업체와 청소관리계약을 체결하여 청소를 관리하며, 임대관리업자는 자체계획을 사전에 제시하고 필요한 사항을 요구하여 청소가 잘 될 수 있도록 관리한다.

또 청소요원의 지도관리에 관한 사항은 다음과 같다.

① 월별 및 주별 청소계획을 수립하고, 청소에 착안할 사항을 작성하여 청소요원의 청소활동을 스스로 할 수 있도록 시달한다.

② 청소도구 및 자재를 스스로 손질하고 준비할 수 있도록 교육한다.

③ 청소량의 배당은 아파트의 경우 1~3개 동을 배당하고, 기타의 경우는 1일 최고 10~12개 동을 배당한다.

④ 1회 청소시간은 건물당 30분에서 1시간 정도로 하고, 청소범위를 명확하게 정한다.

⑤ 월 1회 청소요원의 활동결과를 청소요원 교육과 병행하여 발표하고 우수자는 포상하며, 청소요원들을 위로한다.

⑥ 청소요원에게 건물의 환경과 위생 그리고 청소의 중요성을 인식할 수 있는 교육자

료를 통하여 교육한다.

2. 위생관리

위생관리란 입주민의 건강유지 및 증진을 위하여 해충박멸, 전염병의 원인이 될 수 있는 곰팡이 등의 병균제거, 공기 및 물의 오염을 방지하기 위한 청소 및 소독 등의 활동을 말한다. 따라서 관리인은 위생관리를 위하여 연간 사업계획을 세워 소독 및 청소를 실시한다.

입주민의 세대내 소독은 해충박멸을 위해서는 연 1~2회 일자를 정하여 입주민의 거주 공간까지 일괄적으로 실시하여야 하며, 통상 입주민의 교체 시에도 실시하기도 한다. 소독관리 전문가의 의견을 보면 통상 1회 소독의 효과는 약 6개월 정도로 보고 있다.

또 입주민의 임대차가 만료되어 이사 시 세대 청소비를 부과하기도 하며, 정화조 및 건물외부 물이 고이는 장소 등은 수시로 청소를 하여야 한다.

2.1. 병충해 박멸

병충해의 종류에는 파리, 모기, 독나방, 노랭이, 일반 진드기 및 애완동물의 진드기, 바퀴벌레, 개미, 수목에 기생하는 벌레 등이 있다.

병충해의 피해는 직접적으로 병충해가 피부병을 유발하거나 알레르기 등의 피해를 유발하며, 간접적으로는 전염병의 전파와 발진열 및 뇌염 그리고 쓰쓰가무시병 등을 유발하는 매체로 활동한다.

임대관리인의 이 병충해로부터 피해를 방지하기 위하여 사전에 계획하여 그 박멸대책을 강구하여야 한다.

병충해는 각 세대와 관리업체가 상호 협력하여 실시하여야 박멸될 수 있다. 그러나 현실적으로 각 세대에서는 매우 소극적으로 활동하므로 자기관리형 임대관리인과 위생 및 환경관리 위탁받은 위탁업체는 종합적으로 계획을 수립하여 실시하여야 한다.

병충해의 박멸방법에는 주로 직접적인 방법으로 소독과 약을 사용하여 박멸하고 있고, 간접적으로 청소나 서식을 근본적으로 예방하는 서식지 제거방법 등을 사용하고 있다.

2.1.1. 세대에서 박멸할 사항

병충해 종류 중 각 세대에서 처리할 수 있는 병충해는 일반 진드기 및 애완동물의 진드기 그리고 바퀴벌레, 개미 및 노랭이 등으로 병충해에 대한 소독 및 박멸활동을 하여야 한다.

위생 및 환경관리를 위탁받은 업체는 각 세대에서 처리할 병충해에 대한 박멸을 세대로부터 위탁을 받아 처리할 수 있고, 종합계획에 포함하여 계획하고 관리비에 포함하는 방법을 사용할 수 있다.

2.1.2. 바퀴벌레 박멸

바퀴벌레 박멸을 위하여 통상 바퀴벌레 소독을 실시한다. 바퀴벌레 소독은 바퀴벌레의 옮겨가는 특성을 고려하여 최소한 해당 건물 단위로 일괄 실시함이 가장 효과적이다. 그 외에 관리인은 임차인이 입주하기 전 바퀴벌레 소독을 실시해주고 있다.

바퀴벌레 소독은 한 번 소독하면 최소 6개월은 약효가 유지되어 연 2회 실시하도록 계획하고 있다.

또한 바퀴벌레 소독은 세대 내의 장판 및 가구 밑, 그리고 발코니 및 싱크대 및 주방기구 주위 위주로 실시하고 있으나, 건물의 외부까지 동시에 완벽하게 실시함이 요구된다.

음식물 및 재활용 쓰레기 적치장소와 정화조 및 빗물 배수구까지 꼼꼼하게 소독이 미치지 않은 곳이 없도록 실시하여야 한다.

바퀴벌레 박멸을 위하여 임대관리인은 건물의 경우에는 세대별보다는 건물 전체를, 단지를 이루고 있는 경우에는 단지 전체를 동시에 실시하는 것이 바람직하다.

2.1.3. 벌레 박멸

바퀴벌레 외의 해충인 모기, 파리, 진드기, 독나방, 수목의 벌레 등에 대한 박멸활동 책임은 소유자 및 자기관리형 임대관리업자에게 있으며, 이런 벌레 및 해충은 오염 및 각종 질병을 전파하는 역할을 수행하므로 바퀴벌레 소독과 더불어 동시에 실시함이 필요하다.

이런 벌레의 박멸을 위해서는 그 서식지인 하수구 및 창고의 적치물 등의 소독이 필요하며, 그들의 번식지를 제거하는 것도 소독 못지않게 중요한 위생관리활동 방법이다.

2.2. 구서활동

쥐가 인간에 입히는 피해로는 질병을 옮기는 매체역할과 인간의 음식물을 훼손시킨다.

쥐가 인간에게 입히는 질병으로는 이질, 페스트, 살모넬라증, 와일씨병, 발진열, 쓰쓰가무시병, 유행성 출혈열, 아메바성 이질 등 매우 많으며, 이를 박멸하기 위해서는 쥐의 특성과 활동에 대하여 맞도록 구서활동을 하여야 박멸이 가능하다.

쥐의 특성과 활동내용을 살펴보면 다음과 같다.

① 쥐는 잡식성 동물로 행동이 매우 민첩하며 주로 야간에 활동을 한다.

② 쥐는 떼를 지어 집단생활을 하며, 땅을 파고 들어가 지하에서 살거나 주택 등의 천정 등에서 기거한다.

③ 쥐는 후각과 미각이 매우 발달되어 있으며, 시력은 10m 정도이다.

④ 쥐는 색맹이므로 색깔 구별을 못 한다.

⑤ 쥐는 나무 등을 잘 타며, 수영을 잘하여 강을 건널 수 있다.

⑥ 쥐는 통상 다니던 통로를 따라 이동하며, 하루에 왕복 10km를 이동한다.

쥐의 이러한 특성을 이용하여 쥐의 구서방법을 강구함이 바람직하며, 구서방법에는 다음과 같은 방법이 있다.

① 쥐가 다니는 통로에 쥐약을 오후 어둡기 직전에 설치하고, 다음 날 해뜨기 전에 철거하는 방법

② 쥐가 서식할 수 있는 서식지를 근본적으로 제공하지 않는 방법

③ 고양이나 개를 집안에 키우는 방법

④ 압살 및 포서망을 설치하여 구서하는 방법

2.3. 소독방법

위생관리를 위하여 소독은 위생관리의 주요활동 요소이다. 소독을 위해서는 각종 소독약을 사용하는데 이 소독약에는 독성약품을 사용하므로 전문적인 지식과 관리가 필요하다.

따라서 소독하는 방법은 전문업체와 협약을 체결하여 실시하는 방법이 있고, 경비 또는 시설관리요원이나 청소요원 등 자체요원을 교육받도록 하여 활용하는 방법이 있다.

병충해의 소독 중 실내의 소독은 전문업체에 위탁하여 실시하고 건물외부의 소독과 수목에 대한 소독은 자체요원으로 하는 방법을 사용하기도 한다.

소독은 앞서 설명한 바와 같이 독성약품을 사용하므로 자체에서 소독하는 경우 약품관리를 위해 별도의 창고를 설치하여 관리함이 바람직하고, 소독을 위해서는 반드시 입주민에게 소독에 대한 사전통보가 이루어져야 하며, 소독 후 청소를 병행될 수 있도록 하여야 한다.

3. 환경관리

건물의 환경관리 요소로는 공기, 물, 건물 내 온도, 조도, 소음, 조경 등이 있다. 이 환경요소는 당해 건물이 당해 목적으로 사용할 수 있는 기능을 발휘할 수 있도록 하는 기본적인 요소이다. 따라서 이 환경관리를 잘하면 당해 건물은 좋은 건물이면서 신축과 같은 비싼 건물이 된다. 만일 이를 소홀히 하면 당해 건물은 그 기능을 상실하여 외면당하는 건물로 조기 노후화를 가져오고 건물의 가치는 상실하게 된다.

3.1. 공기오염 관리

건물관리에서 공기오염의 주요인은 담배연기이고, 외부에서 건물내부로 들어오는 매연, 분진, 주변 화재의 연기 등이 있을 수 있다. 그리고 각 세대에서는 장시간 통풍을 게을리함과 주방의 가스사용으로 인한 실내공기의 탄산가스화이다. 이와 같은 공기오염은 인체에 코 및 눈의 점막을 자극하여 두통, 악취, 피부질환, 안구충혈, 기침, 인후통, 현기증, 피로, 메스꺼움, 호흡곤란, 과민증 등의 증세를 유발한다.

특히 담배연기는 주거시설의 경우 아래 및 위층까지 전달되어 피해를 주고 있어 각 세대별 실내에서 금연도 절대적으로 요구된다.

따라서 관리인은 통제가 어려운 당해 건물의 공기오염 예방에 입주민들의 행동요령 및 교육 등 각별한 노력이 필요하다.

3.1.1. 담배연기 오염방지

관리인은 담배연기 오염을 방지하기 위하여 당해 건물을 금연구역으로 입주민에게 주지시킴과 동시에 건물외부에 일정한 장소를 정하여 흡연구역을 설정하고, 재떨이 등을 설치하는 대책을 강구하여야 한다.

또한 주기적으로 입주민에게 금연의 좋은 점을 홍보하여 입주민들의 금연으로 인하여 건물 내·외부의 흡연구역도 제거하는 것도 공기오염 방지와 건물관리 요소를 줄여 효율적인 건물관리를 이룰 수 있는 방안이다.

3.1.2. 매연, 분진, 화재연기 인입 방지

주변에서 발생하는 매연, 분진, 화재연기, 황사 등으로부터의 공기오염도 사람의 활동에 많은 영향을 준다. 따라서 국가에서 법으로 이를 방지하는 제도를 시행하고 있으나 이러한 공기오염 요소도 인간의 활동으로 발생하므로 완벽하게 통제될 수 없다.

특히 대 도로변에 거주하는 입주민은 매연과 분진으로 발코니에 건조하기 위해 널어놓은 빨래에 분진 및 매연이 내려앉아 창문을 열어놓을 수 없는 피해를 봄은 물론, 발코니 창문을 열지 않음으로 인하여 곰팡이가 발생하여 호흡기 질환으로 인한 2차적 피해를 보고 있다.

이를 위해 관리인은 가급적 대로변에서 안쪽에 위치하여 분진이나 매연으로부터 피해를 입지 않는 건물을 관리할 수 있도록 선택하고, 만일 대로변의 건물을 관리해야 하는 경우에는 가급적 이런 피해가 없도록 도로변 반대편의 발코니에 세탁물을 건조하도록 하거나 탈수 및 건조기를 겸하는 가전제품을 이용하도록 권장하는 것도 한 방법이다.

또한 발코니의 창문은 가급적 가장 적게 개방하여 실내공기가 소통되도록 하고, 차량의 통행이 가장 적은 시간을 측정하여 그 시간에 발코니 창문을 개방하여 환기할 수 있도록 하는 것도 하나의 해결방법이다.

3.2. 물 관리

물 관리는 건물내부에서는 건물 내의 상하수도 관리와 수분관리가 있고, 건물외부에서는 저수조관리, 저수조 배관관리, 우수로 인한 누수관리 그리고 지하수를 사용하는 경우 지하수 오염관리 등이 있다.

물 관리는 임대관리업자나 시설관리업자가 관리하여야 할 분야와 개인이 관리해야 할 부분으로 구분할 수 있다.

3.2.1. 관리인의 물 관리

관리인의 물 관리를 위한 예방 활동할 사항은 옥상 및 지하에 통상 설치하는 저수조에 대한 청소 및 방수실시, 우수 시 옥상 및 벽면의 균열로 인한 누수방지공사, 건물외부에서 파열되는 상하수도 배관공사, 지하수를 사용하는 경우 지하수 오염을 방지하기 위한 표면수의 유입 방지공사 그리고 파열된 오수관의 교체와 인접건물 지역으로 흘러들어가는 것을 방지하기 위한 공사 등이다.

관리인의 물 관리요소는 주기적으로 건물의 장기수선계획에 의해 처리하여야 한다. 이 때 옥상의 누수를 방지하기 위하여 옥상 방수공사는 10년 주기로, 벽면의 누수를 방지하기 위한 벽면 방수공사는 5년 단위로 실시하고 있으며, 저수조 청소는 매년 1회 이상 실시한다.

지하수를 사용하는 경우 지하수 오염 정도의 측정은 매년 실시하여야 하며 지하수 오염 측정을 위하여 시약을 사용하여 측정하거나 지자체가 운영하는 측정기관에 의뢰하여 실시할 수 있다.

자체에서 측정할 때 물의 색깔의 발생요인은 다음과 같다.

구분	내용
적색	철분이 용존된 경우 철 배관을 사용하는 경우는 배관이 산화하여 나타날 수 있음
청색	구리 성분이 용존된 경우 동 배관이나 신주 배관을 사용한 경우 동이 산화하여 나타날 수 있음
백색	아연이 용존된 경우 아연도금을 한 배관을 사용하는 경우 아연이 산화하여 나타날 수 있음
흑색	망간이 용존된 경우 망간 도금을 한 배관을 사용한 경우 망간이 산화하여 나타날 수 있음

3.2.2. 건물 내의 수(水) 관리

건물 내의 수 관리는 많은 부분이 건물외부에서는 건물의 지붕으로부터 누수와 건물외부 벽에서 스며드는 누수가 있으며, 건물내부에서는 상수도의 수도꼭지의 누수, 화장실 샤워시설의 누수, 보일러 분배기의 조작 및 누수, 바닥에 설치된 난방배관의 누수, 그리고 화장실 욕조의 막힘과 노후화로 인한 누수 등이 발생하고 있다.

이 외에 보일러의 기계 내에 난방수의 부족문제와 파열로 인한 누수 등이 발생하기도 하고, 습기 및 수분의 환기 부족으로 인한 결로현상이 발생하여 곰팡이 문제가 발생한다.

또 싱크대 및 화장실에서 발생하는 특히 1층의 하수의 넘침 현상과 악취문제 등이 있다.

이는 자제설비 담당자를 운영하는 경우 부속 값은 입주자가 부담하고 설비담당자가 수리해주고 있으며, 설비담당자를 운영하지 않는 경우에는 설비업체와 업무협약을 체결하여 입주자에게 수리를 지원해줄 수 있다.

건물 내의 수 관리를 위하여 관리인은 세대별로 설비카드를 작성 유지하여 설비 수리 내역을 지속적으로 관리함으로써 관리의 효율을 높일 수 있도록 하여야 한다.

3.3. 온도 관리

건물 내의 온도 관리, 즉 열 관리는 각 세대는 세대별로 열 관리를 하여야 하며, 각 세대가 관리할 부분 외의 건물 내 열 관리는 관리인이 관리하는데 관리인이 건물 내의 열 관리를 위한 방법은 단열로 열 관리하는 방법과 공동 난방시설에 의한 열 관리 방법이 있다.

단열은 벽면의 단열과 출입문과 창문의 열 관리가 있으며, 건물 공동 난방시설에 의한 열 관리는 냉난방 계획을 수립하여 관리한다. 다만 건물 내의 결로에 의하여 많은 수리비용이 요구되는 경우가 있으므로 관리인은 세대 입주자에게 결로방지를 위한 방법과 활동 내역을 각 세대 내에 부착하여 관리할 수 있도록 준비하여 배포할 필요가 있다.

3.4. 조도 관리

건물 내의 조도는 건물의 채광이나 조명으로 유지할 수 있다. 건물 내의 조도는 밝음이 유지되어야 하며, 눈부심이 없어야 한다. 따라서 건물 내 통로에 전구의 밝음이 유지되도록 관심을 가져야 한다.

3.5. 소음 관리

"소음(騷音)"이란 기계·기구·시설, 그 밖의 물체의 사용 또는 공동주택(「주택법」 제2조제2호에 따른 공동주택을 말한다. 이하 같다) 등 환경부령으로 정하는 장소에서 사람의 활동으로 인하여 발생하는 강한 소리를 말한다.[1]

임대관리업에서 소음은 주변환경의 소음과 인위적 소음으로 구분 관리한다. 주변환경에 의한 소음은 자동차 소음, 기차통행 소음, 주변 공장이 있는 경우 공장 소음, 공사로 인한 소음, 기타 소음이 있다.

3.5.1. 소음의 기준

소음은 듣는 사람에게 불쾌감을 주고, 신경질적인 짜증이 나도록 하며, 작업 능률을 저하시키고, 피로를 느끼게 하며, 수면을 방해한다.

이러한 소음으로 인한 피해를 방지하기 위하여 소음 및 진동에 관리법을 제정하여 시행하고 있는데 그 기준을 보면 다음과 같다.

소음이 인체에 미치는 영향은 다음과 같다.

---

1) 「소음진동관리법」 제2조 제1호.

소음정도(db)	음 환경	인간에게 미치는 영향	가능한 작업
0～19	들을 수 없음		
20～39	아주 조용함		쾌적한 수면
40～59	조용함	심리적 반응의 시사	정신적 집중작업
60～79	소란함	원하지 않는 음으로 지각도의 방해를 느낌 신경질적 반응	
80～109	아주 소란함	다년간 노출된 경우 영구성 난청의 원인 청각 장애	작업 중 자주 휴식을 요함
110～129	수용할 수 없음	중추신경 장애	
130 이상	수용할 수 없음	신체기관의 마비 및 파손	

주거환경을 해치는 소음 규제기준은 다음과 같다.[2]

단위: db(A)

대상지역	소음원	시간대별	아침·저녁 05:00～07:00 18:00～22:00	주간 07:00～18:00	야간 22:00～06:00
주거지역 녹지지역 관리지역 중 취락지구·주거개발진흥지구 및 관광·휴양개발진흥지구 자연환경보전지역 그 밖의 지역에 있는 학교·종합병원·공공도서관	확성기	옥외설치	60이하	65이하	60이하
		옥내에서 옥외로 소음이 나오는 경우	50이하	55이하	45이하
		공장	50이하	55이하	45이하
	사업장	동알건물	45이하	50이하	40이하
		기타	50이하	55이하	45이하
		공사장	60이하	65이하	55이하
그 밖에 지역	확성기	옥외설치	65이하	70이하	60이하
		옥내에서 옥외로 소음이 나오는 경우	60이하	65이하	55이하
		공장	60이하	65이하	55이하
	사업장	동알건물	50이하	50이하	40이하
		기타	50이하	55이하	45이하
		공사장	60이하	65이하	55이하

---

2) 「소음·진동관리법」 시행규칙 별표 8.

단위: db(A)

층간소음의 구분		층간소음의 기준	
		주간 (06:00~22:00)	야간 (22:00~06:00)
직접충격소음	1분간 등가소음(Leq)	43	38
	최고소음도(Lmax)	57	52
공기전달소음	5분간 등가소음도(Leq)	45	40

직접충격소음은 1분간 등가소음도 및 최고소음도로 평가하고, 공기전달소음은 5분간 등가소음도로 평사한다.

공동주택의 직접충격소음의 기준은 위 표의 직접충격소음 기준에 +5db(A)를 적용한다.

층간소음 측정방법은 동일건물 내 사업장소음을 측정하는 방법에 따라 측정하며, 1개 지점 이상에서 1시간 이상 측정하여야 한다.

1분간 등가소음 및 5분간 등가소음의 측정방법도 앞서 층간소음 측정방법에 따라 측정하고 이중 가장 높은 값으로 한다.

최고소음도 1시간에 3회 이상을 초과하는 경우 그 기준을 초과한 것을 본다.

또 최근에 주거시설의 층간소음으로 인하여 듣는 자가 행정관서에 신고 시 듣는 사람 1인당 최고 114만 원의 벌금을 부과하도록 규제되었다.

3.5.2. 소음에 대한 대책

소음을 방지하기 대책은 소음을 차단하는 차음대책과 소음을 흡수하는 흡음대책, 기타 등이 있다.

차음대책은 소음을 듣는 자가 실시하는 대책이고 흡음대책은 소음을 발생하는 자가 실시하는 대책을 말한다.

차음대책은 조용한 환경을 조성하고자 함으로 창을 닫고, 틈이 있는 곳을 높은 밀도의 설비로 막아 공기가 통과하지 못하도록 하여 차음을 한다.

반면 흡음대책으로는 주로 피아노나 성악을 하는 성악가, 어린이들이 실내에서 뛰어노는 경우, 그리고 세탁기 및 탈수기 또는 음식물 조리에서 소음이 나는 전기기구를 사용하

---

3) 공동주택 층간소음의 범위와 기준에 관한 규칙 별표.

는 경우에 해당하며, 피아노나 성악에 대한 흡음대책은 성악이나 피아노를 설치한 장소에 차음벽을 설치하여 소음이 밖으로 나가지 않도록 별도 설치를 하고 있다.

어린이가 뛰어놀거나 울음이 지속적으로 되는 경우에는 바닥에 매트 등을 설치하여 아래층에서 소음이 들리지 않도록 하거나 어린이의 반복적 장기간 울음은 별도의 차음장치가 설치된 방을 운영하기도 한다.

세탁기 및 탈수 그리고 소음을 내는 음식물 조리기구의 사용은 가급적 주간에 실시하는 등 사용시간대를 정하여 운영하는 방법 등을 활용하고 있다.

관리인은 입주민간의 소음으로 인한 분쟁을 방지하기 위하여 건물 내에서 행동 요령과 시간대별 가전기구 사용시간표를 작성하여 상호 쾌적한 생활을 할 수 있도록 함도 바람직하다.

자동차 소음이나 기차 통행에 의한 소음 그리고 공장 소음 등은 해당 지자체나 기관과 협의하여 방음벽 등을 설치하여 감소시키고, 공사로 인한 소음과 기타 소음은 해당 업체와 협의하여 공사시간을 야간에는 제한하는 방법 등을 강구할 수 있다.

인위적인 소음은 공동주택의 경우 층간소음, 음주 후 고성방가 소음, 세탁이나 조리를 위한 소음, 기타 어린이의 소음 등이 있다. 인위적 소음은 건물관리규약에 의해 교육 및 통제하는 방법을 강구하게 된다.

인위적 소음은 주기적으로 방송이나 유인물을 제작하여 입주민 간에 분쟁이 발생하지 않도록 주지와 교육활동이 필요하다.

공동주택 등에서 인위적 소음에 대한 분쟁을 방지하기 위하여 임대관리업자는 입주민 간의 모임을 주기적으로 가지는 행사를 계획하여 입주민 간의 만남을 통하여 상호 이해의 폭을 넓혀가도록 하는 것도 층간소음으로 인한 분쟁을 줄여나가는 방법도 있다.

3.6. 진동 관리

"진동(振動)"이란 기계·기구·시설, 그 밖의 물체의 사용으로 인하여 발생하는 강한 흔들림을 말한다.[4]

진동이 발생하는 배출시설을 보면, 소음진동 관련법에서는 동력을 사용하는 시설 및

---

4) 「소음진동관리법」 제2조 제2호.

기계·기구로 한정하고 있다.

즉, ① 20마력 이상의 프레스(유압식은 제외한다) ② 30마력 이상의 분쇄기(파쇄기와 마쇄기를 포함한다) ③ 30마력 이상의 단조기 ④ 30마력 이상의 도정시설(「국토의 계획 및 이용에 관한 법률」에 따른 주거지역·상업지역 및 녹지지역에 있는 시설로 한정한다) ⑤ 30마력 이상의 목재가공기계 ⑥ 50마력 이상의 성형기(압출·사출을 포함한다) ⑦ 50마력 이상의 연탄제조용 윤전기 ⑧ 4대 이상 시멘트벽돌 및 블록의 제조기계로 한정하고 있다.[5] 그러나 이 외에 공사장의 발파, 중장비 및 대형 화물차 등의 교통수단의 이동으로 발생하는 진동, 기차의 이동에 의한 진동, 주변의 가내 공장의 발동기 및 고압기계의 진동 등이 있다.

이 진동이 신체에 미치는 영향은 불안과 공포증을 조성하여 심리적 안정을 방해하며 진동에 민감한 어린이와 소음진동에 민감한 심신박약자 등에게는 수면에 많은 장애를 준다.

생활 진동 규제기준

단위: db(V)

시간대별 대상지역	주간 (06:00~22:00)	야간 (22:00~06:00)
주거지역, 녹지지역, 관리지역 중 취락지구·주거개발진흥지구 및 관광·휴양개발진흥지구 자연환경보전지역 그 밖의 지역에 있는 학교·종합병원·공공도서관	65이하	60이하
그 밖에 지역	70이하	65이하

진동에서 가장 어려운 점은 진동의 진원지로부터 멀리 이격하여야 하는 대책 외에는 다른 대책을 강구할 수 없고, 다음 소음과 병행하여 발생하는 것에 대해서는 소음에 대한 대책만 강구할 수 있다는 어려움이 있다.

따라서 진동이 심한 지역에 있는 임대관리대상 건물을 관리하여야 하는 임대관리업자는 주민의 이동이 빈번하므로 관리비 책정을 통계자료를 측정 및 분석하여 과학적으로 책정해야 한다.

---

5) 「소음진동관리법」 시행규칙 별표 1.

3.7. 조경 관리

조경관리는 입주민에게 마음의 풍요와 안정감을 주고 휴식처를 제공하며 건물의 품격을 증진함으로 관리인이 관리해야 할 주요 요소이다.

조경관리에는 건물외부와 건물내부로 구분하여 관리하게 되는데 건물외부의 관리에는 화단관리, 주차장관리, 수목관리 그리고 조형물관리 등이 있으며, 건물내부는 청결관리 외에 벽면에 그림이나 화분을 설치하거나 또는 건물내부 벽을 그림으로 채색하는 방법 등이 있을 수 있다.

조경 관리는 가급적 건축 시 조성된 것을 최대한 활용되고, 이를 보다 승화시킬 수 있도록 관리되어야 한다.

그러나 최근의 우리 주변에는 조경 관리로 설치된 시설들이 주차난의 해소를 위하여 희생되어지는 경우가 대부분이다. 즉, 화단을 줄여 주차장으로 한다든지, 조형물을 제거하거나 필연코는 어린이 놀이터를 주차장으로 변경하는 경우가 빈번하게 발생하고 있다. 따라서 앞으로의 조경관리는, 건물외부의 관리는 좁은 공간을 잘 활용한 조경과 건물옥상을 이용하는 방법 등이 발전되어야 하고, 건물내부는 유명한 그림을 타일 등에 채색되어 미관을 증진시키는 조경 관리를 발전시키는 것 등이 장래의 조경 관리 방안으로 발전될 것이 예상된다.

제7장
재무관리 및 사무실 운영

김익중 문헌정보학 석사

제1절 재무관리

부동산(주택)임대관리업에서 재무관리업무는 임대차관리와 시설관리와 함께 3대 주요 업무 중 하나이다. 또 재무관리업무는 부동산(주택)임대관리업 외에 임대차관리와 시설관리업무에서도 같이 이루어지는 업무이다.

재무관리란 임대료와 관리비, 관리보수 및 기타 재원 등을 관리하는 업무로, 자기관리형임대관리업자는 소유주에게 소유주를 대신하여 재무 및 회계를 관리하고 보고하여 승인받아야 하는 업무이며, 위탁관리형임대관리업자의 경우에는 소유주로부터 재무관리업무를 위탁받은 경우를 제외하고, 일반적으로 재무관리 업무를 수행하지 않고 있다. 다만 시설관리를 위탁받은 시설관리업자의 경우에만 시설관리상 필요한 일반적인 재무관리가 요구된다.

재무관리업무에서 가장 중요한 것은 재정의 흐름을 투명하게 하는 데 있지만 소유주나 임대관리업자에게 수익성이 있도록 관리되어야 한다.

이 수익성은 경제상황 및 상태가 지속적으로 변화하므로 최초 수익성으로 고정할 수 없다. 따라서 임대관리업자는 매년 사업계획을 편성하고 이에 대한 예산 편성 시 수익성 판단도 동시에 실시하여야 한다.

재무관리업무를 수행하기 위해서는 장부 기장, 회계감사의 수감, 재무보고 활동 등이 이루어져야 한다.

1. 재무관리 관련 업무

재무관리와 관련하여 수행하여야 하는 업무는 운영예산 편성 및 관리, 수익성 결정, 세금관련업무, 보험관련업무 등으로 상술하면 다음과 같다.

1.1. 운영예산 편성

1.1.1. 수입원

수입원은 소유주와 임대관리업자에게 사업을 판단하는 데 매우 중요한 요소이다. 왜냐하면 소유주의 요구수익률을 그리고 임대관리업자의 사업성 지속력을 결정하는 결정적인 요소이기 때문이다.

부동산임대관리에 있어 재무관리 재원은, 수입재원으로 임대료와 관리비, 그리고 관리보수 및 기타 부수적인 수입 등이 있고, 지출재원으로는 송금임대료, 관리요원 인건비 지급, 시설관리비 지급, 세금 납부, 제 보험료 지급, 기타 임대관리업무를 수행하면서 지출되어야 하는 재원 등이 있다.

부동산임대관리업자가 부동산임대관리업을 운영하기 위한 수입원에 대해 구체적으로 살펴보면 다음과 같이 구분된다.

1. 임대료수입(연체임대료의 회수임대료 및 연체료 수입 포함)
2. 관리비
3. 관리보수
4. 임차인의 생활편의시설 운영수입
    -. 자판기 운영수입
    -. 편의점 및 식당 운영수입
    -. 창고 임대수입
    -. 서류작성 등 대행 업무수입
    -. 기타
5. 이자수입

6. 기타 임대부동산으로 인하여 발생한 수입
    -. 이동통신 송전탑 설치 관련 수입
    -. 기타

임대료 수입이란 임차인이 임대차 부동산을 사용함에 있어 지불하는 사용료를 말하며, 여기에는 연체임대료와 연체이자를 포함하고, 이때 연체료는 당해 건물의 임대관리 규약에서 정한 바에 따라 적용하며, 일반적으로는 3~20%까지 적용하고 있다.

관리비는 두 가지 종류가 있는데 임차인이 임차부동산을 사용하면서 당해 시설의 이용과 관련하여 발생하는 관리비와 임대인이 임대관리건물의 관리유지와 수명을 유지하기 위하여 법규와 수리계획에 의해 지속적으로 투입하는 유지관리비가 있다.

관리보수란 소유주가 임대차건물을 임대관리사업자 또는 임대관리대행자에게 관리를 위임한 경우 이들이 수행한 관리활동의 대가로 지불하는 금원을 말한다.

기타 생활편의시설운영 수입에는 소유자나 임대관리업자가 임대건물을 이용하여 획득하는 수입과 외부기관이 당해 임대건물을 사용하는 대가로 지불하는 사용료로 구분된다.

임대인이나 임대사업자가 당해 건물에 임차인의 생활 편익을 위하여 자판기를 설치하여 이 자판기에서 들어오는 자판기 운영수입, 임대건물의 일부 공간을 이용하여 편의점 및 식당을 운영하여 획득하는 운영수입, 지하실이나 건물의 내·외부 공간에 창고를 설치하여 얻을 수 있는 창고 임대료수입, 관리요원이 임차인을 위하여 대행하는 행정업무, 즉 내용증명 작성, 전입신고 등 행정대행 업무수입, 그리고 기타 택배대행 등 대행 활동수입 등이 있다.

이와 같은 수입원은 소유주나 임대관리업자에게는 매우 중요한 수입원으로 이를 기초로 모든 재무활동이 이루어진다. 이 수입원은 1년간의 소득과 관리활동이 기초가 되므로 사전계획수립을 위하여 예산편성을 하게 된다. 따라서 수입원을 판단할 때 최대한 정확하게 하기 위해서 공실률과 임대료 체납률을 반드시 감안하여야 한다.

이때 공실률은 과거 3~5년간의 평균 공실률을 적용함이 가장 합리적이며, 이런 통계자료가 없는 경우는 임대차가 양호한 경우라도 6% 정도는 예상하여야 하고, 공실이 많은 경우에는 25~30%까지도 적용한다.

그리고 체납률도 과거 통계자료를 적용함이 합리적이나 통계자료가 없는 경우는 공실률을 응용하기도 한다.

부동산임대관리업의 재무관리책임자는 소유자와 자기관리형 부동산임대관리업자 그리고 위탁 정도에 따라 임대차관리업자, 시설관리업자 등이다.

부동산임대관리를 위하여 수행할 수입과 관련된 재무관리활동 사항은 다음과 같다.

① 임대료 및 관리비 징구 활동 및 수납 결과 확인

② 임대료 및 관리비 연체자에 대한 조사, 추가 지로 발송

③ 금전출납부의 기장 및 관리업무, 전표 작성업무

④ 예산편성 및 운영예산 보고서 작성업무

⑤ 임대료, 관리비, 관리수수료 산출

⑥ 기타 수입원의 징구 및 재무관련 계약

1.1.2. 지출

지출은 불필요한 낭비를 없애는 데 중점을 둔다. 왜냐하면 지출은 소유주에게는 수익성에, 그리고 임대관리업자에게는 사업성을 판단하고 사업의 지속여부를 결정하는 결정적 요인이기 때문이다.

부동산임대관리업자가 부동산임대관리업과 관련하여 지출되는 항목을 보면 다음과 같다.

1. 부동산 세금(부가가치세, 재산세, 종합부동산세, 주민세, 기타)

2. 직원의 임금

3. 공익비

4. 공산품 구입비

5. 수선 및 유지비(총 계획된 수입의 3~10%)

6. 보험료

7. 행정사무비

8. 관리비(공동전기세, 공동수도세, 청소용역 및 물품비, 기타)

9. 감가상각비

10. 소송비용

11. 장기수선충당금

12. 준비금(예비비, 총 계획된 수입의 1%)

13. 소유주 수익금

14. 관리보수

15. 기타

1.1.3. 임대료 상승률

소유주나 임대관리업자가 예산을 편성할 때나 임대차 기간 중에 임차인의 요구로 임대료 감액하는 경우, 소유주나 임대관리업자는 주변의 임대료 시세 및 경제사정 등을 고려하여 1년 단위로 증액 및 감액을 할 수 있다.

일반적으로는 임대료 증감은 임대차 종료 시 실시한다. 이때 임대료 증감률은 「주택」 및 「상가 임대차 보호법」의 임대료 증감률을 적용한다.

임차인이 보증금의 일부를 월세로 전환 요구해 온 경우와 소유주가 임대수익을 높이기 위하여 보증금을 감액하고 월세를 높이려는 경우 임대관리업자는 보증금을 월세로 전환하여야 하는 경우가 발생한다. 이때 임대관리업자 등은 「주택임대차보호법」이나 「상가임대차보호법」에서 규정하고 있는 보증금의 월세 전환율을 적용한다.

1.1.4. 지출비용 상승률

지출비용 상승은 매년 운영예산 편성 시 검토하여 실행하는데, 기본적으로는 전년도 물가상승률을 적용하고, 만일 정부에서 각종 비용 상승률을 결정하였을 경우에는 정부 정책을 적용한다.

소유주 수익률 증가는 소유주와 임대관리업자 간의 합의에 의해서 결정하며, 임대관리업자는 최소한 소유자의 실질적 투자액에 대한 수익률이 제1금융권 3개월 이상 정기예금 금리의 1.5배 이상 2배 정도의 임대인의 수익률 요구를 고려하여 편성하고 있다.

또한 소유자가 임대관리업자에게 지불하는 관리보수는 소유자와 임대관리업자가 매년 운영예산 편성 시 합의하여 결정하며, 관리하여야 할 임대건물의 상태와 관리의 난이도에 따라 계획된 총수입의 0.5~10%를 편성한다.

1.2. 운영보고서

　부동산임대관리업자 특히 자기관리형임대관리업자는 운영예산이 편성되면 이에 대하여 임대사업자(소유주)와 협의를 하여 확정하여야 한다.

　임대관리업자가 작성하여 임대사업자(소유주)에게 보고하는 운영보고서에는 두 가지 종류가 있다.

　하나는 소유주와 체결한 임대관리계약에 따라 다음 연도 또는 다음 반기, 다음 분기에 사용할 운영계획보고서이고, 다른 하나는 운영한 결과에 대한 수입지출보고서다.

1.2.1. 운영계획보고서

　운영계획보고서는 다른 말로 사업계획과 예산편성이라고 할 수 있다. 임대관리업자가 소유주에게 운영계획보고서를 작성하여 예산사용을 승인받고 운영하게 된다.

　운영계획보고서는 다음 실시할 사업계획에 대한 예산집행계획으로 수입과 지출을 계획한 문서이다.

　운영계획보고서는 임대사업자가 소유하고 있는 부동산의 형태와 수에 따라 상이할 수 있으므로 그 특성에 맞추어 작성한다.

　운영계획보고서의 작성을 돕기 위하여 서식 #20을 예문으로 제시한다.

1.2.2. 수입지출보고서

　수입지출보고서는 일종의 예산사용결과보고서이다. 수입지출보고서를 작성하는 목적은 임대관리업무와 관련하여 이루어지는 수입금의 정확한 관리와 낭비 없는 지출을 위한 것 외에 임대관리업자나 소유주가 임대관리상의 주의를 기울여야 할 요소가 발생하는지와 임대관리상의 제반사항 추세를 파악하기 위함에 있다. 또 임대관리업자나 임차인 그리고 소유주가 잘못하고 있는 사항을 시정하지 아니하고 지속되는 경우 더 큰 문제가 발생할 수 있으므로 이를 예방하기 위하여 작성한다.

　따라서 임대관리업자는 거짓 없이 솔직하고 정직하게 수입지출보고서를 작성하여야 하며, 수입지출보고서를 작성하면서 수입지출보고서 작성 목적에 도출하고자 하는 사항 및 사건이 발생하였거나 발생할 우려가 있는 경우 이를 정확히 파악하고 분석하여 소유주와 협의를 할 수 있도록 하여야 한다.

수입지출보고서는 운영계획보고서 보고 시 병행하여 보고하며, 특정사건이 발생하면 별도로 보고할 때 사용한다.

그러나 최소한 분기 1회 이상을 임대관리업자와 소유주 간의 보고회를 실함이 바람직하다.

수입지출보고서는 작성요령은 다음과 같다.

수입의 총 가용 임대료는 건물별로 임대할 부동산의 종류별 수에 표준임대료를 곱하여 산출하며, 이때 부동산 종류별 표준임대료는 주변의 임대료 및 임대료 변화 추세를 고려하여 적용하여야 한다.

예를 들면 다가구의 경우 신축 시 임대료는 건축주가 임대용 부동산을 매매하기 위하여 투자수익을 높인 임대료이므로 신축한 임대부동산을 매입한 임대사업자는 자신의 임대부동산과 유사한 주변의 임대료를 고려하여 임대료를 다시 산정하여야 한다.

공실공제를 계획 시는 주변의 임대부동산의 공실 실정을 파악하여 공실률을 적용하고, 실제 발생한 공실로 인한 발생한 손실을 기록한다.

공실은 계약과정에서 입주일과 전 임차인에게 지급하는 보증금 반환일이 일치하지 아니하는 데서 많은 발생이 일어나고 있으며, 주변의 유사한 임대부동산의 신축으로 인하여 상당한 기간 발생하는 공실 등이 있다.

이때 공실의 손실에는 보증금의 공실기간의 이자손실도 같이 고려하여야 함을 착안하여야 한다.

실제 가용임대료는 해당 기간에 발생한 공실액을 총가용임대료에서 감한 금액으로 실제 수입으로 들어온 임대료를 말한다.

수입지출보고서는 서식 #21을 참조한다.

2. 관리보수(관리수수료) 산출[1]

    관리보수 산출은 임대관리업자의 수입요소 중 가장 기본이 되는 재원이면서 임대료 수입에 많은 영향을 주는 요소이다. 즉, 임대사업자는 이 관리보수가 소유주로부터 임대관리사업을 대신 관리해주는 대가이므로 실질적인 급여인 것이다.

2.1. 관리보수 구성요소

    임대관리업자가 임대대상건물을 관리함에 있어서 소요되는 비용을 보면 크게 직접비용과 간접비용으로 구분할 수 있다.

2.1.1. 직접비용

    직접비용이란 임대관리업무에 직접 소요되는 경비를 말하며 다음과 같다.

가. 관리요원의 급여

나. 사무실 임대료

다. 사무실 집기 및 설비 구입비 또는 감가상각비

라. 설비 유지관리비 또는 설비 임차료

마. 우편료

바. 문구, 사무용품비

사. 사업홍보비

아. 차량구입비 및 유지비

자. 보험료

차. 법률자문비

카. 회계감사비

타. 공공요금

---

1) Robert C. Kyle 저, 신창덕 외 3인 역, 『자산관리』, 부연사, 2005. 3. 20. pp.384~392.

파. 세금

하. 기타 전문 기술자 기술료

2.1.2. 간접비

간접비는 임대관리업무를 수행함에 있어 직접적으로 투입되는 비용은 아니나 임대관리사무소가 입점함으로써 수입되거나 지출되어지는 비용을 말한다.

임대관리건물에 관리사무소나 부동산중개사무소가 입점한 경우, 청소도구 창고 등을 직접 사용하는 경우 이러한 시설들이 입점하지 않았다면 들어올 임대료 수입을 무료로 사용함으로 수입의 감소량, 관리사무실 등에서 사용하는 전열기나 수도료, 공동으로 하는 회계감사 등 회계비의 일부를 부담하는 것을 말한다. 이 간접비는 임대인, 즉 임대사업자 입장에서는 수익성에 영향을 줌으로 판단하고 계산되어야 한다. 이 간접비는 전체 운영비의 25% 정도 소요되고 있으나 직접비보다는 잘 드러나지 않음으로 임대관리업자의 경우 경시되고 있다.

2.2. 관리보수 산출

2.2.1. 관리비 보수 산출에 미치는 영향요소

관리비 항목별 실제 비용을 결정하여 산출하는 데 그 항목은 다음과 같다.

가. 관리의 위험도

나. 건물의 크기

다. 임대인의 수익률

라. 임대관리업자의 수익

마. 지역 임대관리시장 상황

바. 임대사업자의 성향

2.2.2. 관리보수의 범위

　관리보수의 범위는 총수입에 따라 결정되며, 미국의 경우에는 대략 총수입의 0.5~10% 범위 내에서 실시되고 있다.

　우리나라는 이에 대한 규정은 없으며, 일반적으로 소유주와 임대관리업자 간에 관리범위에 따라 합의에 의해 결정하고 있으며 오피스텔의 경우는 개별로 1개월분의 임대료를 관리보수로 지불하기도 하고, 주택의 경우는 총 임대료의 1%를 지불하기도 한다. 또 임대차관리의 경우에는 전속중개 또는 독점중개계약을 체결한 경우 중개보수를 관리보수로 하기도 하고, 일부는 총 임대료의 최대 12분의 1을 관리보수로 지불하기도 한다.

2.2.3. 관리보수 산출

　관리보수 산출은 관리하는 데 소요되는 비용에 기초로 산출하는 방법이 있고, 다른 하나는 수행하는 업무량에 의해 산출하는 방법이 있다.

2.2.3.1. 관리하는 데 소요되는 관리비용에 기초하는 방법

1단계 단위당 관리비용 산출

　관리하는 데 소요되는 비용(단위당 관리비용)에 기초하여 관리보수를 산출하는 방법은 임대관리보수 산출의 가장 기초적 산출방식으로, 임대 관리할 건물 수를 단위로 하여 산출하는 방법이다.

　단위당 관리비용을 산출하기 위해서는 먼저 1년 동안 임대관리를 운영하면서 건물별로 지불한 직접비와 간접비의 총 비용을 산출하여야 한다.

　따라서 임대관리를 계속해 온 경우에는 지난 1년간 지불한 직접비와 간접비의 총 합계액으로 산출하고 산출된 총합계금액 물가상승률이나 이윤을 합하여 이를 관리하고 있는 건물 수로 나누어 건물당 소요비용을 산출한다.

　신규로 임대관리업을 수행하는 경우나 새로운 건물에 대한 관리보수를 산출하는 경우는 유사한 건물의 경험이나 협회나 정부의 통계자료를 이용하여 산출한다.

　총 관리비용은 건물유형별로 단위별 총 비용이 산출되면 여기에 건물 수를 곱하여 건물유형별 관리비용을 산출하고 각 건물유형별 관리비용을 합산하여 산출한다.

단위당 관리보수는 총 관리비용에 이윤을 더한 값을 관리할 건물 수로 나눔으로써 산출된다. 즉, 단위당 관리보수 산출공식은 다음과 같다.

단위당 관리보수 = (총 관리비용 + 이윤) ÷ 건물 수

이때 이윤은 미국의 경우는 산출된 관리비 총액의 10~20%를 적용하고 있다. 그러나 우리나라의 경우는 별도로 규정된 바는 없고 지역 및 임대인과 합의에 따라 상이하게 적용하고 있다.

이렇게 산출된 관리보수는 건물 수나 건물 단위에 상관없이 받아야 하는 최소한 단위당 수수료를 의미한다.

2단계 단위당 관리보수의 조정

단위당 관리보수의 조정이 요구되는 사유는 임대관리업자의 임대관리상황이 표준화할 수 없고 관리해야 할 상황이 각각 상이하므로 단순이 건물 단위만을 고려하여 산출한 단위당 관리보수의 조정은 불가피하다.

예를 들면 대단위 임대관리부동산에 비하여 소단위 임대관리부동산은 그 관리비용이 더 지불되기 때문이다. 즉, 관리할 임대 수가 200호 또는 300호인 단일 건물을 관리할 때 지불하는 관리비용과 10호 단위 건물 20개 내지 30개를 관리할 때 지불하는 관리비용은 200호 또는 300호의 단일 건물에 지불하는 관리비용이 훨씬 싸게 지불된다.

따라서 임대관리업자가 단위당 산출한 관리비용을 조정할 때 착안하여야 하는 요소는 다음과 같다.

가. 건물상태: 유지보수가 요구되는 정도(심각, 불량, 보통, 우량)

나. 건물의 산포 정도: 관리자의 이동소요 시간

다. 내부문제 유무(소송 중, 소송가능성, 입주자의 갈등 정도 등)

라. 지역의 발전 정도(개발 중, 안정기, 쇠퇴기, 침체기 등)

마. 소유주의 관심도(적극적 관리, 보통관리, 착취식 관리)

먼저 건물 상태의 경우에는 매 건물마다 유지보수 상태가 심각, 불량, 우량에 따라 수리할 요소와 수리비용이 상이하다.

다음 임대관리 해야 할 건물의 단위와 산포 정도에 따라 임대차관리 및 시설관리 등을 담당한 관리자의 활동 소요시간이 달라지므로 관리해야 할 건물 수가 달라진다. 따라서

임대관리 할 인원이 추가되어야 하거나 임대관리 할 시간의 더 요구된다.

다음 건물 단위별로 임대인과 임차인 간 또는 입주자 상호 간에 소송 중이거나 소송할 가능성을 안고 있는 경우 그리고 입주자 및 임차인 간에 갈등이 심하여 관리하는 데 계획된 시간에 관리할 수 없는 등 내부문제가 있는 경우에도 관리시간이 추가로 더 소요되므로 관리비의 조정은 불가피하다.

다음 당해 건물이 위치하고 지역의 발전 정도 안정도 등도 관리비산출에 영향을 준다. 즉, 개발 중에 있는 경우에는 하자보수 기간 중에 있으므로 수리비용이 추가로 요구되지 않겠으나 안정기나 쇠퇴기 그리고 침체기에 있는 건물의 경우에는 방범비 등 사회적 병폐에 소요되는 시간과 비용이 추가로 요구된다.

또한 임대사업자(소유주)의 당해 건물에 대한 관심도에 따라 관리비용 산출이 달라진다. 즉, 단위당 관리비용의 산출은 건물 단위당 평균적인 관리비의 소요이다. 그러므로 소유자 당해 건물의 유지관리에 관심이 높아 더 좋은 상태를 유지하기를 원하거나 반대로 건물의 노후화가 요구되더라도 일반적인 관리사항을 줄이도록 요구하는 경우가 있어 당해 건물별 관리비용은 상이할 수 있다.

단위당 관리비의 조정은 당해 건물별로 조정할 요소가 상이하므로 상황마다 전문가의 의견과 견적을 받아 관리비용에 적용하여 산출한다.

이러한 추가 조정된 관리비용이 산출되면 임대관리업자는 임대사업자(소유자) 별로 관리수수료율도 재조정한다.

3단계 관리보수율 산출

관리보수율을 산출하여야 하는 이유는 임대관리업자의 행정업무를 편의하게 하고, 임대사업자(소유주)는 임대사업 수익성을 판단하고 임대건물의 처분여부를 결정하는 데 필요하기 때문이다. 또한 관리보수율 산출은 임대관리업자가 임대사업자와 관리보수를 협상하기 위한 판단의 기준이기 때문이다.

관리보수율을 산출하는 요령은 건물 소유자별로 총수입을 산출하고 공실 등의 수입 감소금액을 차감하여 계산된 금액으로 나누어 산출한다.

이를 산출공식으로 나타내면 다음과 같다.

$$관리수수료(\%) = \frac{조정된\ 단위당\ 수수료 \times 총단위수}{연간\ 산출가능한\ 총수입 - 감소손실액(공실\ 등)} \times 100$$

$$= \frac{수수료금액}{징수가능한\ 총수입} \times 100$$

예를 들면 연간 총 수입이 5,000만 원인 12세대 건물이 있다. 그리고 산출된 조정된 단위당 보수가 1.8만 원이고, 공실율이 10%인 임대사업자의 건물을 임대관리 한다고 했을 때 관리보수율은 다음과 같다.

$$관리수수료율(\%) = \frac{1.8만\ 원 \times 12세대}{5000만\ 원 - (5000만\ 원 \times 0.1)} \times 100$$

$$= \frac{21.6만\ 원}{4500만\ 원} \times 100 = 0.48\%$$

임대관리업자는 임대관리업을 함에 있어 일정한 관리보수를 확정하여 받기를 원한다. 또한 외지에 거주하거나 임대수입을 안정적으로 얻고 싶은 임대사업자는 일정한 관리수수료를 주고 전문임대관리업자에게 맡기고자 한다. 이때 합리적이고 과학적인 관리수수료율을 산출하여 임대사업자와 협상한다면 임대사업자는 쉽게 이해할 수 있고 신뢰할 수 있어 협상이 쉽게 이루어질 수 있다.

2.2.3.2. 업무량(관리가격표)에 기초하여 산출하는 방식

관리가격표 방식은 임대건물에 대한 임대관리 할 항목별로 수행관련자들의 활동비를 책정하여 관리보수를 산출하는 방식이다.

관리가격표방식은 신규건물에 대한 임대관리상담(컨설팅) 지도나 분양건물에 대한 초기 임대관리 때 많이 이용하는 방식으로 위탁임대관리 시에도 이용할 수 있는 방식이다.

관리가격표 방식은 임대관리 활동 요소별로 사전 합의하고 이를 수행하는 대가를 임대관리업자가 매월 고정금액으로 지급받는 방식이다.

관리가격표 작성은 각 요원별로 임무에 기초하여 활동 항목별 시간당비용, 활동건수, 월 총 활동건수로 작성한다.

관리가격표 방식에 의해 관리수수료를 산출하는 것을 서식 #28을 참조한다.

2.2.4. 관리보수 산출 착안사항

임대관리업자도 사업이므로 적절한 이윤이 창출되어야 한다. 그러나 주변과의 경쟁하는 상황에서 과도한 이윤 창출은 사업을 수주받지 못할 수도 있다.

따라서 관리보수가 높을 경우 임대관리 시장에서 경쟁력을 상실하게 되며, 임대관리 시장에서 나쁜 인식이나 소문으로 사업실패로 연계되게 된다.

그렇다고 반대로 관리보수를 너무 낮게 책정하면 직원들의 이직이 잦아지게 되고, 이로 인하여 임차인에게 제대로 서비스를 제공하지 못할 뿐만 아니라 재무구조 악화로 사업에 타격을 받게 된다. 그러므로 임대관리업자는 매년 자체의 관리사항을 재검토하고 주변의 관리보수 상태와 관리방법 등을 조사하여 경쟁력을 갖출 수 있는 방안을 강구하여야 한다.

그리고 소유자와 매년 관리계약 체결 시 이를 반영할 수 있도록 하여야 한다.

3. 수익성 판단 및 결정

부동산임대관리사업은 임대사업자의 자산을 대신하여 관리하는 것임으로 임대관리업자는 반드시 사업성이 있는지에 중점을 두고 판단하고 소유자(임대사업자)는 투자할 만한 가치가 있는 것인지 그리고 투자한 자금은 언제쯤 회수가 가능한지에 중점을 두고 수익성 판단을 해보아야 한다.

3.1. 임대사업자를 위한 수익성 분석

먼저 임대사업자가 수익성을 판단하는 방법에는 3가지가 있다.

즉, 손익분기점 분석방법, 투자수익률 분석방법, 자본환원법 등이다.

3.1.1. 손익분기점 분석(BE: Break Even Analysis)

손익분기점 분석방식은 부동산 수익성을 판단하는 가장 보편적인 방식으로 부동산 임대료와 관리비를 결정할 때 이용하는 방식이기도 하다.

임대관리업자나 임대사업자는 손익분기점을 분석하여 수입이 지출을 초과할 때 수익성이 있는 것으로 판단한다. 즉, 제1금융권의 1년 정기예금 이자율의 1.5~2배의 수익률이 발생할 때 수익성이 있는 것으로 판단하고 있다.

손익분기점을 구하는 방식은 손익계산서를 작성하여 손익분기점을 계산하는 공식에 의하여 구한다.

3.1.1.1. 손익계산서에 의한 손익분기점 판단방법

손익계산서에 의한 방식은 총 수입과 총 지출을 항목별로 열거하여 작성하는 방식으로 판단한다.

손익계산서에 의한 방식으로 판단하기 위하여서는 먼저 총 지출을 항목별로 열거하여 총 지출액을 결정한 뒤 총 수입으로 관리비, 임대료 수입, 그리고 기타 수입이나 잡수입 등을 결정하여 판단한다.

3.1.1.2. 손익분기점 산출공식에 의한 방법

손익분기점은 고정비용을 분자로 하고 가변비용을 수입액으로 나눈 값을 100에서 뺀 값으로 나눈 값에 100을 곱하여 산출한 값이 손실이 나지 않는 값이 되어야 한다.

이를 계산식으로 표시하면 다음과 같다.

$$손익분기점(BE) = \frac{고정비용\cdot(저당차입원리금\ 지급액 : FC)}{(100 - 가변비용\cdot비율(VCR))} \times 100$$

-. 가변비용·비율(VCR) = 가변비용 ÷ 예상되는 수입 합계 × 100

  예: 연간수입 140,000원, 가변비용: 28,000원, 고정비용: 112,000원

    가변비용·비율 = 28,000원 ÷ 140,000원 × 100 = 20%

    손익분기점 = 112,000원 ÷ (100 - 20) × 100 = 140,000원

3.1.2. 투자수익률(ROI: Return On Investment)

부동산임대관리업에서 투자수익률을 분석하는 것은 일반적인 투자의 경우와 동일하다. 다만, 부동산임대관리업에서 투자수익률을 판단하는 자는 임대사업자인 임대부동산 소유자와 임대관리를 위탁받은 임대관리업자이다.

그래서 임대관리업에서 투자수익률을 분석하는 것은 투자여부를 대략적으로 판단하는 기준을 정하기 위하여 사용한다. 투자수익률은 부동산과 증권 및 예금 중 어떤 방향이 적절한지를 선택하는 데 이용하는 것으로 다른 투자방법에 대한 기회비용을 비교하여 결정하는 데 주로 사용한다. 또한 임대관리 부동산을 계속 임대사업 할 것인지 아니면 매각을 할 것인지를 판단하는 데도 사용한다.

부동산임대관리업에서 투자수익률은 제1금융기관의 1년 정기예금 이자율이나, 국채나 지방채의 이자율보다 높아야 한다. 그 이유는 정기예금 이자율이나 채권의 이자율은 수수료를 제외한 이자가 순수입이나, 부동산임대관리업은 관리에 필요한 비용과 임대관리사업에 필요한 비용이 소요되며, 이 비용은 예금이나 채권의 이자율보다 크기 때문이다.

그 크기가 어느 정도여야 하는지는 소유주의 요구에 따라 상이할 수 있으나 보편적으로는 최소한 비용을 제외한 순수입이 예금이나 채권의 이자의 순수입과 같거나 그보다 높아야 한다. 일반적으로는 제1금융권의 1년 정기예금 이자율의 1.5~2배 정도의 수익률이면 투자자는 투자를 하고 있다.

3.1.2.1. 투자수익률 산출공식

투자수익률을 판단하기 위한 계산식은 다음과 같다.

$$투자수익률(ROI) = \frac{세후\,현금흐름(ATCF)}{부동산에\,대한\,자기\,자본\,투자액(E)} \times 100$$

세후 현금흐름(ATCF: After Tax Cash Flow)
부동산에 대한 자기 자본 투자액(E: Equity)

<예> 부동산 가격: 6억 원

부동산 구입 시 총 소요비용: 4,200만 원(세금 포함)

보증금: 1억 9,260만 원

융자: 1억 2,000만 원, 은행 이자율: 4.5%

월 총 임대료 수입: 250만 원

<풀이> 세후 현금흐름 = 2,460만 원

[3,000만 원(= 250만 원 × 12) - 540만 원(= 1억 2,000만 원 × 0.045)]

부동산 투자액 = 3억 2,940만 원

(6억 4,200만 원 - 1억 9,260만 원 - 1억 2,000만 원)

투자수익률 = 7%(2,460만 원 ÷ 3억 2,940만 원)

투자수익률 7%는 은행예금금리의 3배에 가까운 수익률로 매우 높은 투자가치가 있는 임대물건이라 볼 수 있다.

임대관리업자나 소유자가 임대관리 사업을 함에 있어 투자수익률이 낮은 경우 투자수익률을 높이는 방법에는 다음과 같다.

① 임대료 또는 관리비를 높이는 방법

② 기타 수입을 늘리는 방법

③ 운영비용을 줄이는 방법

④ 금융비용을 줄이는 방법

⑤ 감가상각률을 감소하는 방법

⑥ 세금을 조정하는 방법

3.1.2.1.1. 임대료 또는 관리비를 높이는 방법

투자수익률을 높이기 위하여 가장 일반적으로 생각하는 방법은 임대료를 높이는 방법이며, 다른 한 방법으로 관리비를 준 임대료로 간주하여 관리비를 높임과 더불어 관리비 지불은 감소시키는 방법을 많이 사용한다.

투자수익률을 높이는 가장 정확하고 쉬운 방법이기는 하나 부근의 다른 임대관리 부동산의 임대료나 관리비와 비교될 수 있으며, 이로 인하여 공실이 증가될 수 있으므로 충분한 조사와 분석 그리고 임대관리 부동산의 차별화가 병행되어야 한다.

3.1.2.1.2. 기타 수입을 늘리는 방법

기타 수입을 늘리는 방법이란 임대관리 부동산의 남은 공간을 적법한 절차에 의해 최대한 이용하여 수입을 증가시키는 방법을 말한다.

이 방법은 임차인에게 부담을 증가시키지 않으면서 임차인의 주거생활의 편의를 제공할 수 있다는 장점이 있다.

다만, 당해건물의 건축제한이나 용도제한에 관한 법규를 면밀히 검토하는 것이 선행되어야 하고, 그 외에 위생법 등의 관련 법규도 면밀히 검토하여 개축 및 용도변경 등이 이루어져야 한다.

기타 수입을 늘리는 방법으로는 커피 자판기 운영, 담배자판기 운영, 거주자 식당 운영, 행정업무 대리자 운영, 창고운영, 현금인출기 운영 등 다양하다.

3.1.2.1.3. 운영비용을 감소시키는 방법

운영비용을 줄이는 방법은 일반적으로 많이 사용하고 있다. 그러나 이 운영비용을 줄이는 방법은 운용비용을 절약한다는 장점은 있으나 대신 서비스 질이 나빠질 수 있으므로 적절한 균형이 요구된다. 특히 기본 임무가 훼손될 정도라면 임대관리업무를 해약하는 것이 바람직하다.

운영비용을 절약하는 방법으로는 인건비를 줄이는 방안, 주기적인 정비를 통하여 수리비용을 감소시키는 방안, 양질의 임차인을 유치하여 소모품(도배 등) 비용을 절약하는 방안 등이 있다.

또 공동전기나 수도료 등을 절약하기 위하여 승강기의 운영 층수를 제한하는 방안, 화장실 등의 전구를 센서 등이나 LED전구로 교체하는 방안 등 다양하게 있다.

3.1.2.1.4. 금융비용을 줄이는 방법

금융비용을 줄이는 방안은 당해 부동산의 이미지를 향상시키면서 통상경비를 줄임으로써 수입을 늘릴 수 있다. 다만 대출금리가 높은 경우에는 수익률이 떨어질 수 있으므로 이를 착안하여야 한다.

즉, 평상시는 금융비용을 줄여 운영하고 매도 시에는 대출을 약정한 금액으로 인출할 수 있도록 하는 것도 한 방안이다. 따라서 신축 시 대출받은 근저당을 상환은 하되 말소하거나 감액하지 말고 운영하되 임차인을 위하여 매 임대차계약 시 계약서에 대출금 잔

고확인서를 첨부시켜주고, 매매 시는 다시 설정금액을 인출하여 매수자의 매수부담을 줄이는 것이 환금성에 유리하다.

3.1.2.1.5. 감가상각률을 낮추는 방법

감가상각률을 낮추는 방법은 아직은 우리나라에서 임대사업자나 임대관리업자에게 매우 어려운 부분이나 미래를 위해서는 발전되어야 할 부분이다.

감가상각률을 감소하는 방법은 임대사업자가 주기적으로 수리를 하여 건축물 및 각종 장비의 수명을 연장하는 방안으로 다가구 등도 공동주택처럼 장기 수리계획의 필요성이 요구된다. 특히 임차인이 몸만 입주할 수 있도록 각종 생활필수품을 옵션으로 설치한 임대건물에서는 각종 비품 및 장비의 수명 연장이 연장되면 교체비용을 감소시킬 수 있으므로 매우 중요한 비용 감소방안이다.

3.1.2.1.6. 세금을 조정하는 방법

세금을 조정하는 방안은 세법상의 비과세나 감세 특례를 최대한 활용하는 방안이다. 여기에는 정부의 지원을 받을 수 있는 방안도 포함된다.

세금을 조정하는 방안으로 간이과세자는 필요경비의 세액공제가 없으나 일반과세자는 세액공제 요소들이 많이 있으므로 그 요소들을 파악하여 일반과세가 절세할 수 있는 방안이면 일반과세로 전환하는 방법도 있다.

또 장애인을 고용하면 정부의 고용비용지원을 지원받을 수 있고, 매년 개별공시지가 열람 시 평상시는 과세표준을 낮도록 유도하고 보상이나 매도 시는 감정평가액이 높이 나올 수 있도록 현실화를 건의하는 것도 한 방안이다.

3.1.3. 자본환원율(CR: Capitalization Rate)

자본환원율은 순 운영수익을 부동산가치로 나눈 비율을 말하며, 바꾸어 말하면 동산가치를 순 영업수익으로 회수할 수 있는 기간이라 할 수 있다.

자본환원율은 당해 부동산의 수익을 판단하는 지표 중의 하나로 자본환원율이 높으면 수익률도 높아지며, 자본 회수기간도 그만큼 단축되나 대신 투자위험률은 높다고 할 수 있다. 따라서 자본환원율은 위험수준을 나타내기도 함을 알 수 있다.

자본환원율을 산출하는 공식은 다음과 같다.

$$\text{자본환원률}(CR) = \frac{\text{순영업이익}(NOI)}{\text{부동산가치}(V)}$$

순 영업이익(NOI)는 총 운영수익에서 운영비용을 제한 이익을 말하는데 부동산임대관리업에서는 일반적으로 총 연 임대수익을 적용하여 산출하고 있다.

부동산가치에 대해 부동산임대관리업에서는 부동산 매입 시 총 비용을 말하며 일반적으로 부동산가격에 구입 시 들어간 비용 총액을 더하여 산출한다.

<예> 부동산 가격: 6억 원

부동산 구입 시 총 소요비용: 4,200만 원(세금 포함)

보증금: 1억 9,260만 원

융자: 1억 2,000만 원, 은행이자율: 4.5%

월 총 임대료 수입: 250만 원

<풀이> 세후 현금흐름 = 2,460만 원

(3,000만 원(= 250만 원 × 12) - 540만 원(= 1억 2,000만 원 × 0.045))

부동산 투자액 = 6억 4,200만 원

자본환원율 = 4%(2,460만 원 ÷ 6억 4,200만 원)

자본환원율은 투자수익이 은행에 저금한 것보다 높은 환원율이나, 수익률은 낮은 반면 비교적 임대료 수입이 안정적으로 낮은 만큼 위험 수준도 적다고 볼 수 있다. 이처럼 자본환원율이 낮은 임대물건은 임대료가 낮은 편에 해당하므로 임대료 증가요소가 있을 수 있고, 공실이 매우 적을 수 있다.

3.2. 임대관리업자를 위한 사업성 판단

3.2.1. 자기관리형의 사업성 판단

자기관리형 임대관리사업자는 사업성을 판단할 때 수입요소를 정확하게 도출하여야 한다. 즉, 인적 요소로부터 도출되는 것으로는 임차인의 임대료와 공사 및 물품업체로부터 획득되는 사례금 그리고 소유주가 지불하는 관리보수 등이 있고, 물적 요소에서는 소유주가 지불해야 하는 시설유지관리비, 임차인이 지불하는 시설관리비, 운영사업에서는 식당운영수입, 자판기 운영수입, 휴게실 운영수입, 공간을 이용하여 운영하는 창고운영수입, 행정 및 업무 대행으로 인한 대행수수료 수입 등이 있고 기타 이자수입 등이 있다.

지출요소로는 주로 시설관리와 관련된 지출이 대부분이고, 세금 및 보험 그리고 인건비 및 중개보수 등이 있다.

판단에 사용하는 요령은 임대사업자의 수익성판단을 이용하는 방법이 있고, 간이판단으로 서식 #10을 이용하여 판단할 수 있다.

3.2.2. 위탁관리형 임대사업자 수익성 판단

위탁관리형 임대관리사업자의 수익성판단은 임대차관리업무를 수행하는 부동산중개업자와 시설관리업무를 수행하는 시설관리업자가 고려된다.

특히 부동산중개업자의 경우보다 시설관리업자는 임대관리대상물건의 형태에 따라 임대인 및 임차인이 지불하는 시설관리비가 있는가 하면 임차인이 지불하는 시설관리비만으로 수익성을 판단하게 된다.

부동산중개업자는 임대관리범위에 따라 전담 중개담당자를 두고 운영하게 되므로 이 담당자에게 지불하는 인건비 이상의 중개보수가 나오도록 수익성이 검토되어야 한다.

시설관리업자의 수익성은 시설수선에 대한 수입은 기대할 수 없으며, 주로 임차인이 지불하는 시설관리비 중 청소 등 환경과 관련된 비용으로 수익성을 판단한다.

예를 들면 다가구 예를 들면 청소요원에게 1개 동당 5만 원을 기준하여 청소 및 환경관리를 시키고 있어 약 50동 이상을 관리하여야 사업성이 있게 된다.

4. 기타 재무관리

4.1. 사업자 등록

「주택법」 규정에 의하여 자기관리형의 경우에는 100호 이상, 위탁관리형의 경우에는 300호 이상일 경우 사업자 등록을 하여야 하며, 그 이하일 경우 개업공인중개사는 「공인중개사법」에 의거 임대관리대행을 할 수 있고, 기타 사업자는 별도의 사업자 등록 없이 해당분야 사업자등록으로 시행할 수 있다.

그리고 임대사업자는 임대주택법에 의거 1호 이상을 임대사업 하는 경우 임대사업등록을 하여야 한다.

4.2. 원천징수증명서 발행

피고용인을 고용한 경우 피고용인의 급여에 대해 원천징수명세서를 작성 유지하여야 하며, 피고용인이 이의 발행을 요구할 경우 하시라도 발행하여야 한다. 특히 최근 장애인 고용법이나 고용촉진법에 의해 정부로부터 임금의 지원을 받을 수 있는 사항을 파악하여 이를 재무관리에 적용하도록 준비하여야 한다.

4.3. 세금 신고

임대관리업자는 임대관리와 관련된 부가가치세, 종합소득세, 4대보험, 법인세 등의 제세금에 대한 규정을 정리하여 관할 지자체 및 세무서 그리고 노동청에 월별, 분기별로 신고할 요소를 파악하여 세금신고를 하여야 한다.

4.4. 보험업무

재무관리업무 중 중요한 관리 중의 하나는 보험관리이다.

보험에는 화재보험, 재해보험, 건축물 및 기계·설비보험, 자동차보험, 산재보험, 책임보험, 임대보증금반환보장보험, 기타 전기 등의 안전보험 등이 있으며, 이외에 소방 및 전기 안전관리자 등의 위탁 및 고용관계도 관리되어야 한다.

제2절 사무실 운영

등록 여부에 관련 없이 부동산임대관리업자는 부동산임대관리업무와 이와 관련된 행정업무를 수행하기 위해서 사무실 운영이 요구된다.

부동산임대관리업과 관련된 기본법인 「공인중개사법」과 「주택법」의 규정에 의해 사무실은 구비하도록 하고 있으며, 특히 「주택법」은 그 규모나 시설 기준을 따로 정한 바는 없다. 다만 「주택법」에서 규정한 전문인력을 자기관리형의 경우에는 2인 그리고 위탁관리형의 경우에는 1인이 상주하도록 하고 있어 이들이 상주하기 위해서는 사무실은 필수적으로 운영되어야 한다.

부동산임대관리업자 중 주택임대관리업자는 「임대주택법」, 공인중개사로서 부동산임대관리업 대행을 하는 경우에는 2014년도 7월 29일부터 시행되는 「공인중개사법」의 인력 및 사무실관리에 관한 규정을 유추 적용하여 사무실을 설치하면 된다.

이때 자기관리형이 아닌 위탁관리형의 임대관리업자는 위탁업무의 범위에 따라 기존의 사무실을 이용하여 임대관리업을 위한 업무를 병용할 것인지 아니면 별도의 사무실을 운용할 것인지를 판단하여야 한다.

예를 들면 임대차관리를 위탁받은 개업공인중개사의 경우에는 임대차관리 외에 시설관리나 안전관리 또는 위생관리 등을 추가 위탁관리 한다면 관리에 필요한 시설 및 장비가 요구되므로 기존의 부동산중개사무소로는 혼잡하여 병용하기가 곤란할 것이다. 또 시설관리업자의 경우도 임대차관리를 추가로 위탁받았을 경우 공인중개사를 채용하여 개설등록하고 운영하여야 하므로 중개사무소가 별도로 요구되어 기존 사무실을 병용하기는 곤란하다. 따라서 이런 경우에는 별도의 사무실을 운영하거나 사무실을 확장하여야 할 것이다.

또한 임대관리업을 위한 사무실 설치는 관리해야 할 임대관리 부동산의 수에 의해 영향을 받는다.

즉, 정부는 「주택법」에 임대관리 할 건물의 호수가 자기관리형의 경우 100호 이상, 위탁관리형의 경우는 300호 이상이면 주택임대관리업을 등록하도록 규정하고 있는 것으로 보아 관리사무소가 있어야 한다고 판단한 것 같다.

그리고 사무실에 근무하여야 할 인원의 수에도 영향을 받게 된다.

부동산임대관리업무를 수행하기 위해서는 임대차관리를 할 임대차 관리자, 시설관리를 위한 시설관리자, 재무관리와 행정관리 그리고 통신업무를 담당할 재무담당자가 최소한 요구되고 있다.

1. 사무실에서 수행하는 업무

1.1. 업무분야

임대관리사무소에서 수행하는 업무는 다음과 같다.

① 임대차관리

② 시설관리 및 안전관리

③ 환경 및 위생관리

④ 행정 및 재무관리

이 중 임대차관리는 부동산중개사무소에서 수행하므로 임대관리사무소에서는 시설관리업무, 행정업무, 재무관리업무를 수행한다.

1.2. 행정업무

행정업무에는 인허가에 관련된 업무, 임차인 관리와 관련된 업무(입주자카드 징구 및 임대료 및 관리비 수급 관련업무, 소송업무 등), 문서작성 및 결재, 수발, 보관업무, 광고업무, 수리 및 작업 견적과 관련된 업무, 재무관련 서류 작성 및 결재, 입금 및 지불업무, 각종 법규 및 규정과 유지 및 관리, 보관업무, 장비 및 비품 재산 관리 업무 등이 있다.

임대관리업무의 행정업무를 수행하기 위한 일반적으로 요구되는 문서는 다음과 같다.

① 임대차 파일: 임대차계약서, 입주자 카드, 임차인 신용정보 자료(필요시), 임대료 수납 현황, 입주 및 퇴실 계획서, 기타 임대차 관련 서류

② 문서 파일: 문서 발송대장, 접수대장, 결재서류철, 광고철, 회의록철 등

③ 수리 및 공사 견적서 파일: 수리견적서, 공사견적서, 수리계획서, 순찰계획서, 수리의뢰서, 작업계획서 및 지시철 등

④ 재무파일: 사업계획서, 사업예산 편성철, 재무보고서철, 금전출납부, 손익계산서철, 감사보고서 및 결과철, 전표 및 지출증빙철 등

⑤ 법규 및 규정철: 임대관리업 관련 법규철, 규약 및 규정철 등

⑥ 장비 및 비품철: 장비철, 공구철, 비품철, 장비 및 공구 지불계획서 등

1.3. 시설관리업무

시설관리업무는 통상 위생 및 환경업무를 포함하여 업무를 수행한다. 시설관리업무의 주요업무내용은 각 호실별 시설카드 작성 유지, 시설 설치 및 수리계획 수립 및 집행, 안전 및 위생 순찰계획 수립 및 집행, 시설 및 위생 그리고 환경 개선계획 수립, 시설 개별화 또는 특화계획 수립, 기타 임무수행 결과에 대한 분석 및 보고 등의 처리업무 등이 있다.

1.4. 재무업무

재무업무는 임대료 및 관리비 등의 수입원에 대한 징구 및 연체자 독촉업무, 재무분석 업무와 개선업무, 사업예산 편성업무, 임대인에게 보고하는 보고서 작성업무, 내·외부

감사 준비업무 등이 있다.

사무소에서 수행하는 업무는 관련업무의 각 장에서 구체적으로 토의한다.

2. 사무실 인원

사무실 인원은 업무량과 관리수입에 영향을 받는다. 즉, 자기관리형의 임대관리의 경우에는 상주할 전문인력 2명 이상이 근무하여야 하고 최소 행정 및 재무업무를 수행할 요원이 요구되므로 최소 3명은 요구된다.

반면 위탁관리형의 임대관리의 경우에는 임대차관리를 위탁받은 부동산중개업소는 기존요원으로 수행이 가능하나 300호 이상의 경우에는 임대차관리대상 건물에 대한 임대차관리요원 1명이 추가로 요구될 수 있다.

위탁관리형의 임대관리 중 시설관리업무만을 위탁받은 임대관리업자는 주택관리사나 전기 및 설비 전문가의 상주가 최소한 요구되며 시설관리는 관리해야 할 요소가 다양하고 상태가 각각 상이하므로 행정관리와 재무관리를 해야 할 요원이 요구된다. 또 300호 이상의 경우에는 시설관리에 필요한 장비나 공구가 별도로 요구되므로 추가적인 관리요원이 요구될 수 있다.

위탁관리형의 임대관리업무 중 환경 및 위생관리는 통상 시설관리업체에서 병행하고 있어 만일 시설관리에서 이를 추가로 위탁받은 경우 이를 위한 요원이 추가로 요구될 수 있다.

위탁관리형 임대관리 중 재무관리는 통상 소유주가 수행하거나 또는 세무사나 회계사에게 위탁하고 있어 별도로 요원을 두지 않고 세무사나 회계사가 기존 요원을 많이 이용하고 있다.

위탁관리형의 임대관리업 중 복합적으로 위탁관리를 하는 경우에는 해당업무를 기존인원이 병행하든지 아니면 추가되는 업무의 전문가를 배치하던지 하여야 한다.

3. 사무실 조직

3.1. 조직표

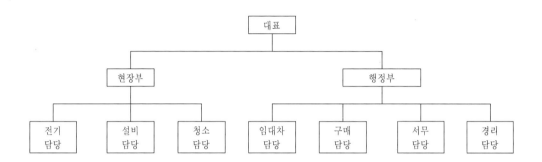

사무실 조직은 업무량과 수행능력에 따라 영향을 받으며, 기본적으로는 위 표에서 보는 바와 같이 현장부(또는 관리부)와 행정부로 구성된다.

임대관리업을 수행하기 위해서는 현장과 행정이 긴밀하게 유지되어야 하며, 현장에 따라 지원도 달라지므로 현장요원과 행정요원으로 구분된다.

현장요원으로는 주로 환경 및 위생을 담당하는 청소요원, 전기 및 설비를 지원하는 전기기사와 설비기사가 있다. 현장요원들은 선임자가 총괄하여 계획 및 감독을 실시하고 대규모 관리가 요구되는 경우와 관리건물이 분산되어 구획을 정하여 관리할 경우에는 이를 총괄할 책임자를 둘 수 있다.

행정부서로는 임대차담당자, 구매담당자, 서무담당자, 경리담당자로 구분되며, 업무량에 따라 통합하거나 분리하여 업무를 수행하도록 한다.

이들 임무에 대한 자세한 것은 3.2항과 같다.

3.2. 임무

부동산임대관리업을 수행하기 위한 각 요원의 임무는 자기관리형을 기준으로 기술하며, 위탁관리형의 경우는 이를 인용하여 사용할 수 있다.

3.2.1. 대표(임대관리업자)

대표가 수행하는 임무는 위탁받은 임대관리업의 성공 및 실패에 대한 책임을 진다. 또한 임대관리업자는 임대시장에 대한 수요와 공급 그리고 변화 추세를 분석하고, 당해 임대건물에 대한 공간을 변경 및 재활용을 통한 수입창출 증대방안을 지속적으로 탐구하고, 재무계획과 관리 그리고 직원의 인사 및 교육 그리고 업무 수행을 감독할 책임을 진다.

임대관리업자는 임대료 및 관리비 그리고 그 외의 수입원에 대한 수금과 연체자 및 불량 임차인에 대한 처리를 하여야 하며, 관리하여야 할 임대차 건물의 순찰 및 점검 그리고 조사를 통하여 유지보수 계획을 수립하고 실행할 책임이 있으며, 물품의 조달 및 구매를 감독한다.

또한 임대사업자와 임대차관리와 시설관리 등의 업무에 관련하여 합의 및 협의를 지속적으로 실시하며, 경영 및 행정업무를 총괄한다.

3.2.2. 임대차관리담당

임대차관리업무는 부동산개업공인중개사나 중개업인만이 수행할 수 있으며, 임대관리업자가 부동산중개업자인 경우에는 별도로 임대차관리업무만을 위한 등록은 요구되지 아니하고, 부동산중개업자가 아닌 경우에는 공인중개사를 채용하여 부동산중개업을 등록하도록 하여 임대관리업체의 부속기구로 두고 운영하거나 기존의 부동산 개업공인중개사나 중개법인과 업무협약계약을 체결하여 운용하는 방법이 있다.

임대차관리업무담당자는 제3장의 임대차관리업무를 수행한다.

3.2.3. 전기담당

전기담당자는 전기기사 및 기능사 자격을 소지한 자로 운용되어야 하며, 전기의 수리 및 설치업무를 수행한다. 즉, 누전점검 및 처리, 누전 차단장치 교체, 전등 및 스위치 교체 및 점검, 텔레비전선 및 인터넷선, 전화선 관리 및 수리 기타 전기관련 업무를 계획하고 수행한다. 전기담당자는 수요에 따라 별도로 채용하지 아니하고 전기업체와 협약하여 운용할 수 있다.

전기업무의 입주자 지원방법은 기본적인 시설의 수리는 관리업자가 수행하나 수리부속품 구입 등의 수리비가 요구되는 부분은 입주자 부담으로 한다.

또한 임차인의 입주 및 퇴실 시 전기시설 확인업무를 수행한다.

3.2.4. 설비담당

설비담당자는 설비기사 및 기능사 자격을 소지한 자로 운용되어야 하며, 상수도 및 하수도 그리고 난방배관과 관련된 업무를 수행한다. 즉, 싱크대 및 화장실 세면기 그리고 욕조, 세탁실, 베란다, 건물외부의 상수도 배관의 교체 및 수리, 하수관의 누수수리 및 악취 오름 방지를 위한 시설, 난방 및 온수시설의 수리, 우수시설의 관리 등의 업무를 수행한다.

설비담당자도 수요에 따라 설비업체와 협약하여 입주자를 지원할 수 있다.

설비업무의 입주자 지원방법은 전기업무 지원과 동일한 방법으로 기본적인 시설의 수리는 관리업자가 수행하나 수리부속품 구입 등의 수리비가 요구되는 부분은 입주자 부담하여 지원한다.

또한 입주 및 퇴실 시 설비시설의 확인업무를 수행한다.

3.2.5. 구매담당

구매담당자는 임대차관리만을 위탁받은 임대관리업자에게는 별도 채용이 요구되지 아니하며, 시설관리업을 위탁받은 자기관리형이나 위탁임대관리업자는 필요에 따라 별도로 채용하거나 경리담당자가 겸무시킬 수 있다.

구매담당자는 시설 및 환경, 위생 그리고 안전과 관련하여 부품구입이나 공사 계약 등의 업무를 수행한다. 또한 구매 담당자는 설비 및 환경, 위생 및 안전 관리담당자와 협의하여 구매 및 공사계획을 수립하고 실행하는 업무를 수행한다.

또한 구매담당자는 최근 사무실 업무를 주로 컴퓨터를 이용하여 수행하므로 컴퓨터와 관련된 업무도 병행하여 실시한다.

3.2.6. 서무담당

서무담당자는 사무실 내의 제반 행정업무와 행정서류 관련한 관리업무를 수행한다. 즉, 임차인의 임대차계약서, 임차인 입주자카드, 임차인의 입주 및 퇴실계획과 입주 및 퇴실 시 주지시킬 사항의 교육 및 확인업무, 입주자의 입주기간 중 수리 및 애로사항 해결요구 사항 등의 접수업무, 관련기관에 보고업무, 회의 시 회의록 준비 및 작성의무, 임대차 외의 분야와 임대인에 대한 업무협약 시 계약서 작성업무, 사무실 내의 서류분류 및 관리, 보관업무 등을 수행한다.

악성 임차인에 대한 법적 처리업무와 외부전화에 대한 응답업무의 주 담당자로 업무를 수행한다.

3.2.7. 경리담당

경리담당자는 재원의 수납과 징구업무를 수행한다. 즉, 임차인의 임대료, 관리비, 기타 수입원의 금원 징구업무와 수납된 자금의 예금 등의 관리업무, 금전출납부 작성 및 유지 관리업무, 연체자에 대한 독촉업무, 전기 및 설비 그리고 위생 및 환경관리자 등의 물품 구매나 공사대금 지급업무, 직원들의 급여 및 보험업무, 주기적인 재무현황보고, 임대인과의 재무보고서 작성업무 등 재무관련 업무를 수행한다.

경리담당자는 서무담당자를 보좌하여 외부전화 등에 대한 응답업무를 수행한다.

4. 사무실 규격

사무실의 규격에 대한 법적 규정은 「주택법」에서는 별도로 정한 바는 없다. 다만 최소의 규모를 임대차관리의 경우에는 「공인중개사법」, 시설관리 임대관리업자의 경우에는 「임대주택법」에서 정한 바를 따라야 하며, 그 이상의 규모는 위탁받은 업무량과 근무인원 수, 보유해야 할 비품 및 장비의 양에 따라 설정하여야 한다.

5. 사무실 위치

　임대관리사무실의 위치는 단일건물의 경우에는 해당건물 내 입주자나 방문자가 접근하기 용이한 곳에 설치함이 바람직하다. 다만, 임대료가 높은 곳은 가급적 피하고, 승강기가 있는 경우에는 제한을 덜 받을 수 있으므로 다소 한가한 지역이 바람직하다.

　임대관리 해야 할 건물이 분산된 경우에는 지역적으로 중심지역에 위치하되 임차인이나 방문객이 접근이 용이한 곳에 설치하고 가급적 지상 1층에 설치함이 바람직하다. 따라서 건축법에 위배되지 아니한 범위 내 중앙지역에 위치한 건물의 외부 출입구나 접근이 용이한 지역에 사무실을 건축하여 운영하거나 관리관련 건물을 겸용하기도 한다.

제8장

임대사업자

진영섭 부동산학 석사

1. 임대사업을 위한 기초지식

부동산임대관리업을 원활하게 수행하기 위해서는 먼저 임대관리업의 대상인 부동산임대사업자이 활발하여야 하고 부동산임대관리업자는 부동산임대업과 임대부동산에에 대하여 잘 알아야 할 것이다.

특히 우리나라에서 부동산임대와 관련된 법 규정을 보면, 일반적인 임대에 관한 규정은 「민법」이 있고, 주택에 대한 임대관련 법규는 「임대주택법」이 있으며, 임대주택도 주택의 일부분이므로 「주택법」과 「주택공급규칙」 정도는 숙지하여야 한다. 그 외에 부동산임대관리자는 「주택임대차보호법」과 「상가건물임대차보호법」까지는 그 내용을 정확하게 알아야 한다.

민법에서는 최소한 계약의 총칙, 즉 계약의 성립, 계약의 효력 그리고 계약의 해제와 해지, 임대차 및 물권에서 전세권에 대한 내용은 기초적으로 알아야 할 것이다.

다음 「임대주택법」에서는 임대사업자에 대한 내용과 임대사업자에 대한 지원 부분을, 「주택법」에서는 임대관리업에 관련된 내용을, 그리고 「주택공급규칙」에서는 임대주택 공급 부분은 숙지하여야 한다.

그리고 주택임대관리업을 등록하고자 하는 자는 「주택임대차보호법」을 전체적으로 숙지하여야 하며, 부동산임대관리업을 하고자 하는 자는 「상가건물임대차보호법」을 숙지하여야 한다.

이 외에 임대차와 관련된 다양한 양상에 대한 법원의 판례를 숙지해두는 것이 필요하다. 특히 임대차와 관련하여 임차인과의 마찰을 최소화하는 것은 수익을 증대시키는 효과가 있으므로 임차인과 마찰을 없도록 하기 위해서는 정부에서 실시하는 임대차 관리 실태와 행정적 처리를 확인하여 적용할 필요가 있다.

2. 임대주택의 종류

현재 우리나라에서 운용되고 있는 임대주택의 종류는 「임대주택법」에 기준한다. 「임대주택법」 제2조에서 보면 우리나라의 임대주택의 종류는 다음과 같이 3가지 종류가 있다.

① 건설임대주택

② 매입임대주택

③ 전세 후 임대주택

건설임대주택이란 "임대사업자가 임대를 목적으로 건설하여 임대하는 주택"을 말한다. 건설임대주택에는 「주택법」 시행령에서 분류한 것을 보면 다음과 같다.

가. 공공건설 임대주택

    1) 국가 또는 지자체의 재정으로 건설하는 임대주택

    2) 국민주택기금의 지원을 받아 건설하는 임대주택

    3) 공공택지에 사업계획승인을 받아 건설하는 임대주택

나. 민간건설 임대주택

다. 장기 전세주택

공공건설임대주택에는 「임대주택법」 시행령 제2조에서는 국가 또는 지방자치단체의 재정으로 건설하여 임대하는 주택과 「주택법」 제60조에 따른 국민주택기금의 자금을 지원받아 건설하여 임대하는 주택 그리고 공공사업에 따라 조성된 택지에 「주택법」 제16조에 따라 사업계획승인을 받아 건설하여 임대하는 주택이 있다.

또한 민간건설임대주택으로는 국가 및 지방자치단체의 재정이나 국민주택기금 공공택지에 민간건설업자가 건설하는 임대주택을 말한다. 그리고 민간회사나 개인 임대사업자

가 임대를 목적으로 건설하여 임대하는 임대주택과 「주택법」 제9조에 따라 등록한 주택
건설사업자가 같은 법 제16조에 따라 사업계획승인을 받아 건설한 주택 중 사용검사 때
까지 분양이 되지 않은 주택으로서 「임대주택법」 제6조에 따른 임대사업자 등록을 마치
고 국토교통부령으로 정하는 바에 따른 임대주택이 있다.

민간건설임대주택에는 토지임대부 임대주택[1]과 미분양 주택 중 해당 건설회사가 임대
사업자 등록을 마치고 임대하는 주택[2]이 포함된다.

매입임대주택이란 "임대사업자가 매매 등으로 소유권을 취득하여 임대하는 주택"을 말
한다. 매입임대주택에는 장기 전세주택[3]과 준 공공임대주택[4] 그리고 준주택 중 대통령령
으로 정하는 오피스텔[5]이 있다.

준주택에는 「주택법」 시행령 제2조의2(준주택의 범위와 종류)에서 다음과 같이 규정하
고 있다.

① 「건축법 시행령」 별표 1 제2호 라목에 따른 기숙사
② 「건축법 시행령」 별표 1 제4호 파목 및 제15호 다목에 따른 고시원
③ 「건축법 시행령」 별표 1 제11호나 목에 따른 노인복지시설 중 「노인복지법」 제32조
제1항 제3호의 노인복지주택
④ 「건축법 시행령」 별표 1 제14호 나목에 따른 오피스텔

전세 후 임대주택이란 국가, 지방자치단체, 「한국토지주택공사법」에 따른 한국토지주
택공사 또는 「지방공기업법」 제49조에 따라 주택사업을 목적으로 설립된 지방공사가 전
세계약의 방식으로 임차하여 공급하는 주택을 말한다. 즉, 정부 및 지방자치단체에서 생
활보호대상자 또는 차상위 계층에 속하는 자에게 5%의 보증금을 부담하면 주택금융기금
으로 전세자금을 지원하고 전세계약을 체결하고 지원하는 형태의 임대주택을 말한다.

---

1) 「임대주택법」 제2조 제1호 가목의 "임대사업자가 토지를 임차하여 건설·임대하는 주택."
2) 「임대주택법」 제2조 제1호 나목의 「주택법」 제9조에 따라 등록한 주택건설사업자가 같은 법 제16조에 따라 사업계획승인을 받아 건설한
   주택 중 사용검사 때까지 분양되지 아니한 주택으로서 제6조에 따른 임대사업자 등록을 마치고 국토교통부령으로 정하는 바에 따라 임대
   하는 주택.
3) 「임대주택법」 제2조 3의2호의 국가, 지방자치단체, 한국토지주택공사 또는 지방공사가 임대할 목적으로 건설 또는 매입하는 주택으로서
   20년의 범위에서 전세계약의 방식으로 공급하는 임대주택.
4) 「임대주택법」 제2조 3의3호의 매입임대주택으로서 국가, 지방자치단체, 한국토지주택공사 또는 지방공사 외의 임대사업자가 10년 이상 계
   속하여 임대하는 전용면적 85제곱미터 이하의 주택.
5) "대통령령으로 정하는 오피스텔"이란 1. 전용면적이 85제곱미터 이하일 것, 2. 상·하수도 시설이 갖추어진 전용입식 부엌, 전용수세식 화
   장실 및 목욕시설(전용수세식화장실에 목욕시설을 갖춘 경우를 포함한다)을 갖출 것 등의 요건을 모두 갖춘 오피스텔을 말한다.

3. 임대사업자

임대사업자란 임대사업을 등록한 자를 말한다.

임대사업자에는 「임대주택법」에 열거된 내용으로 보았을 때 "국가, 지방자치단체, 한국토지주택공사, 지방공사, 제6조에 따라 주택임대사업을 하기 위하여 등록한 자 또는 제7조에 따라 설립된 임대주택조합을 말한다"라고 규정하고 있다. 즉, 임대사업자는 다음과 같다.

① 국가
② 지방자치단체
③ 한국토지주택공사
④ 지방공사
⑤ 「임대주택법」 제6조에 따라 주택임대사업을 하기 위하여 등록한 자
⑥ 「임대주택법」 제7조에 따라 설립된 임대주택조합

부동산중개업자도 위 「임대주택법」 제6조에 따라 주택임대사업을 등록하게 되면 임대사업을 할 수 있다.

4. 임대사업자 등록절차

4.1. 임대사업자 범위(기준)

아래 표에서 보는 바와 같이 건설임대주택을 임대사업을 하고자 하는 자는 자신이 거처하는 주택 외 단독주택 및 다가구주택의 경우는 2호 이상, 공동주택은 2세대 이상을 임대사업용 주택으로 확보해야 하며, 매입임대주택으로 임대사업을 하고자 하는 자는 자신이 거처하는 주택 외에 단독주택은 1호 이상 그리고 공동주택은 1세대 이상을 확보하여야 한다.

만일 다가구주택이나 단독주택의 경우 소유주가 거처하면서 2층이나 일부를 임대하는

경우 이는 임대사업의 등록대상이 아니다.

주택가격은 수도권의 경우 6억 원 이하의 주택이어야 하고, 지방은 3억 원 이하여야 한다.

구분	임대주택 수	
	단독주택 (다가구주택)	공동주택
건설임대주택 임대사업자	2호	2세대
매입임대주택 임대사업자	1호	1세대
주택 가격	수도권	지방
	6억 원 이하	3억 원 이하
주택 규모	주택	오피스텔
	149㎡ 이하	85㎡ 이하
임대사업자 의무	5년 이상 임대	

또한 주택의 규모에 있어서도 주택은 전용면적이 149㎡ 이하여야 하며, 오피스텔은 85 ㎡ 이하여야 한다. 특히 임대사업자는 임대주택으로 등록하고 5년 이상 임대사업을 하여야 임대사업자의 주택으로 인정을 받는다.

4.2. 임대사업자가 될 수 있는 자

임대사업을 등록할 수 있는, 즉 임대사업을 할 수 있는 자를 「임대주택법」 제7조 제2항에서는 건설임대주택 임대사업자를 규정하고 있으며, 매입임대주택 임대사업자는 누구나 할 수 있다.

「임대주택법」 제7조제2항에서 열거하고 있는 임대사업자가 될 수 있는 자는 ① 「주택법」 제9조에 따라 주택건설사업을 등록한 주택건설사업자, ② 「주택법」 제10조제1항 및 제3항에 따라 임대를 목적으로 주택을 건설하는 토지소유자와 근로자 주택을 건설하고자 하는 고용주로서, 주택법시행령에서 정한 주택건설사업을 등록한 자와 공동으로 건설하는 자, ③ 임대를 목적으로 주택을 건축하기 위하여 「건축법」 제11조에 따라 허가를 받은 자, ④ 임대를 목적으로 주택을 소유하고 있거나 이를 매입하기 위한 매매계약 또는 교환계약 그리고 분양계약을 체결한 자, 그리고 ⑤ 「부동산투자회사법」에 따른 부동산투자회사, ⑥ 「자본시장과 금융투자업에 관한 법률」에 따른 집합투자기구, ⑦ 「법인세법」 제51

조의2제1항제6호에 해당되는 투자회사, ⑧「상법」에 따른 주식회사 또는 유한회사로서 본점 외의 영업소를 설치하지 않을 것, 상시 근무하는 임원을 두지 않을 것, 직원을 고용하지 않을 것,「법인세법 시행령」제86조의2제5항제2호에 따른 자산관리회사 또는「자본시장과 금융투자업에 관한 법률」제12조에 따라 인가를 받아 설립된 신탁업자에 관련 사무를 위탁할 것, 주식을 담보(국민주택기금 융자금에 대한 담보는 제외한다)로 제공하지 않을 것 등의 요건을 모두 갖춘 회사가 건설임대주택 임대사업자가 될 수 있다.

만일 매입임대사업자나 건설임대사업자에 있어 임대목적 주택인 공동명의로 된 경우에는 공동인 전부 명의로 임대사업을 등록하여 등록인 전원이 임대사업자가 된다.

또한 임대사업자가 될 수 없는 자는「임대주택법」제7조에 의거 아래 표에서 보는 바와 같이 과거 임대주택사업을 부도낸 뒤 5년이 경과되지 않은 부도 당시의 회사 대표나 임원 그리고 개인사업자 및 부도를 낸 개인 사업자가 대표나 임원으로 있는 법인은 임대주택 사업을 할 수 없다.

임대사업자가 될 수 없는 자(임대주택법 제7조)

1. 등록신청일부터 과거 5년 이내에 임대주택사업에서 부도의 발생사실이 있는 부도 당시의 법인의 대표
2. 등록신청일부터 과거 5년 이내에 임대주택사업에서 부도의 발생사실이 있는 부도 당시의 법인의 임원
3. 등록신청일부터 과거 5년 이내에 임대주택사업에서 부도의 발생사실이 있는 개인인 임대사업자가 대표나 임원으로 있는 법인

4.3. 임대사업 등록처

임대사업을 등록하고자 하는 자는 특별시, 광역시, 도, 그리고 시·군·구청에 등록한다. 이때 등록업무를 담당하는 부서는 일반적으로 민원과에서 접수하는데 담당업무 주무 부서는 통상 주택담당과에서 실시하고 있다.

4.4. 임대사업 등록 시 준비서류

임대사업을 등록하고자 하는 자는 다음의 서류를 준비하여야 한다.
① 임대사업자 등록신청서: 임대주택법 시행규칙 별지 1호 서식
② 임대 목적으로 주택을 건설하는 토지소유자 또는 고용자는 임대를 하려는 주택의 건설에 관한 사업계획 승인서 사본 1부
③ 임대 목적으로 주택을 소유하거나 이를 매입하기 위한 계약을 체결한 자는 주택의 매입에 관한 계약서 1부

기타의 서류는 임대사업자 등록 신청서를 근거로 하여 담당공무원이 주민등록등본(법인은 법인등기부 등본), 재외국민은 여권정보, 외국인의 경우는 외국인등록사유증명서 등, 건축허가서나 임대하려는 주택의 등기부등본을 열람하여 확인하도록 하고 있어 임대사업 등록자는 별도로 첨부하지 아니하여도 된다.
위 ②항은 건설임대사업자의 경우에 해당하며, 위 ③항은 매입임대사업자에 해당한다.

5. 임대사업 대상 주택

임대주택 사업을 하기 위한 대상 주택이 될 수 있는 조건은 공동주택의 경우에는 아파트, 연립주택, 다세대주택, 주거용 오피스텔 등이 있고, 단독주택의 경우는 단독주택과 다가구주택이 대상이 된다.

대상주택	공동주택	아파트 연립주택 다세대주택 도시형생활주택 주거용 오피스텔 노인복지주택
	단독주택	단독주택 다가구주택 기숙사 고시원 및 고시텔
주택 수	임대주택으로 1호 이상	

이 중 아파트는 국가, 즉 토지주택공사에서 건설하여 임대하는 장기임대아파트로 50년 장기임대아파트, 30년 장기임대아파트, 20년 장기임대아파트, 5년 및 10년 단기임대아파트 등이 있고, 주택건설회사가 임대사업을 등록하고 운영하는 5~10년 임대아파트, 준공공임대아파트 등이 있으며, 도시형생활주택이나 300세대 미만의 분양아파트 중 임대 사업하는 아파트 등이 있다.

연립 및 다세대주택은 토지주택공사에서 관리하는 주택과 지방공사에서 관리하는 주택이 있으며, 오피스텔은 대부분 분양된 것으로 주거용으로 사용하는 것이 대상이다.

공동주택은 대부분 임대사업자가 토지주택공사 및 지방공사 그리고 민간건설업자로서 임대사업자 등록을 한 회사, 임대관리업만을 전문적으로 실시하는 임대사업자가 운영하고 있다. 또 이들은 관리사무소를 운영하고 있다.

특히 단독주택 중 다가구나 고시텔 등은 최근 1~2인 가구를 대상으로 시설을 준비하고 있어 시설 내부에 있는 텔레비전, 냉장고, 세탁기, 건조기, 가스레인지, 에어컨, 인터넷망 및 유선방송선 등의 관리에 관하여 관리대책이 요구된다.

6. 임대사업 전문인력 및 장비

임대사업자가 구비하여야 할 전문인력 및 장비에 대한 기준은 공동주택에 대한 규정으로 주택법에 규정하고 있고, 단독주택이나 다가구 등에는 별도로 규정이 없다.

따라서 구분건물과 관련된 건물을 관리하기 위한 전문인력과 장지에 대한 것은 공동주택에 관한 규정을 참조하여 준비하는 것이 바람직하며, 기타의 경우는 그 시설의 성격이나 상태를 살펴 구비하거나 관련 장비 및 인력이 있는 업체와 협약을 체결하여 수행하면 될 것으로 판단된다.

[별표 4] 〈개정 2010.7.6.〉

공동주택관리기구의 기술인력 및 장비기준

(제53조제1항 및 제6항 관련)

구분	기준
기술 인력	다음 각 호의 기술인력 다만, 관리주체가 입주자대표회의의 동의를 얻어 관리업무의 일부를 해당 법령에서 인정하는 전문용역 업체에 **용역하는 경우**에는 해당기술 인력을 갖추지 아니할 수 있다. 　1. 승강기가 설치된 공동주택인 경우에는 「승강기시설 안전관리법 시행령」 제16조에 따른 **승강기자체검사자격을 갖추고 있는 자 1인** 이상 　2. 당해 공동주택의 건축설비의 종류 및 규모 등에 따라 「전기사업법」·「고압가스 안전관리법」·「액화석유가스의 안전관리 및 사업법」·「도시가스 사업법」·「에너지이용 합리화법」·「소방기본법」·「소방시설 설치유지 및 안전관리에 관한 법률」 및 「대기환경보전법」 등 관계 법령에 따라 갖추어야 할 기준 인원 이상의 기술자
장비	비상용 급수펌프(수중펌프를 말한다) 1대 이상 절연저항계(누전측정기를 말한다) 1대 이상 건축물 안전점검의 보유 장비: 망원경, 카메라, 돋보기 콘크리트 균열 폭 측정기, 5미터 이상용 줄자 및 누수탐지기 각 1대 이상

7. 임대사업자의 의무사항

임대사업자가 임대사업을 하기 위해서 지켜야 할 사항이 있다. 만일 임대사업자가 이를 준수하지 않을 경우 받을 처벌을 정리하면 다음과 같다.

① 5년 이하의 징역이나 3,000만 원 이하의 벌금

금융정보를 다른 용도로 사용, 다른 사람 및 기관에 제공, 누설금지

② 3년 이하의 징역이나 3,000만 원 이하의 벌금

보증금보장보험에 가입해야 하는 임대사업자로 보증보험에 가입하지 않는 것

③ 2년 이하의 징역이나 2,000만 원 이하의 벌금

-. 거짓 또는 부정한 방법으로 임대주택을 임대받거나 임대하는 행위

-. 조합의 조합원이 아닌 자로서 조합의 가입을 알선하면서 주택가격 외의 수수료나 금
   품수령 금지

-. 임대주택 매각기간 전 매각금지

-. 건설임대주택 임대사업자는 분양전환 이전까지 담보물권 설정, 전세권, 임차권 등기
   설정 금지

-. 임대주택의 전대 제한 준수

-. 건설임대주택의 경우 분양전환 시 분양 당시 무주택 임차인에게 우선 분양, 임차인대
   표회의 구성된 경우 분양전환승인신청서 작성 협조 등

-. 시형생활주택의 경우 임차인이 분양전환신청 또는 매도청구 시 임차인에게 우선분
   양전환 실시

④ 1년 이하 징역 및 1,000만 원 이하의 벌금

-. 주택조합의 회계감사수감, 감사결과 등록관청에 보고, 조합원에게 열람의무

-. 공공임대주택의 임차인자격, 선정방법, 임대보증금, 임대료 등 임대조건준수

-. 임대조건(계약기간, 임대보증금, 임대료, 임대주택구입 시 대출금 및 변경 신고와 신
   고 내용이 부당할 경우 권고)

-. 대통령령이 정한 기술인력 및 장비 구비, 자체관리 시 자체관리신청서 제출

⑤ 1,000만 원 과태료

-. 오피스텔 임대인은 임대의무기간 이내에 주거용이 아닌 다른 용도로 사용금지

-. 국토해양부의 권장 표준임대차계약서 사용

-. 특별수선충당금 적립 및 분양전환 시 입주자대표회의에 특별수선충당금 인계

-. 대사업자는 임대차 계약체결 시 임차보증금 보장보험 가입사항과 등기부등본 제시하여 선순위 근저당 등 권리관계를 성실·정확하게 설명

⑥ 500만 원 과태료 대상

-. 국민주택기금으로 건설한 임대주택의 임대사업자는 시장·군수·구청장의 임대주택 거주자 실태조사에 적극 응해야 함

-. 건설임대주택의 임대의무기간 경과 후 분양 시 분양전환서류 작성

-. 도시형생활주택의 임대의무기간 경과 후 분양 시 분양전환서류 작성

-. 오피스텔 임차인 현황보고

-. 임대인의 임대보증금 보증보험 가입에 관한 사항을 임차인에게 설명할 것

-. 시장·군수·구청장이 임대인 및 임차인에게 임대주택법에 따른 필요한 조치에 따를 것

8. 관리비 항목 구성

관리비 항목은 공동주택 관리비를 기준하였다. 다가구 등 수익성 부동산 중 비교적 간단한 것은 이를 기준하여 적절하게 가감하여 책정할 수 있을 것이다.

관리비에 관한 사항은 제4장을 참조한다.

9. 임대사업자의 혜택

임대사업자에 대한 혜택은 정부의 부동산 주택정책에 많은 영향을 준다. 따라서 수시로 정책의 변화를 잘 파악하여야 한다. 정부에서 부동산사업자에게 줄 수 있는 혜택은 주로 세금과 대출 그리고 제도가 있다.

9.1. 세금혜택

9.1.1. 취득세

취득세와 재산세 등 지방세에 대한 혜택은 면적에 따라 차등 적용한다. 즉, 취득세의 경우 60㎡ 이하의 주택에 대하여 면제혜택이 있으며, 60㎡ 초과된 주택은 세금혜택이 없다. 단, 60㎡ 이하의 주택도 면제된 금액에 대한 농어촌 특별세와 지방교부세는 납부하여야 한다. 취득세 감면에서 주의하여야 할 점은 건설회사로부터 최초로 분양받는 신규주택에 한정된다는 점을 유의하여야 한다.

9.1.2. 재산세

재산세의 경우는, 즉 전용면적 40㎡ 이하는 재산세가 면제되며, 40㎡ 초과 60㎡ 이하 임대주택은 50%, 60~85㎡ 이하는 25%의 감면혜택이 있고, 85㎡를 초과하면 감면혜택이 없다.

9.1.3. 종합부동산세

종합부동산세는 취득당시 국세청 기준시가가 서울의 경우에는 6억 원 이상인 주택에 대하여, 그리고 지방은 3억 원 이하의 주택이어야 하고, 5년 이상 임대한 조건의 경우 합산과세를 받아 절세의 혜택을 받을 수 있다.

9.1.4. 양도소득세

양도소득세는 취득 당시의 주택에 대한 국세청 기준시가가 수도권은 6억 원 이하, 지방은 3억 원 이하이면 중과세 대상이 되지 않으나 5년 이상 임대사업으로 사용되어야 한다. 만일 이 기준에 맞지 않으면 중과세 대상이 된다.

임대사업자의 경우 임대사업으로 여러 주택을 보유하게 됨으로 다주택자에 해당하나 임대주택 외에 임대사업자가 거주하는 주택이 1세대1주택의 비과세 대상에 해당하면 임대주택은 주택 수로 보지 않아 비과세 적용을 받을 수 있다.

9.1.5. 임대소득세

임대사업자의 임대소득은 임대사업을 신청하지 않으면 임대소득이 전량 소득으로 합산되어 소득세가 부과되나, 임대사업을 신청하면 1주택에 대한 임대소득에 대해서는 임대소득만 있는 경우 연 2,000만 원 이하인 경우에는 소득세를 부과하지 않으나 다른 소득이 있는 경우에는 합산되어 소득세를 납부하게 된다.

그리고 임대소득에 대한 소득과세대상은 월세가 있는 임대의 경우에는 2호(세대) 이상으로 임대소득 정도에 따라 간이과세자와 일반관세자로 분류하여 소득세를 산출한다. 또 임대주택을 전세로만 임대한 경우에는 3호(세대) 이상에 대해서 과세대상이 되며, 이때 임대소득은 전세금 및 보증금의 총액에 대한 은행이자율을 적용한 임대소득이 있는 것을 산출한다.

임대소득자의 4대보험은 개인사업자이기 때문에 지역의료보험 가입자가 되나 배우자나 동거인이 직장이 있는 경우 직장의료보험에 가입되기도 한다.

따라서 직장의료보험 가입자는 해당 직장에 대한 급여를 기준함으로 보험료에 변동이 없으나 지역의료보험의 경우는 소득과 재산을 기준으로 산출하므로 보험료가 소득에 따라 상승할 수 있다.

또한 2013년 8월 28일 정부의 부동산 활성화 대책으로 임대사업에 대한 세제 지원방안으로 임대사업을 5년 이상 운용한 주택을 양도하는 경우 6년째부터는 매년 5%씩 양도소득세의 장기보유특별공제를 공제하고, 종전에는 10년간 최대 30%를 공제하던 것을 8·28 대책에서는 10년간 최대 40%까지 공제하는 혜택을 주었다.

또 임대소득에 대한 소득세 및 법인세도 새로이 제정하여 신축 및 매입주택을 3채 이상 임대사업에 운용한 주택에 대해서는 5년 이상 임대를 한 주택은 임대료의 20%를 감면혜택을 하도록 하였다.

세금혜택표

구분	40㎡ 이하	40~60㎡ 이하	60~85㎡ 이하	85~149㎡ 이하
취득세 (최초 분양 시)	면제	면제		
재산세 (2호 이상 임대)	면제	50% 감면	25% 감면	
종합부동산세	합산배제: 임대개시 당시 공시가격 수도권−6억 원, 지방−3억 원 5년 이상 임대 시			
양도소득세	중과세 배제: 취득 당시 국세청 기준시가−수도권−6억 원, 지방−3억 원 5년 이상 임대 시 비과세: 임대주택 외 거주주택에 한함 단, 거주주택은 1세대1주택 비과세 조건 충족해야 함			
임대소득세	임대사업 미신청시: 1주택 임대소득 과세대상 임대사업 신청 시 -. 1주택의 임대소득은 비과세 -. 월세: 2주택 이상, 전세보증금: 3주택 이상 과세대상			
4대보험	국민연금 · 건강보험: 직장근로자−동일 　　　　　　　　　지역가입자−재산 및 소득증가로 보험료 인상			

9.2. 대출

부동산임대사업자는 법인이거나 개인사업자에 해당한다. 따라서 개인임대사업자는 소상공인의 범주에 해당하므로 소상공인에게 지원되는 각종 대출혜택을 받을 수 있다. 또한 건설임대사업을 하는 경우에는 국민주택기금을 저렴한 이자율로 지원받을 수 있다.

예를 들면 지난 2013년 8월 28일 정부에서 부동산정책의 일환으로 임대사업에게 임대사업을 활성화하기 위하여 매입임대사업자에게는 종전에는 미분양주택에 대해서만 지원하던 것을 기존주택을 매입하는 경우에도 지원해주도록 지원대상주택을 확대하고, 주택매입자금을 국민주택기금에서 종전에는 6,000만 원 한도 내에서 지원하던 것을 1억 5,000만 원까지 지원금액도 상향하였고, 금리도 종전의 5%를 2.7~3%로 금리를 낮추어준 바 있다.

9.3. 임대주택 매입자금 보증보험

임대주택 매입자금의 보증보험이란 임대사업자가 매입임대사업을 목적으로 금융기관에서 대출을 받은 경우 임대사업자가 해당 금융기관에 대출금을 상환하지 못하는 경우를 대비하여 임대사업자가 대한주택보증회사에 임대주택 매입자금보증보험에 가입하면 대한주택보증회사가 금융기관에 임대사업자를 대신하여 상환하고 추후 임대사업자로부터 대출금을 회수하는 보험을 말한다.

9.3.1. 보증보험 내용

구분	내용
보증대상	-. 주택의 범위: 아파트(원룸형 도시형 생활주택 포함) 　　　　　　　　주거용 오피스텔(전용면적 85㎡ 이하) -. 주택 요건: 　▲ 보증신청인이 매입을 위한 계약을 체결한 주택 　▲ 보증신청인이 소유하고 있는 주택 5세대 이상 매입임대사업자
보증채권자	대한주택보증회사와 위탁계약을 체결한 우리, 신한, 하나, 외환은행
보증채무자	임대주택 매입자금을 받은 임대주택법 제6조에 따른 임대사업자
보증금액	보증한도 이내에서 보증채권자가 실행하는 임대주택매입자금 대출원금
보증기간	보증서 발급일로부터 보증부 대출금 최종 상환일까지
보증필수조건	대한주택보증회사나 대출기관을 근저당권자로 하는 보증금액의 120% 근저당권 설정
보증금지	-. 채무불이행 등 신용정보 보유자 -. 대한주택보증회사에 보증채무가 있는 자 -. 보증대상주택이 경매, 가압류, 가등기 등으로 담보권 실행에 지장이 예상되는 경우
보증한도	주택가격 × 담보인정비율－(선순위채권 + 임차보증금 및 최우선변제 소액 임차보증금)

9.3.2. 보증료

보증가입 시: 0.5%

중도해지 시: 중도해지금액 × 0.2% × 잔존기간 / 보증기간

9.3.3. 준비서류

① 공통: 임대사업등록증 사본, 사업자등록증 사본, 부동산등기부등본

② 법인 임대사업자: 법인등기부등본 및 정관, 이사회 의사록

③ 계약을 체결한 주택: 부동산매매계약서 사본, 계약금 등 매매대금 납입을 증명하는 서류

④ 기타: 약정인 및 연대보증인의 본인 확인 서류 등

10. 임차인의 계약 해제 · 해지 · 재계약 거절 사유

임대사업자는 임차인을 관리함에 있어 악성 임차인으로 인하여 수익률의 감소는 물론 임대사업의 좌절감을 주는 경우가 많다. 따라서 임차인을 관리함에 있어 필요한 법규를 숙지하여야 한다.

임대인이나 임대사업자가 악성임차인에 대하여 계약 해제 및 해지 그리고 재계약을 거절할 수 있는 사유는 다음과 같다.

1. 거짓이나 그 밖의 부정한 방법으로 임대주택을 임대받은 경우

2. 법 제19조를 위반하여 임대주택의 임차권을 타인에게 양도하거나 임대주택을 전대한 경우.

  2의2. 법 제19조의3에 따라 임차인이 제18조의3에 따른 임대주택에 중복하여 입주 또는 계약한 것으로 확인된 경우

3. 임대차 계약기간이 시작된 날부터 3개월 이내에 입주하지 않은 경우. 다만, 임대사업자의 귀책사유로 입주가 지연된 경우에는 그러하지 아니하다.

4. 임대료를 3개월 이상 연속하여 연체한 경우

  4의2. 분납임대주택의 분납금을 3개월 이상 연체한 경우

5. 임대주택 및 그 부대시설을 임대사업자의 동의를 받지 않고 개축·증축 또는 변경하거나 본래의 용도가 아닌 용도로 사용하는 경우

6. 임대주택 및 그 부대시설을 고의로 파손 또는 멸실한 경우

7. 「주택법」 제16조에 따라 사업계획의 승인을 받아 건설한 공공건설임대주택의 임대차 계약기간 중 다른 주택을 소유하게 된 경우. 다만, 상속·판결 또는 혼인 등 그 밖의 부득이한 사유로 다른 주택을 소유하게 되어 부적격자로 통보받은 날부터 6개월 이내에 해당 주택을 처분하는 경우와 해당 임대주택의 입주자 모집 당시 입주자를 선정하고 남은 임대주택의 임차권을 선착순의 방법으로 취득한 경우는 제외한다.

8. 법 제32조에 따른 표준임대차계약서상의 의무를 위반한 경우

9. 임차인이 해당 주택에서 퇴거하거나 다른 임대주택에 당첨되어 입주하는 경우

10. 임차인이 법 제32조 제5항에 따른 분양전환신청기간 이내에 분양전환신청을 하지 않는 경우

11. 임차인이 임대차계약을 해지할 수 있는 경우

또 임차인이 임대차계약 해지를 임대인에게 할 수 있는 경우는 다음과 같다.

1. 시장·군수 또는 구청장이 임대주택에 거주하기 곤란할 정도의 중대한 하자가 있다고 인정한 경우
2. 임대사업자가 시장·군수 또는 구청장이 지정한 기간에 하자보수명령을 이행하지 아니한 경우
3. 임대사업자가 임차인의 의사에 반하여 임대주택의 부대·복리시설을 파손하거나 철거시킨 경우
4. 임대사업자의 귀책사유로 입주기간 종료일부터 3개월 이내에 입주할 수 없는 경우
5. 임대사업자가 법 제32조에 따른 표준임대차계약서상의 의무를 위반한 경우
6. 임대사업자가 임대차계약 체결 후 또는 보증기간 만료 후 1개월 이내에 법 제17조에 따른 임대보증금에 관한 보증에 가입하지 않는 경우

12. 임차인이 임차권양도나 전대할 수 있는 조건

또 임차인이 임차권을 양도하거나 전대할 수 있는 경우는 다음과 같다.

가. 다음 1)부터 3)까지의 규정에 모두 해당하는 경우

　　1) 근무, 생업 또는 질병 치료(「의료법」 제3조에 따른 의료기관의 장이 1년 이상의 치료나 요양이 필요하다고 인정하는 경우에 한정한다) 등의 사유로 주거를 이전할 것

　　2) 현재 거주하는 시·군·구(자치구만 해당한다. 이하 같다)의 행정구역과 다른 시·군·구로 주거를 이전할 것

　　3) 현재 거주지와 새로 이전하는 거주지 간의 거리(최단 직선거리를 말한다)가 40킬로미터 이상일 것. 다만, 출퇴근 거리 및 교통여건 등을 고려하여 해당 특별시, 광역시, 도 또는 특별자치도의 조례로 별도 기준을 정하는 경우에는 그에 따른다.

나. 상속 또는 혼인으로 소유하게 된 주택으로 이전할 경우

다. 국외로 이주하거나 1년 이상 국외에 머무를 경우

13. 이전기관 종사자의 이전 전 임대주택 전대

그리고 다음의 경우에는 임차인이나 해당 기관에서는 전대할 수 있다.

가. 「국가균형발전 특별법」

나. 「신행정수도 후속대책을 위한 연기·공주지역 행정중심복합도시 건설을 위한 특별법」

다. 「도청이전을 위한 도시건설 및 지원에 관한 특별법」

라. 「공공기관 지방이전에 따른 혁신도시 건설 및 지원에 관한 특별법」

14. 임대사업자 수익성 판단

임대사업자의 수익률 판단은 세전 수익률과 세후 수익률로 구분된다.

세전 수익률은 대부분 부동산 매매거래 시 투자비용에 대한 수익률로 많이 사용하고 있고, 세후 수익률은 보유기간 동안 수익률을 산출하는 데 많이 사용하고 있다. 그러나 가급적이면 세후 수익률로 수익률을 산출하는 것이 신뢰를 잃지 않기 때문에 매매거래든 보유기간 수익률이든 사용하는 것이 바람직하다.

따라서 여기에서는 세후 수익률 산출 위주로 기술하고자 한다.

14.1. 수입

임대수익을 산출하기 위한 수입에는 다음과 같은 요소들이 있다.

① 임대료 중 차임(월세)

② 임대료 중 보증금에 대한 은행 예금이자

③ 관리비 수입

④ 부수사업 수입

⑤ 물품납입 및 공사 등의 경우 사례금 또는 기부금

수익률을 산출하기 위해서는 1년의 수입을 기초로 한다. 또한 수입은 매입 초년도와 그 다음 해로 구분하여 산출한다.

현재 부동산시장에서 수익성부동산을 매매거래 시 매매를 위한 첫해의 수익률 산출할 경우 차임은 건물이 전부 입주할 경우의 차임을 기초로 적용하고 있다. 만일 공실이 있는 경우에는 예상한 임대료를 적용하고 있다. 그러나 이는 부동산중개업자를 불신하게 하는 요소이다. 어떠한 경우에도 1년 365일 완전히 입주하는 경우란 불가능하다. 따라서 임대료 책정도 주변시세와 비교하여 적절하게 선정하거나 임대가 가능한 금액으로 산출하여야 하고, 반드시 공실률을 판단하여 적용하여야 한다. 따라서 수입에서 완전히 입주한 것을 적용하면, 지출에서 임대보증 및 차임(월세)에 공실률을 적용하여야 한다.

보증금에 대한 이자율 적용에 있어서도 보증금에 대한 제1금융권에 대한 정기예금 1년 짜리 이자율을 적용하고 여기에서 금융기관에서 회수하는 수수료 및 세금을 제한 이자율을 적용하여 수입을 산출한다.

관리비는 평당 관리비를 기준으로 하며, 관리비 수입도 전체 관리비 수입에서 공실률에 해당하는 관리비를 제하여 수입을 산출한다.

부수사업 수입은 자판기 판매수입, 임차인 편의를 위해 지원 및 처리해준 행정적 수수료, 식당 등 임차인 편익사업으로 발생한 수입, 건물 및 토지의 공간을 이용한 부수적 수입 등이 있다.

물품납입 및 공사 등의 경우 입금될 수 있는 사례금이나 기부금 등도 수입으로 산입한다.

보유기간 수익률을 산출하는 2차년도 수익률 산출을 위한 수입은 첫해의 수입과 동일하나 취득 후 추가적으로 수입을 올릴 수 있는 요소가 있는 경우 이를 적용한다.

14.2. 지출

지출요소는 대출이자, 공실률, 취득세, 재산세, 종합부동산세, 부가가치세, 소득세, 관리비, 중개수수료, 감가상각비, 수선비, 옵션 교체비, 기타 행정비용 및 명도소송비 등이 있다.

지출요소는 매입한 초년도와 그다음 해로 구분하여 산출한다. 매입 초년도는 취득세, 부가가치세는 매매 시의 건물가격에 대한 10%를 납부하여야 하며, 중개수수료는 취득비용에 매매 시 중개수수료가 포함된 경우는 지출에서는 제외하여 적용한다. 매입 후 다음 연도부터는 예산된 계획 지출비용으로 적용한다. 그래서 지출의 경우는 첫해의 지출과 다음 연도 지출에 차이가 있다.

또 지출은 해당 부동산에 적용되는 것만을 선택하여 적용한다.

이때 공실률은 그 지역의 공실률을 적용하는데 임대가 잘 되는 곳은 약 6%의 공실률을 적용하며, 그렇지 않은 곳을 주변의 건물들에 대한 평균 공실률을 적용하여야 한다.

당해 부동산의 임대료 연 총액이 2,000만 원 이하인 경우에는 부가가치세가 제외되며, 9억 원 이하의 부동산은 종합부동산세가 제외된다.

감가상각비는 매년 건물가액의 2%를 곱하여 산출하며, 감각상각비로 산출된 금액은 매년 적립하여 장기수선충당금으로 사용하거나 매각 시 건물의 감가상각으로 상각된 가격의 보충금액으로 적용하여 매도인이 회수하는 금액이다.

수선비는 건물가액의 3%를 적용하고 있는데 이는 임차인의 도배교체 및 장판 교체비와 기타 소모품성 부품의 교체 및 설치비로 사용하는 비용이다.

옵션 교체비는 냉장고, 가스레인지, 싱크대, 화장실의 좌변기, 붙박이장, 에어컨, 탈수기, 세탁기, TV, 침대매트 및 시트 교체비용, 열쇠, 보조키 등에 대한 내용연수별 비용을 말한다. 따라서 옵션이 설치된 물품에 대한 것만으로 적용한다.

14.3. 수익성 판단

투자금액은 매매가액에서 보증금과 대출금을 제외하고 여기에 취득 시 납부한 중개수수료, 법무사 수수료 등을 포함한 총 취득비용을 제외하여 산출한다.

수익률은 총 수입에서 총 연간 지출비용을 제하고 남은 순이익을 투자금액의 나누어 산출한다. 이 수익성이 있다 없다의 구분은 수익률이 제1금융기관의 정기예금 1년짜리 이자율의 2배 이상이면 수익률이 양호하다고 판단한다.

임대사업자 수익성 판단은 서식 #23을 참조한다.

15. 임대주택 사업형태 소개

최근 정부에서 부동산경기 활성화 대책의 일환으로 주택임대사업의 형태로 준 공공임대주택 사업과 토지임대부 임대사업형태를 발표한 바 있다. 이에 대하여 간단히 소개하고자 한다.

15.1. 준 공공임대주택 제도

▶ 준 공공임대주택 개념
민간매입임대의 일종이나 임대료 결정 등에 규제를 받는 대신, 조세감면, 주택기금 융자 등 인센티브가 부여되는 민간임대주택(전용 85㎡ 이하, 주거용 오피스텔은 제외)

* 기존 매입임대주택과 차이
공공적 규제: 임대의무기간 연장－5년 → 10년

　　　　　　최초 임대료 및 보증금 제한－주변시세 이하

　　　　　　임대료 인상 제한－연 5% 이하

인센티브: 재산세 추가 감면－2013.08.06. 공포

　　　　　양도소득세 추가감면－추진 중

　　　　　개량·매입자금 주택기금에서 융자－관계기관과 협의 중

적용: 2013.4.1. 이후에 매매로 취득한 주택에 한정－주택거래 촉진 취지

▶ 준 공공임대주택 등록신청 방법(시행규칙 개정안)
등록 장소: 주택 소재지 시장·군수·구청장

등록 서류: 임대사업등록증－임대사업자만이 준 공공임대주택 등록 가능

　　　　　주택 매매계약서 사본－2013. 4. 1. 이후 매매로 취득한 사실 증명

　　　　　임대차계약서 사본－임대차계약이 체결된 경우

　　　　　　　　(최초임대료 적정성 확인)

15.1.1. 건설·매입·준 공공임대 비교

건설임대 및 매매임대 그리고 준 공공임대를 사업주체면, 공급면적(전용면적)면, 임대의무 기간면, 임차인 자격면, 최초보증금 및 임대료면, 증액 제한면, 자금융자(1호당)면에서 2013년 8월 20일 기준하여 법규에서 내용을 상호 비교하면 다음과 같다.

먼저 사업주체면에서 건설임대는 누구나 다 될 수 있으나 실질적으로는 민간의 경우는 자금이 있는 건설업체와 토지주택공사 및 지자체의 지방공사가 주를 이루고 있고, 매입임대의 경우는 건설임대와 동일하게 아무나 될 수 있지만 실질적으로는 적은 자본으로 임대사업에 투자하는 민간인들이 많이 임대사업자로 참여하고 있다. 또한 준 공공임대는 민간이 주축이 되는 임대형태로 매입임대사업자나 건설임대사업자 중 민간인으로써 정부가 추진하는 조건으로 임대사업을 하고자 하는 임대형태이다.

2013.8.20. 현재

구 분	건설임대	매입임대	준공공임대
사업주체	**임대사업자** (국가·지자체·LH·지방공사 및 민간)	**임대사업자** (국가·지자체·LH·지방공사 및 민간)	**임대사업자** (민간)
공급면적 (전용면적)	제한 없음	제한 없음	85㎡ 이하
임대의무기간	5년(공공·민간) 또는 10년(공공)	5년	10년
임차인 자격	청약통장에 가입한 무주택세대주	제한 없음	제한 없음
최초보증금 및 임대료	국토교통부 고시로 제한 (시세의 80~90% 수준)	제한 없음	시세 이하
증액제한	연 5%	연 5%	연 5%
자금융자 (1호당)	60㎡ 이하: 연 2.7% / 5,500만 원 60~85㎡: 연 3% / 7,500만 원 * 단, 민간사업자에 대해 13년 말까지 연 2% 금리적용	**(매입자금)** 미분양 85㎡ 이하: 연 5% (4%로 이하 협약 중) / 7,500만 원	**(개량자금 협의 중)** 60㎡ 이하: 연 2.7% / 1,800만 원 60~85㎡: 연 3% / 2,500만 원 **(매입자금 협의 중)** 85㎡ 이하: 연 3% / 7,500만 원

공급면적 및 전용면적 면에서 준공공임대외 임대는 면적에 제한이 없으나 준 공공임대는 전유면적이 85㎡ 이하이여야 한다.

의무기간은 매입 임대형태는 임대기간이 5년 이상인데 반하여 건설임대 및 준 공공임대는 임대기간이 10년 이상이다.

임차인 자격은 매입임대 및 준 공공임대는 특별한 자격을 제한하지 않는 대신 건설임대는 무주택자로서 청약통장에 가입한 자여야 한다. 그러나 건설임대의 경우 지역적 제한이 있어 부족할 경우에는 청약통장은 가입되어 있는 자라면 누구나 임차인자격을 부여하고 있다. 최초보증금 및 임대료는 건성임대가 가장 저렴하고, 다음으로 준 공공임대, 매입임대 순이다.

15.1.2. 건설·매입·준 공공임대 조세감면 비교

각 임대형태에 따른 조세감면혜택은 다음 표에서 보는 바와 같다.

구분		건설	매입임대	준공공임대
취득세	40㎡ 이하	면제	면제	면제
	40~60	면제	면제	면제
	60~85㎡ 이하	25%	25%	25%
				- 공동주택 건축 또는 공동주택·오피스텔은 최초로 분양받은 경우에 한함 60㎡ 이하: 공동주택·오피스텔을 취득 60~85㎡: 장기임대 10년 이상 보유자가 추가 취득 시
재산세	40㎡ 이하	면제	50%	면제
	40~60	50%	50%	50%
	60~85㎡ 이하	25%	25%	25%
				- 공동주택 건축·매입, 오피스텔매입 * 2세대 이상 임대목적에 직접 사용
양도소득금액 공제율		전용면적에 관계없이 최대 30%		60%
		장기보유특별공제(모든 주택에 적용) 주택보유기간에 따라 차등 적용 3년 이상~4년 미만: 10% 4년 이상~5년 미만: 12% 5년 이상~6년 미만: 15% 6년 이상~7년 미만: 18% 7년 이상~8년 미만: 21% 8년 이상~9년 미만: 24% 9년 이상~10년 미만: 27% 10년 이상 : 30%		장기보유특별공제 적용(예정)
양도소득세		다주택자중과배제		다주택자중과배제
		취득당시 국세청 시가기준 6억 원 이하 2호 이상, 5년 이상 임대	취득당시 국세청 시가기준 6억 원 이하(수도권 밖 3억 원이하) 1호 이상, 5년 이상 임대	
종합부동산세		합산배제		
		임대 당시 공시가격 6억 원 이하 2호 이상, 5년 이상 임대	임대 당시 공시가격 6억 원 이하(수도권 밖 3억 원 이하) 1호 이상, 5년 이상 임대	

15.2. 토지 임대부 임대주택

▶ 개정 임대주택법(2013.12.5. 시행)의 주요내용

정의: 임대주택의 정의에 토지임대부 임대주택 포함

토지임대기간: 토지주와 사업자 간 계약(다만, 민법상 지상권 최단 존속기간보다 단축 불가)에 따르되, 임대차기간 동안 지상권 설정 의제

토지임대료: 공공택지 임대료는 공급가 또는 감정가 기준으로 산정하고, 임대료 증액도 제한(연 5% 내)하나 민간택지는 자율

임차인 보호: 부도 등으로 임대사업자가 변경이 있는 경우, 변경 당시 임대조건으로 임차인의 잔여계약기간 거주 허용

* 토지소유자 변경 시에도 기존의 토지 임대차계약 승계

▶ 토지임대료 산정방법

시행령: **공공이** 개발하거나 매입 등으로 보유한 택지의 토지임대료는 토지가액에 대한 3년 만기 정기예금 평균이자율 적용하여 산정. **민간이** 개발하였거나 매입 등으로 보유한 토지의 임대료는 자율

공공이 개발한 택지: 실제공급가격 × 3년 만기 정기예금 평균이자율/12

공공이 보유한 택지: 감정평가액 × 3년 만기 정기예금 평균이자율/12

▶ 토지임대료를 보증금으로 전환하는 방법(시행령)

시행령: 토지의 월 임대료를 보증금으로 전환하려는 경우 적용되는 이자율은 3년 만기 정기예금 평균이자율 이상으로 정한다.

산출공식: 보증금으로 전환금액 = 1년분/월임대료 × 100/3년 만기 정기예금 평균이자율(%)

제9장

부동산 종류별 임대관리

이영구 부동산학 박사

1. 주거용 부동산임대관리

1.1. 주거용 임대관리사업 대상

우리나라의 건축법에서 주거용 부동산을 크게 두 가지로 구분하고 있다. 하나는 단독주택이고 다른 하나는 공동주택이다.

그리고 「주택법」에서 규정하고 있는 임대관리 대상주택은 동법 제2조제18호에서 "임대를 목적으로 하는 주택(준주택을 포함한다)"을 규정하고 있으며, 준주택에 대해서는 동법 제2조제1의2항에서 "준주택이란 주택 외의 건축물과 그 부속토지로서 주거시설로 이용 가능한 시설 등을 말하며, 그 범위와 종류는 대통령령으로 정한다"라고 규정하고 있고 동법 시행령 제2조의2(준주택의 범위와 종류)에서 "법 제2조제1호의2에 따른 준주택의 범위와 종류는 다음 각 호와 같다.

1. 「건축법 시행령」 별표 1 제2호 라목에 따른 기숙사
2. 「건축법 시행령」 별표 1 제4호 파목 및 제15호 다목에 따른 고시원
3. 「건축법 시행령」 별표 1 제11호 나목에 따른 노인복지시설 중 「노인복지법」 제32조 제1항제3호의 노인복지주택
4. 「건축법 시행령」 별표 1 제14호 나목에 따른 오피스텔"로 규정하고 있다.

이를 세분하면 다음과 같다.

단독주택

    - 단독주택

    - 단독주택(기타)

    - 다가구주택

    - 다중주택

    - 공관

    - 고시원 및 고시텔

    - 상가주택

공동주택

    - 아파트

    - 도시형생활주택

    - 연립주택

    - 다세대주택

    - 기숙사

    - 주거용 오피스텔

주거용 임대관리업은 임대사업용 주거용 부동산을 관리해 주는 임대관리사업을 말한다. 따라서 주거용 임대관리업을 할 수 있는 주거용 부동산을 구분하면 다음과 같다.

① 단독주택 기타

② 다가구주택

③ 다중주택

④ 고시원 및 고시텔

⑤ 상가주택

⑥ 아파트

⑦ 도시형생활주택

⑧ 연립주택

⑨ 다세대주택

⑩ 기숙사

⑪ 주거용 오피스텔

임대관리업의 형태에서 주거용 부동산을 다시 분산형과 집단형으로 구분하는데 이를 구분하면 다음과 같다.

① 분산형
- 단독주택 기타
- 다가구주택
- 상가주택
- 다중주택
- 고시원 및 고시텔

② 집단형
- 아파트
- 도시형생활주택
- 연립주택
- 다세대주택
- 기숙사
- 주거용 오피스텔

주거용 건물 중 임대사업을 하는 개인이나, 임대사업자를 등록한 물건 또는 해당 목적으로 건축하여 운영하는 민간건설업체가 건축하거나 지자체 및 정부가 건축하여 임대건물 등 임대관리를 할 수 있는 주택은 모두 주거용 임대관리부동산의 대상이 될 수 있다.

이 중 임대관리가 가능한 주거용 부동산의 특성과 임대 관리할 부분을 살펴보면 다음과 같다.

단독주택(기타)

단독주택 기타는 단독주택 중 1세대만 거주하는 전용 단독주택이 아닌 2세대 이상 거주하는 주택으로 지자체에 따라 "단독주택(기타)", "다가구주택"으로 표시하는 주택을 말한다.

단독주택 기타는 대부분 1층이나 2층 중 한 개 층은 소유주가 거주하고, 나머지 공간으로 임대사업 하는 주택으로 대부분 소유주가 직접 임대관리를 한다. 다만, 시설관리만을 외주를 주고 있는데 그 형태도 출장식 수리를 의뢰하는 형태라 사실상 임대관리가 제한된 주거용 부동산이다.

단독주택 기타 중 임대관리를 의뢰하고 있는 주택은 소유주가 외지에 거주하고 있는 주택은 대부분 개업공인중개사나 중개법인에게 자기관리형 임대관리를 의뢰하고, 임대차관리는 개업공인중개사나 중개법인에게, 시설관리 등은 시설관리업체에 의뢰하여 관리하고 있다.

다가구주택

다가구주택은 방1(원룸), 방2(투룸), 방3(주인세대) 이상 등으로 구성된 주택으로 최소 2세대로부터 19세대까지로 구성되어 있으며, 건축승인 후 일부를 개조하여 23세대까지 구성된 주택도 있다. 다가구주택은 1층에 점포를 설치한 것도 있고, 원룸 주택 중 방 하나와 거실을 두어 "1.5룸"이라고 부르기도 하며, 방2 이상의 주택은 복층으로 구성되어 있는 것도 있다.

다가구의 특징 중 하나는 대지의 면적과 건폐율 및 용적률에 따라, 같은 유형의 주택이라 하더라도 크기가 각각 상이하여 공동주택처럼 평형으로 정할 수 없다.

또 다른 특징 중의 하나는 원룸이나 1.5룸이 수익률이 좋기 때문에 투룸 이상을 원룸 및 1.5룸으로 개조를 많이 하고 있어 이행강제금 대상이 되는 다가구가 많다.

소유주가 거주하는 경우 소유주에게는 시설관리비를 징구하지 않고 있다. 다가구주택은 아파트 등 공동주택과 더불어 대표적인 임대사업주택으로 그 관리는 다양한 형태로 관리되고 있다.

제1형은 대부분 소유주가 주인세대에 거주하면서 임대관리 전반을 관리하는 형태이고, 제2형은 소유주가 주인세대에 거주하면서 시설관리만을 위탁 관리하는 형태이며, 제3형은 소유주가 임대관리 전반을 위탁 관리하되 재무관리는 직접 하는 형태, 제4형은 소유주가 임대차관리는 중개업소에, 시설관리는 시설관리업체에 위탁하고, 재무관리만 하는 형태, 제5형은 소유주가 임대관리 전반을 위탁하되 관리수수료를 임대료에서 일정비율 지불하는 형태, 제6형은 소유추가 임대관리 전반을 위탁하되 정액금으로 관리수수료를 지불하고 위탁 관리하는 형태 등이다.

다중주택 및 고시원·고시텔

다중주택 및 고시텔 등은 건축법상으로는 임대주택 내에 취사시설을 개별로 설치하지 않고 공동으로 사용하거나 설치하지 않는 주거형태이다.

다중주택 및 고시원·고시텔은 한 건물에 많은 입주자가 거주하므로 적절한 공간을 이용하여 커피 자판기 및 식당 등을 별도로 운용할 수 있는 특징이 있다.

다중주택 등의 관리는 운영자가 자신의 사업으로 운영되므로 임대관리는 제한이 많다. 다만, 임대관리를 위탁받은 경우는 주택에 준하여 임대관리는 가능하다.

상가주택

상가주택은 상가, 즉 점포나 사무실과 주택이 한 건물에 공존된 건물을 말한다.

상가주택의 임대관리는 다가구주택의 임대관리 유형 및 관리방법이 유사하다. 다만 임대관리자는 상가는 업종에 따라 수입의 차이가 매우 크므로 상가의 업종 입점계획을 수시로 파악하여 수입이 높은 업종을 입점시키는 노력이 추가로 고려되어야 한다.

또 상가주택의 임대관리의 특징은 주택보다는 수입이 일반적으로 적으나 반면 임대관리에 추가로 지출되는 비용이 적은 것이 특징이다. 즉, 내부 시설비의 경우 상가는 업종에 맞도록 임차인이 시설을 하고 임대차 만료 시 원상회복하므로 내부 수리비가 별도로 들지 않으며, 상가는 주택과 달라 경기에 매우 영향이 커서 입주기간이 비교적 짧은 것이 특징이다.

아파트

아파트는 민간 건설업체의 임대건물과 지자체 및 정부가 운영하는 임대건물 외에는 소유주와 임차인이 혼재한 특징이 있고, 임대주택의 소유주가 분산되어 개별적으로 위탁관리를 받아야 하는 것이 특징이다.

아파트의 시설관리는 관리사무소에서 운영되므로 임대차관리가 주 임대관리 형태이다. 또 임대관리 형태도 임차인의 입주까지만 관리하고 나머지 관리는 관리사무소에서 실시하므로 임대차중개 형태의 임대차관리이다.

아파트의 경우 임차인들이 꺼리는 이유 중의 하나는 관리비가 다른 임대건물에 비하여 높다는 것이 단점이다.

도시형생활주택

도시형생활주택은 기본 건축목적이 임대사업용으로 건축되어 임대관리업의 주 표적이 될 수 있다. 도시형생활주택은 빌딩관리와 유사한 임대관리 형태이다.

도시형생활주택도 공동관리이므로 시설관리사무소가 규약상 운용되고 있어 자기관리형 임대관리가 가능하다.

도시형 생활주택은 일반적으로 주거규격이 일률적이라 이질감을 갖지 않는 특징이 있고, 모든 관리를 관리업체가 전반적으로 관리해주고, 식당 등 생활편익 시설이 있어 편익성이 높은 장점이 있다.

반면, 도시형생활주택은 주차장 비율이 낮아 차량을 보유한 임차인들은 주차난의 어려움을, 그리고 다가구에 비하여 관리비가 높아 장기 거주율이 낮다. 따라서 공실률을 낮게 하는 노력이 지속적으로 요구된다.

연립주택 및 다세대주택

연립주택 및 다세대주택은 아파트와 같이 소유주와 임차인이 혼재하는 특징이 있으며, 관리비가 매우 낮아 서민들이 비교적 선호하는 주택이다.

연립주택이나 다세대주택을 이용하여 임대사업 하는 임대사업자는 대부분 보증금 있는 월세 임대차형태를 선호하므로 전세가 귀하다는 것이 특징이다.

연립주택 및 다세대주택의 임대관리는 단지형단위 관리가 가능하며, 시설관리는 전 세대를 대상으로 하고, 임대차관리만 임대주택에 실시한다.

기숙사

기숙사는 학교 및 대기업체에서 운용하는 주거시설로서 일반 임대관리자의 접근성은 매우 낮다.

학교에서 운영하는 기숙사는 임대관리업자가 접근하기는 제한되나 반대로 판단하면 새로운 개척분야일 수도 있다.

일반 산업체 기업에서 운용하는 기숙사는 시설관리업체에 많이 위탁하여 관리하고 있다.

기숙사는 자기관리형 임대관리 위탁의 전형적이 모델이 된다.

주거용 오피스텔

주거용 오피스텔은 업무시설의 용도변경으로 사업용 오피스텔과 혼재된 형태가 많다. 주거용 오피스텔은 사업가나 회사원들이 많이 사용하고 있으며, 거주요건이 비교적 쾌적한 것이 특징이다. 다만, 주거용 오피스텔은 다음 임대용주택에 비하여 관리비가 높다는 단점이 있다.

주거용 오피스텔의 임대관리는 빌딩 임대관리와 동일하게 실시하며, 300호 이상인 경우가 많아 자기관리형 임대관리 형태로 관리하는 곳도 있고, 분야별 위탁관리 형태로 하고 있다. 위탁관리형인 경우 임대차는 부동산중개업소에 시설관리는 관리사무소에서 실시한다.

1.2. 주거용 임대관리부동산의 시설

주거용 부동산의 임대관리를 위해서는 주거용 부동산의 상태를 정확하게 살펴보아야 한다.

특히 최근에 임차인들이 주거생활 편익에 관련하여 임대인에게 요구하는 바가 많고, 건축업자들이 쉽게 매매하기 위하여 많은 옵션을 제공하고 있어 내부시설로 인한 다툼이 많아지고 있다.

주거용 부동산에 대한 시설은 그 종류에 따라 다양하다.

먼저 소유자가 제공하는 가구면에서 보면, 가구를 전부 제공하는 임대주택과 기본시설만 되어 있는 임대주택, 그리고 가구의 일부만을 부분적으로 제공하는 임대주택으로 구분할 수 있다.

가구의 종류로는 원룸의 경우 TV, 냉장고, 가스레인지, 에어컨, 세탁기 등은 기본적으로 생각하고 있고, 붙박이장, 세탁물탈수기 및 건조기, 침대 및 매트리스까지도 제공하기도 한다.

또 IT산업의 발달로 보안장치인, 출입문에 보안시스템 설치여부, CCTV 설치여부, 인터넷선 제공여부, 유선방송선 제공여부, 출입문 번호키 등으로 구분된다.

최근에는 주차장 확보여부도 주거용 임대관리에서 점점 부각되고 있으며, 승강기 설치여부도 임대차관리에 영향을 주고 있다.

아파트 등과 같이 집단화된 시설에서는 복지시설의 존재여부도 임대관리시설의 선호도에 영향을 주고 있으며, 복지시설 중 헬스장 여부, 슈퍼, 은행, 약국 등의 상점이 단지내 존재 또는 근거리에 위치하는 지도 살펴보고 있으며, 청년층에서는 초등학교의 위치는 주택선정에 결정적 영향을 주기도 한다. 그 외 시설로 산책로, 수영장, 테니스장 및 농구장 등 운동시설을 설치하기도 한다.

기본시설 중 난방시설은 도시가스 개별난방을 선호하며, 싱크대는 비교적 넓은 것으로 음식물 쓰레기를 별도로 처리하지 않도록 완전분쇄형 처리기가 설치된 것을 선호한다. 화장실은 안방과 같이 설치하고, 주방은 안방과 분리된 구조를 선호한다.

주거와 관련된 시설의 제공은 임차인의 교체 시 소유주는 보증금 반환 전에 확인하고 있어 임대관리업자는 주거와 관련하여 임차인에게 제공한 시설에 대하여 확인 및 점검표를 작성하여 사용할 준비가 요구된다.

2. 상업용 건물임대관리

2.1. 상업용 임대관리자

상업용 건물의 임대관리는 「공인중개사법」 제14조에 의하여 부동산중개업자(개업공인중개사 및 중개법인)가 상업용 건물의 임대차관리 대행을 위임받은 경우 별도로 임대관리업 등록 없이 임대차관리 및 시설관리 업무까지 임대관리업무를 수행할 수 있고, 만일 「주택법」에 의하여 임대관리를 하는 경우에는 임대차관리는 부동산중개업자만이 할 수 있고, 기타 업무는 위탁받은 임대관리업자가 수행할 수 있다.

2.2. 상업용 건물임대관리 대상

상가임대관리 대상은 개별점포로 형성된 상가의 임대관리를 의미한다.
상가 임대관리를 위해 상가의 분류를 살펴보면 다음과 같다.

① 아파트 단지 내 상가

② 근린상가(상가주택 및 단독주택 상가)

③ 전문테마상가

④ 상가빌딩

⑤ 지분제상가

⑥ 사무용 상가(오피스텔)

⑦ 재래시장 내 상가

상가임대관리는 투자형 상가가 대부분 대상이 된다. 즉, 상가의 소유자가 직접 영업을 하는 상가는 임대관리대상이 되지 않고 상가를 임대차하여 운용수익을 얻고자 투자하는 상가가 임대관리대상이 된다.

상가점유비율을 보면 소유주와 임차인의 비율이 상가의 유형에 따라 상이하지만 근린상가 및 아파트 단지 내 상가의 경우 임차인의 점유비율이 약 50~60%로 나타나고 있다. 따라서 상가임대차관리도 개업공인중개사들은 개척할 부분이다.

2.3. 상가 임대료

상가임대관리에서 가장 중요한 것은 임대료와 권리금 그리고 관리비의 산출이다. 상가 임대료는 상가에 입점한 업종의 수입을 기초로 책정되어야 한다.

상가 임대료를 원가방식으로 산출 시 통상 총 공사비의 30% 이윤을 더한 매매가격의 70%를 총 임대료로 산출하고 있다.

이렇게 산출한 총 임대료를 임대보증금과 월세로 구분할 경우 임대보증금은 월세의 10~12배로 정하고, 나머지 보증금을 월세로 전환하는데 상가는 상가임대차보호법에 의해 연 12%로 산출한다. 이를 산출한 예를 살펴보면 다음과 같다.

월세 = 보증금 × R ÷ (12 + 10R)[1]

보증금 = 월세 × 10(또는 12)

---

1) 『부동산중개실무대백과』, 대한공인중개사협회, 2003.11.10, p.130.

R: 연이자율

<예> 매매가격: 1억 원, 전세금액: 7,000만 원

<답> 월세 = 7,000만 원 × 0.12 ÷ (12 + 10 × 0.12) = 840 ÷ 13.2 = 64만 원

보증금 = 64 × 12 = 640~768만 원 = 650~800만 원

<예> 매매가격: 1억 원, 전세가격: 7,000만 원, 월세 30만 원일 경우, 보증금은?

<답> 월세에 해당하는 보증금 산출

30만 원 = E × 0.12 ÷ (12 + 10 × 0.12) = 3,300만 원

보증금은 7,000만 원 - 3,300만 원 = 3,700만 원

각 층별 임대료 배분은 각층별 효율성을 적용하는데 일반적으로 승강기를 설치한 건물의 경우와 승강기가 설치되지 않은 경우로 구분하여 배분한다.

현재 모 광역시의 현지에서 승강기 설치여부에 따른 각층의 1층 대비 수익비율을 보면 다음과 같다.

층	1	2	3	4	5 이상
승강기 설치	100%	35%	25%	25%	24%
승강기 미설치	100%	20%	15%	12%	10%

이 배분비율은 효용성비율을 표시하며, 예를 들면 승강기가 있는 경우 동일업종이 1층에 입점하여 100원의 수입을 얻는다면 2층에 입점 시는 35원의 수입이 있게 되고, 3층에 입점하면 25원의 수입을 획득한다는 비율이다.

또 같은 층에서도 전면도로를 기준하여 출입구 및 전면도로에서 이격된 거리와 위치에 따라서도 상이하다.

2.4. 관리비

상업용 건물의 관리비는 상업용 건물의 수명연장과 품격향상 그리고 차별화하는 데 대단히 중요하다.

상업용 건물에서 관리비 산출은 해당 건물을 수선하고 관리 유지하는 데 소요되는 총 비용을 층 및 위치에 관계없이 균등 분배하는 것을 원칙으로 한다. 따라서 면적의 광협에 따라 관리비가 차이가 있을 뿐 기본비용은 동일하게 적용한다. 관리비 소요 및 산출은 제 2장 및 제4장을 참조한다.

2.5. 권리금

권리금은 상업시설에서만 존재하는 금액으로 임차인 간의 영업에 관련된 이익과 시설 설치에 관련된 거래금액이다. 따라서 임대인과는 무관하며, 임대사업과 관련해서는 부정적 생각을 하고 있다. 임대인이 권리금에 대해 관련되는 경우는 임대인이 임차인의 영업장을 인계하는 경우와 인수받는 경우에만 임차인과 마찬가지로 권리금에 대해 적용되고 있다.

2.5.1. 권리금이란

권리금이란 지금까지 영업과정에서 알려진 위치나 단골손님으로 확보한 무형자산 및 시설비의 투입에 대한 보상금을 의미한다.[2] 상업용 건물에서 임차인 간에 동일업종인 경우 권리금이 거래되는 것은 일반적이다. 일반적으로 권리금에는 3가지 유형을 말하고 있다.

영업권리금

향후 점포를 운영할 경우 1년간 예상되는 순이익을 말한다.[3] 이 영업권리금은 양도하는 영업주가 아니더라도 누구나 그 영업을 인수받아 영업을 하는 경우 얻을 수 있는 기본 이익으로 간주하여 지불하는 금액이다.

영업권리금은 입점자에게는 매우 중요하다. 영업권리금이 없는 점포는 사실상 상가로서 가치가 없는 곳이라는 뜻이다. 따라서 새로이 입점하는 입점주는 영업권리금을 지불하는 데 주저할 필요는 없다.

다만, 이 영업권리금이 순이익을 초과하는 부풀린 금액으로 거래가 되고 있어 이는 법

---

2) 상게서, p.104.
3) 상게서, p.104.

적 규제가 필요한 부분이다. 즉, 영업권리금을 요구할 경우에는 그 증빙자료를 제시하도록 하는 것과 영업권리금을 책정하는 기준 등 최소의 제재 조치는 필요하다.

시설 권리금

시설권리금은 초기 개점 시 영업장을 형성하기 위하여 투입한 시설비용을 말한다. 이 시설비에는 인테리어 비용은 물론 간판, 기자재 및 도구까지 포함된다. 따라서 이 시설은 사용기간에 따라 가치가 감가되기 때문에 과거에는 3년을 기준으로 가치를 환산해주었으나 상가임대차보호법이 제정되면서 5년까지 연장하여 가치를 감가상가해주고 있다. 따라서 시설을 설치한 후 5년이 경과한 시설은 시설비를 요구할 수 없다.

또 시설비는 동일업종인 경우 적용하고 있으며, 다른 업종으로 업종이 변경되어 인계하거나 동일업종이라 하더라도 구형모델로 새로이 설비를 다시 해야 하는 경우에는 시설비를 지불하지 않는다.

바닥권리금

바닥권리금은 점포의 위치가 가져다주는 기본영업력을 말하는데 이는 매우 잘못 된 권리금이다. 왜냐하면 바닥권리금은 임대료 산출 시 이미 반영되어 있어 점포 위치가 양호한 곳은 임대료가 높게 책정된다. 이는 임대인이 구입할 때 이 금액을 더 지불하고 구입하여 임대인이 임대료에서 투자된 돈을 회수하는 데 반영된 것이다. 따라서 임차인이 이를 추가로 받아가는 것은 부당이득에 해당한다고 보아야 한다.

바닥권리금은 권리금 거래에서 시정되어야 하는 매우 중요한 사항이다.

2.5.2. 권리금 산출

권리금 산출의 기준은 다음과 같다.

대한공인중개사협회 권리금 산출기준[4]

① 파는 사람의 기회비용: 1년 동안의 순수익

② 장사가 잘 되는 곳: 영업권 + 시설비

③ 장사가 잘 안 되는 곳: 시설비 기준

---

4) 상게서, p.105.

④ 점포크기: 10~30평이 이상적

⑤ 시설비: 내용연수 3년 또는 5년 기준

<사례> 입지: B급
규모: 10평
업종: 분식집
월 순수익: 400만 원
영업개시 1년
영업권리금: 월 400만 원 × 12개월 = 4,800만 원
시설권리금: 2,000만 원 - 700만 원 = 1,300만 원
총 권리금: 4,800만 원 + 1,300만 원 = 6,100만 원

소상공인지원센터의 창업교재에 의하면 영업권리금은 1년 총 매출액에서 비용을 제한 순수익을 영업권리금으로 하고, 시설권리금은 매년 30%씩 감가상각 하여 산출한다.[5]

미국의 권리금 산출기준[6]

1년 이상 된 점포권리금: 1년 매출액 ÷ 12

1년 미만 된 점포권리금: 최근 3개월 매출액 ÷ 3

우리나라의 현실은 권리금에 대한 거래가 산출방식을 적용하는 것도 아니며, 또 과학적이고 합리적인 증거를 가지고 권리금을 요구하는 것이 아니다. 양도인의 요구를 양수인이 조정하여 지불하는 형식이다. 따라서 권리금의 과다로 실제 자영업자 등은 1년 이상을 헛장사하고 이렇게라도 영업이 잘 되어 권리금으로 지불한 금액만큼의 영업이익 기간이 지나면 이익을 보겠으나 그 중간에 영업을 그만두는 경우 막대한 손실을 입게 된다.

또한 양도자는 3개월 내지 1년의 기간 안에 가상 성업하는 투자를 하여 권리금 장사로 이득을 챙기는 신종 사기성 영업이 진행되고 있다. 예를 들면, 슈퍼만 전문으로 신설하여 권리금을 취득하는 경우로 슈퍼를 설치하여 3개월 내지 1년 미만 조직을 편성하여 위장 고객으로 영업 성세를 보이게 하여 권리금을 1~2억 원씩 챙기고 슈퍼를 인계하는 형태이다.

따라서 권리금에 대해 법적으로 규제할 수 없으나 법원 판례로라도 산출방식을 명확히 할 필요는 있다고 본다.

필자의 경험과 판단으로 보았을 때, 비교적 과학적이고 합리적인 권리금 산출방식은

5) 『소상공인창업교재(1)』, 중소기업청 소상공인지원센타, 2005, pp.337~340.
6) 『돈 버는 부동산경영가이드』, 진영섭 저, 한국학술정보(주), 2012.3.20, p.282.

영업권리금의 경우는 미국식 방식인 1년간 매출액의 1/12로, 시설권리금은 대한공인중개 사협회에서 제시한 경과연수에 따라 1년에 20%씩 감가상각하고, 바닥권리금은 권리금에 반영을 금지하는 것 등으로 대법원 판례가 있으면 바람직하다고 판단된다.

2.6. 상가임대관리자의 역할

상가임대관리업자의 역할 중 가장 중요한 것 중의 하나는 임대사업자의 적절한 수익을 보장할 수 있도록 하는 활동이다.

이를 위하여 상가임대관리업자는 상가의 공실이 가장 적게 발생하도록 하는 활동과 상가에 어떤 업종을 입점시키는 것이 임대수익을 가장 높일 수 있는가 하는 개별상가의 경우는 지역상권을 고려하여 적절한 업종을, 빌딩의 경우는 점포구성을 하는 것이다. 또 상가임대관리업자도 입주자들이 연체 없이 임대료 및 관리비를 잘 지불하도록 하는 것이다.

첫째, 권리금을 합리적으로 거래되도록 하여야 한다.

둘째, 임대료를 차별화하거나 시설관리를 고객이 유인될 수 있도록 차별화 노력이 필요하다.

셋째, 문화공간을 확보하여야 한다.

넷째, 주기적으로 홍보를 하여야 한다.

다섯째, 입점 점포끼리 아니면 주변 점포와 연계 방안을 강구한다.

여섯째, 임대관리요원 및 입점근무요원 모두 친절하고 신뢰할 수 있는 언행을 교육한다.

일곱째, 상가 특히 빌딩임대관리업자는 집인성 시설이므로 안전에 최우선을 두고 활동한다.

2.7. 임대관리 업무수행 절차

상가임대관리업무는 부동산중개업자가 수행함이 바람직하므로 제2장의 임대관리업무 수행절차 중 등록절차만을 제외하고 적용하여 수행한다.

3. 창고 및 공장, 토지 임대관리

3.1. 창고임대관리

창고임대는 도매상들로 인하여 활발하게 실시되고 있다. 그러나 시설 자체가 개별적이고, 수요층이 매우 다양하여 일률적인 창고를 운용하기 어려운 점이 많다.

창고임대 수요를 보면, 주로 농산물 저장 및 보관을 위한 수요는 저온창고가, 공단지역이나 물류센터 지역이나 인근의 창고는 물품보관이나 운송을 위한 임시보관 창고가, 건설공사 현장의 자체 보관 창고가 주류를 이룬다.

최근 창고임대의 양상이 변화를 주고 있다. 과거에는 주로 앞에서 본 바와 같이 농수산물이나 공장제품의 보관에 의한 대형창고의 형태에서 주거지역에서 보유하고 있는 가구 중 당장 사용하지 않는 가구나 비품을 보관해두려는 수요가 늘어나 5~10평 규모의 소형창고 임대업이 성행하고 있다. 그래서 임대사업의 전망은 양호한 편이나 임대관리업으로까지 발전은 좀 더 시간이 요구된다.

3.2. 공장임대관리

공장임대는 중소기업의 창업 및 영업활동이 활발하여 소요가 비교적 있는 편이나 정부의 창업자금 지원책과 아직도 부동산이 재테크 수단으로 가장 수익률이 높은 수단으로 신뢰하여 공장부지를 구입하려는 성향으로 임대수요가 그리 많은 편은 아니다.

공장임대관리 실태를 보면 주로 기존 생산관리업을 수행하고 있는 자들이 공장을 확장하여 이전하거나 타 지역으로 이전하면서 기존에 운영하던 공장을 타인에게 임대하는 형태이거나 공장을 축소하면서 여유 공장을 임대하는 형태로 운영되고 있다.

따라서 공장임대관리는 시설관리 분야의 관리에는 전망이 있다.

3.3. 토지임대관리

토지임대관리는 정부가 임대주택사업을 토지임대주택 건설에서 발전될 것으로 예상된다. 농지는 「농지법」에 의하여 농지은행에서 실시하고 있고, 그 외는 농지 소유자가 개별적으로 임대를 하고 있어 일반인 농지 임대관리업을 하는 경우는 매우 미약한 실태이다.

임야 임대는 조경업자 등이 수목재배를 위한 임차 주를 이루고 있으며, 토지 소재지 주변 주민들이 농작물 재배를 위해 부분적으로 개간하여 무료로 임차하여 사용하는 실태이다.

나대지를 포함한 농지 및 임야 중 일부는 임대로 주로 건축자재 등의 임시 적치장소로 제공되는 임대활동이 일반적이다.

따라서 토지임대관리업은 더 조사와 연구가 필요한 부분이다.

주택임대관리업 관련 법규(주택법)

주택법 [시행 2014.2.7.] [법률 제12022호, 2013.8.6.]	시행령 [시행 2014.2.7] [대통령령 제25154호,2014.2.6.]	시행규칙 [시행 2014.2.7.] [국토교통부령 제74호, 2014.2.7.]
제2조(정의) 이 법에서 사용하는 용어의 뜻은 다음과 같다. 18. **"주택임대관리업"**이란 다음 각 목의 업무를 행하는 업을 말한다. 가. 임대를 목적으로 하는 주택(준주택을 포함한다. 이하 같다)의 시설물 유지·보수·개량 등 나. 임대를 목적으로 하는 주택의 임대료 징수 및 임차인의 관리(임차인의 명도 및 퇴거 업무 등을 말하며, 「공인중개사의 업무 및 부동산 거래신고에 관한 법률」 제2조제3호에 따른 중개업은 제외한다. 이하 같다) 다. 그 밖에 임대를 목적으로 하는 주택의 임차인(「임대주택법」 제2조제1호에 따른 임대주택의 임차인을 포함한다. 이하 제53조의2부터 제53조의7까지에서 같다)의 주거 편의을 위하여 필요하다고 대통령령으로 정하는 업무 [전문개정 2009.2.3.]		

제53조의2(주택임대관리업의 등록) ① 대통령령으로 정하는 규모 이상으로 하나의 주택임대관리업을 하려는 자는 대통령령으로 정하는 바에 따라 시장·군수·구청장에게 등록을 하여야 하며, 등록사항이 변경된 경우에는 국토교통부령으로 정하는 바에 따라 변경신고를 하여야 한다.

1. 자기관리형 주택임대관리업: 임대인과 제2항에 따른 주택임대관리업자가 계약당사자로서 주택임대관리업자가 자기책임으로 임대인에게 임대료 지불을 보장하고 자기책임으로 주택을 임대하는 형태

2. 위탁관리형 주택임대관리업: 임대인과 임차인이 계약당사자로서 제2항에 따른 주택임대관리업자는 임대인과의 계약에 따라 관리수수료를 받고 임대료 징수, 임대 관리 및 시설물 유지관리업무 등을 대행하는 형태

3. 그 밖에 대통령령으로 정하는 영업의 형태

② 제1항에 따라 등록을 한 자(이하 "주택임대관리업자"라 한다)가 제53조의3에 따라 그 등록을 말소하는 때에는 2년이 지나지 아니하면 다시 등록할 수 없다.

③ 제1항에 따라 등록을 하려는 자가 갖추어야 하는 자본금(법인이 아닌 경우에는 자산평가액을 말한다), 전문인력, 시설 등에 관한 사항은 대통령령으로 정한다.

제69조의2(주택임대관리업의 등록대상 및 등록기준) ① 법 제53조의2제1항 각 호 외의 부분에서 "대통령령으로 정하는 규모"란 다음 각 호의 구분에 따른 규모를 말한다.

1. 법 제53조의2제1항제1호에 따른 자기관리형 주택임대관리업(이하 "자기관리형 주택임대관리업"이라 한다): 100호

2. 법 제53조의2제1항제2호에 따른 위탁관리형 주택임대관리업(이하 "위탁관리형 주택임대관리업"이라 한다): 300호

② 법 제53조의2제3항에 따른 등록기준은 별표 8의2와 같다. [본조신설 2014.2.6.]

제69조의3(주택임대관리업의 등록절차) ① 법 제53조의2제1항에 따라 주택임대관리업의 등록을 하려는 자(이하 "주택임대관리업자"라 한다)가 제53조의3제1항에 따라 그 등록을 말소하는 때에는 자는 등록신청서에 국토교통부령으로 정하는 서류를 첨부하여 시장·군수 또는 구청장에게 등록을 신청하여야 한다.

② 시장·군수 또는 구청장은 주택임대관리업의 등록을 한 자에게 국토교통부령으로 정하는

제31조의2(주택임대관리업의 등록신청 등) ① 법 제53조의2제1항에 따라 주택임대관리업의 등록을 하려는 자는 별지 제38호의2 서식의 주택임대관리업 등록신청서에 다음 각 호의 서류를 첨부하여 시장·군수 또는 구청장에게 제출하여야 한다.

1. 주택임대관리업의 등록기준에 관한 다음 각 목의 서류

통령령으로 정한다.
[본조신설 2013.8.6.]

바에 따라 주택임대관리업등록증을 발급하고, 등록사실을 공고하여야 한다.
[본조신설 2014.2.6.]

가. 영 별표 8의2 제1호에 따른 자본금 요건을 증명하는 다음의 구분에 따른 서류
1) 신청인이 법인인 경우: 납입자본금에 관한 증명서
2) 신청인이 개인인 경우: 자산평가서와 그 증명서
나. 영 별표 8의2 제2호에 따른 전문인력 요건을 증명하는 서류
다. 영 별표 8의2 제3호에 따른 사무실 확보를 증명하는 서류(건물 임대차 계약서 사본 등 사용에 관한 권리를 증명하는 서류를 포함한다)
2. 신청인이 재외국민인 경우에는 재외국민 등록증 사본

② 제1항에 따라 주택임대관리업 등록신청서를 제출받은 시장·군수 또는 구청장은 「전자정부법」 제36조제1항에 따른 행정정보의 공동이용을 통하여 다음 각 호의 정보를 확인하여야 한다. 다만, 신청인이 제3호부터 제5호까지의 규정에 따른 정보의 확인에 동의하지 아니하는 경우에는 해당 서류 또는 그 사본을 제출하도록 하여야 한다.
1. 건물 등기사항증명서
2. 신청인이 법인인 경우에는 법인 등기사항증명서
3. 신청인이 개인인 경우에는 주민등록표 등본

4. 신청인이 재외국민인 경우에는 여권정보

5. 신청인이 외국인인 경우에는 「출입국관리법」 제88조에 따른 외국인등록 사실증명

③ 영 제69조의3제2항에 따른 주택임대관리업 등록증은 별지 제38조의3서식과 같다.

④ 시장·군수 또는 구청장은 영 제69조의3제2항에 따라 주택임대관리업등록증을 발급하였을 때에는 별지 제38조의4서식의 주택임대관리업 등록대장에 그 내용을 기록하여야 한다.

⑤ 법 제53조의2제1항에 따라 등록사항 변경신고를 하려는 자는 변경사유가 발생한 날부터 15일 이내에 별지 제38조의5서식의 주택임대관리업 등록사항 변경신고서에 변경내용을 증명하는 서류를 첨부하여 시장·군수 또는 구청장에게 제출하여야 한다.

⑥ 제5항에 따라 변경신고를 받은 시장·군수 또는 구청장은 변경내용을 확인한 후 별지 제38조의 4서식의 주택임대관리업 등록대장에 그 내용을 기록하여야 한다.

⑦ 제4항 및 제6항에 따른 주택임대관리업 등록대장은 전자적 처리가 불가능한 특별한 사유가 없으면 전자적 처리가 가능한 방법으로 작성·관리하여야 한다.

[본조신설 2014.2.7.]

제31조의3(주택임대관리업 등록의 공고) 시장·군수 또는 구청장은 영 제69조의3제2항에 따

다. 주택임대관리업을 등록하였을 때에는 등록한 주택임대관리업자에 관한 다음 각 호의 사항을 해당 지방자치단체의 공보에 공고하고, 인터넷 홈페이지에 게재하여야 한다. 1. 주택임대관리업자의 상호·명칭 및 성명 (법인인 경우에는 대표자의 성명) 2. 등록 연월일 3. 등록번호 4. 자본금 5. 주된 영업소의 소재지 [본조신설 2014.2.7.]	
제53조의3(주택임대관리업의 등록의 말소 등) ① 시장·군수·구청장은 주택임대관리업자가 다음 각 호의 어느 하나에 해당하면 그 등록을 말소하거나 1년 이내의 기간을 정하여 영업의 전부 또는 일부의 정지를 명할 수 있다. 다만, 제1호 또는 제6호에 해당하는 경우에는 그 등록을 말소하여야 한다. 1. 거짓이나 그 밖의 부정한 방법으로 등록을 한 경우 2. 제53조의2제3항에 따른 등록기준에 미달하게 된 경우 3. 고의 또는 과실로 임대를 목적으로 하는 주택을 잘못 관리하여 임대인 및 임차인에게 재산상의 손해를 입힌 경우 4. 임대를 목적으로 하는 주택의 관리실적이	**제69조의4(주택임대관리업 등록말소 등의 기준 등)** ① 법 제53조의3제1항제4호에서 "대통령령으로 정하는 기준에 미달한 경우"란 매년 12월 31일을 기준으로 최근 3년간 주택임대 관리실적이 전무한 경우를 말한다. ② 시장·군수 또는 구청장은 법 제53조의3제1항에 따라 주택임대관리업 등록말소 또는 영업정지처분을 하려는 경우에는 처분일 1개월 전까지 해당주택임대관리업자가 관리하는 주택의 임대인 및 임차인에게 그 사실을 통보하여야 한다. ③ 법 제53조의3제1항에 따른 등록말소 및 영업정지 처분의 기준은 별표 8의3과 같다. ④ 법 제53조의3제1항제2호에 따라 등록말소 및 영업정지 처분을 하는 경우 등록기준 보완 및 영업정치 처분의 감경에 관하여는 제14조제4항을 준

대통령령으로 정하는 기준에 미달한 경우 용한다.

5. 제53조의7에 따른 보고, 자료의 제출 또는 방해 ⑤ 법 제53조의3제2항에 따른 과징금은 영업정지는 검사를 거부·방해 또는 기피하거나 지키기간 1일당 3만 원을 부과하되, 영업정지 1거짓으로 보고를 한 경우 개월은 30일을 기준으로 한다. 이 경우 과징금

6. 최근 3년간 2회 이상의 영업정지처분을 받은 은 1천만 원을 초과할 수 없다. 자로서 그 정지처분을 받은 기간이 [본조신설 2014.2.6.]

합산하여 12개월을 초과한 경우 **제69조의5(과징금의 부과 및 납부)** ① 시장·

7. 이 밖에 또는 이 법에 따른 명령을 위반한 경우 군수·구청장은 법 제53조의3제2항에 따라

② 시장·군수·구청장은 주택임대관리업자가 과징금을 부과하려는 경우에는 위반행위의 종류

제1항제2호부터 제5호까지 및 제7호의 어느 하나의 나와 과징금의 금액을 분명하게 적은 서면으로 일에 해당하는 경우에는 대통령령으로 정하는 바 정하여 그 과징금을 부과하여야 한다.

에 따라 영업정지를 갈음하여 1천만 원 이하 ② 제1항에 따라 통지를 받은 자는 통지를 받

의 과징금을 부과할 수 있다. 은 날부터 30일 이내에 과징금을 시장·군수

③ 시장·군수·구청장은 제2항에 따른 과징금을 또는 구청장이 정하는 수납기관에 내야 한다.

을 기한까지 내지 아니하면 지방세 체납처분의 다만, 천재지변이나 그 밖의 부득이한 사유로

예에 따라 징수한다. 그 기간 내에 과징금을 낼 수 없을 때에는 그

④ 제1항에 따른 등록말소 및 영업정지처분에 관 사유가 해소된 날부터 7일 이내에 내야 한다.

한 기준과 제2항에 따른 과징금을 부과하는 ③ 제2항에 따라 과징금을 받은 수납기관은 과

위반행위의 종류 및 위반정도에 따른 과징금의 징금을 낸 자에게 영수증을 내주어야 한다.

금액 등에 필요한 사항은 대통령령으로 정한다. ④ 과징금의 수납기관은 제3항에 따라 과징금

[본조신설 2013.8.6.] 을 수납한 경우에는 지체 없이 그 사실을 시장·

군수 또는 구청장에게 통보하여야 한다.

[본조신설 2014.2.6.]

제53조의4(보증상품의 가입) ① 제53조의2제2제1항 **제69조의6(보증상품의 가입)** ① 법 제53조의4에 따른 자기관리형 주택임대관리업을 제1항에 따라 자기관리형 주택임대관리업을 하

하는 주택임대관리업자는 임대인 및 임차인이는 주택임대관리업자(이하 "자기관리형 주택임 관리보증을 위하여 보증상품에 가입하여야 한대관리업자"라 한다)가 가입하여야 하는 보증 다.
② 제1항에 따른 보증상품의 종류와 가입절차상품은 다음 각 호의 보증을 할 수 있는 보증 등에 대해서는 매통령령으로 정한다.
[본조신설 2013.8.6.]

임대인 및 임차인의 주택임대관리 및 임차인의 주택임대관리 보증 관리보증을 위하여 보증상품에 가입하여야 하상품은 다음 각 호의 보증상품으로 한다.

1. 임대인의 관리보증을 위한 보증: 자기관리 형 주택임대관리업자가 약정한 임대료를 지급하지 아니하는 경우 약정한 임대료의 3개월분 이상의 지급을 책임지는 보증

2. 임차인의 관리보증을 위한 보증: 자기관 리형 주택임대관리업자가 임대보증금의 반 환의무를 이행하지 아니하는 경우 임대보 증금의 반환을 책임지는 보증

② 자기관리형 주택임대관리업자는 임대인과 주택임대관리계약을 체결하거나 임차인과 주택 임대차에 관한 계약을 체결한 경우 임대인 또 는 임차인에게 다음 각 호의 어느 하나에 해당 하는 기관이 발행한 보증서로서 제1항 각 호의 보증상품 가입을 증명하는 보증서를 내주어야 한다.

1. 대한주택보증주식회사

2. 제44조제2항제1호 각 목의 금융기관 중 국 토교통부장관이 지정하여 고시하는 금융기관

③ 자기관리형 주택임대관리업자는 제1항 각 호에 따른 보증상품의 내용을 변경하거나 해지 하는 경우에는 그 사실을 임대인 및 임차인에 게 알리고, 사무실 등 임대인 및 임차인이 잘

볼 수 있는 장소에 공고하여야 한다.
[본조신설 2014.2.6.]

제53조의5(주택임대관리업자에 대한 지원) 국가, 지방자치단체 및 공공기관 등은 주택임대관리업자에게 법률 등으로 정하는 장은 주택임대 행정상 필요한 지원을 할 수 있다. [본조신설 2013.8.6.]

제53조의6(등록의제) 제53조의2제1항제1호에 따른 자기관리형 주택임대관리업을 하는 주택임대관리업자는 「임대주택법」 제6조에 따른 임대사업자 등록을 한 것으로 본다.
[본조신설 2013.8.6.]

제53조의7(주택임대관리업자에 대한 감독) 국토교통부장관 및 시장·군수·구청장은 임대인및 임차인의 권리를 보호하기 위하여 필요한 경우에는 주택임대관리업자에게 이 법에 따른 업무 또는 재산 등에 관한 자료의 제출이나 보고를 명할 수 있으며, 소속 공무원으로 하여금 그 업무 또는 재산 등을 검사하게 할 수 있다.
[본조신설 2013.8.6.]

제82조(협회의 설립인가 등) ① 협회를 설립하려면 다음 각 호의 구분에 따른 인원수를 받기 인으로 하여 정관을 마련한 후 창립총회의 의결을 거쳐 국토교통부장관의 인가를 받아야 한다. 주택사업자단체가 정관을 변경하려는 경우

256 도 배는 부동산임대관리업

에도 또한 같다. <개정 2013.3.23, 2013.8.6.>
1. 주택사업자단체: 회원자격을 가진 자 50명 이상
2. 주택관리사단체: 공동주택의 관리사무소장으로 배치된 자의 5분의 1 이상
3. 주택임대관리업자단체: 주택임대관리업자 10명 이상
② 국토교통부장관은 제1항에 따른 인가를 하였을 때에는 이를 지체 없이 공고하여야 한다. <개정 2013.3.23.>
[전문개정 2009.2.3.]

제97조(벌칙) 다음 각 호의 어느 하나에 해당하는 자는 2년 이하의 징역 또는 2천만 원 이하의 벌금에 처한다. 다만, 제2호, 제7호 또는 제13조의2에 해당하는 자로서 그 위반행위로 얻은 이익의 100분의 50에 해당하는 금액이 2천만 원을 초과하는 자는 2년 이하의 징역 또는 그 이익의 2배에 해당하는 금액 이하의 벌금에 처한다. <개정 2011.9.16, 2012.1.26, 2013.6.4, 2013.8.6, 2013.12.24>
14의2. 제53조의2에 따른 등록을 하지 아니하고 주택임대관리업을 한 자 또는 거짓이나 그 밖의 부정한 방법으로 등록한 자
[전문개정 2009.2.3.]

제98조(벌칙) 다음 각 호의 어느 하나에 해당하는 자는 1년 이하의 징역 또는 1천만 원 이하의 벌금에 처한다.

<개정 2013.6.4, 2013.8.6, 2013.12.24.>
7의2. 제53조의3에 따른 영업정지기간에 영업을 한 자나 주택임대관리업의 등록이 말소된 후 영업을 한 자
[전문개정 2009.2.3.]

제101조(과태료) ③ 다음 각 호의 어느 하나에 해당하는 자에게는 5백만 원 이하의 과태료를 부과한다. <개정 2011.9.16, 2012.1.26, 2012.12.18, 2013.6.4, 2013.8.6, 2013.12.24.>
13의2. 제53조의2를 위반하여 주택임대관리업의 등록사항 변경신고를 하지 아니한 자
13의3. 제53조의4에 따른 보증상품에 가입하지 아니한 자

주택임대관리업의 등록기준

(시행령 제69조의2제2항 관련)

구분		자기관리형 주택임대관리업	위탁관리형 주택임대관리업
1. 자본금		2억 원 이상	1억 원 이상
2. 전문인력	가. 변호사, 법무사, 공인회계사, 세무사, 감정평가사, 건축사, 공인중개사, 주택관리사로서 해당 분야에 2년 이상 종사한 사람	2명 이상	1명 이상
	나. 부동산 관련 분야의 석사학위 이상 소지자로서 부동산 관련 업무에 3년 이상 종사한 사람		
3. 시설		사무실	

비고
1. "자본금"이란 법인인 경우에는 주택임대관리업을 영위하기 위한 출자금을 말한다.
2. "전문인력"이란 위 표의 제2호 가목 또는 나목의 어느 하나에 해당하는 사람으로서 상시 근무하는 사람을 말한다.
3. "부동산 관련 분야"란 경영학, 경제학, 법학, 부동산학, 건축학, 건축공학 및 이에 상당하는 분야를 말한다.
4. "부동산 관련 업무"란 공인중개업, 주택관리업, 부동산개발업을 하는 법인 또는 개인사무소나 부동산투자회사, 자산관리회사 및 그 밖에 이에 준하는 법인·사무소 등에서 수행하는 부동산의 취득·처분·관리 또는 자문 관련 업무를 말한다.
5. 사무실은 「건축법」 및 그 밖의 건축 관련 법령상 기준을 충족시키는 건물이어야 한다.

별지 #3 [주택임대관리업자 행정처분기준]

주택임대관리업자에 대한 행정처분기준
(시행령 제69조의4제3항 관련)

1. 일반기준

가. 위반행위의 횟수에 따른 행정처분의 기준은 최근 1년간 같은 위반행위로 처분을 받은 경우에 적용한다. 이 경우 행정처분기준의 적용은 행정처분을 한 날과 그 행정처분 후 다시 같은 위반행위를 하여 적발한 날을 기준으로 한다.

나. 같은 등록사업자가 둘 이상의 위반행위를 한 경우로서 그에 해당하는 각각의 처분기준이 다른 경우에는 다음의 기준에 따라 처분한다.

  1) 가장 무거운 위반행위에 대한 처분기준이 등록말소인 경우에는 등록말소처분을 한다.

  2) 각 위반행위에 대한 처분기준이 영업정지인 경우에는 가장 무거운 처분의 2분의 1까지 가중할 수 있되, 가중하는 경우에도 각 처분기준을 합산한 기간을 초과할 수 없다. 이 경우 그 합산한 영업정기기간이 1년을 초과할 때에는 1년으로 한다.

다. 시장·군수 또는 구청장은 위반행위의 동기·내용·횟수 및 위반의 정도 등 다음에 해당하는 사유를 고려하여 제2호의 개별기준에 따른 행정처분을 가중하거나 감경할 수 있다. 이 경우 그 처분이 영업정지인 경우에는 그 처분기준의 2분의 1 범위에서 가중(가중한 영업정기기간은 1년을 초과할 수 없다)하거나 감경할 수 있고, 등록말소인 경우(법 제53조의3제1항제1호 또는 제6호에 해당하는 경우는 제외한다)에는 6개월 이상의 영업정지처분으로 감경할 수 있다.

  1) 가중사유

    가) 위반행위가 고의나 중대한 과실에 따른 것으로 인정되는 경우

    나) 위반의 내용과 정도가 중대하여 임대인 및 임차인에게 주는 피해가 크다고 인정되는 경우

  2) 감경사유

    가) 위반행위가 사소한 부주의나 오류에 따른 것으로 인정되는 경우

    나) 위반의 내용과 정도가 경미하여 임대인 및 임차인에게 미치는 피해가 적다고 인정되는 경우

    다) 위반행위자가 처음 위반행위를 한 경우로서 3년 이상 해당 사업을 모범적으로 해온 사실이 인정되는 경우

    라) 위반행위자가 해당 위반행위로 검사로부터 기소유예 처분을 받거나 법원으로부터 선고유예의 판결을 받은 경우

    마) 위반행위자가 해당 사업과 관련 지역사회의 발전 등에 기여한 사실이 인정되는 경우

2. 개별기준

위반행위	근거 법조문	행정처분기준		
		1차	2차	3차 이상
가. 거짓이나 그 밖의 부정한 방법으로 등록을 한 경우	법 제53조의3 제1항제1호	등록말소		

나. 법 제53조의2제3항에 따른 등록기준에 미달하게 된 경우
  1) 등록기준에 미달하게 된 날부터 1개월이 지날 때까지 이를 보완하지 않은 경우
  2) 1)에 해당되어 영업정지처분을 받은 후 영업정지 기간이 끝나는 날까지 이를 보완하지 않은 경우
	법 제53조의3
	제1항제2호
		영업정지 3개월
		
		등록말소
			영업정지 6개월	영업정지 6개월

다. 고의 또는 과실로 임대를 목적으로 하는 주택을 잘못 관리하여 임대인 및 임차인에게 재산상의 손해를 입힌 경우
  1) 고의로 인한 경우
  2) 중대한 과실로 인한 경우
  3) 경미한 과실로 인한 경우
	법 제53조의3
	제1항제3호
		영업정지 6개월
		영업정지 2개월
		경고
			영업정지 1년
			영업정지 3개월
			영업정지 1개월
				영업정지 6개월
				영업정지 2개월

라. 최근 3년간 주택임대 관리 실적이 없는 경우	법 제53조의3 제1항제4호	등록말소		

마. 법 제53조의7에 따른 보고, 자료의 제출 또는 검사를 거부·방해 또는 기피하거나 거짓으로 보고를 한 경우
  1) 보고 또는 자료제출을 거부·방해 또는 기피한 경우
  2) 검사를 거부·방해 또는 기피한 경우
  3) 거짓으로 보고한 경우
	법 제53조의3
	제1항제5호
		경고
		
		경고
		경고
			영업정지 1개월
			
			영업정지 1개월
			영업정지 2개월
				영업정지 2개월
				
				영업정지 2개월
				영업정지 3개월

바. 최근 3년간 2회 이상의 영업정지처분을 받은 경우로서 그 정지처분을 받은 기간이 합산하여 12개월을 초과한 경우	법 제53조의3 제1항제6호	등록말소		
사. 법 또는 법에 따른 명령을 위반한 경우로서 법 제53조의3에 따른 영업정지기간 중 영업을 한 경우	법 제53조의3 제1항제7호	이미 처분한 영업정지기간의 1.5배	이미 처분한 영업정지기간의 2배	등록말소

별지 #4 [주택임대관리업 사업등록신청서]

■ 주택법 시행규칙[별지 제38호의2 서식] 〈신설 2014.2.7.〉

[ ] 자기관리형
[ ] 위탁관리형

주택임대관리업 사업등록신청서

(앞쪽)

접수번호		접수일		처리기간	20일

신청인	성명 (대표자)	한글		생년월일 (법인등록번호/외국인등록번호)	
		한자			
	상호 또는 명칭			사업자등록번호	
	영업소 소재지			(전화번호:　　　　　)	

자본금	
전문인력 보유 현황	
사무실 보유(면적)	㎡

「주택법」제53조의2제1항, 같은 법 시행령 제69조의3제1항 및 같은 법 시행규칙 제31조의2제1항에 따라 위와 같이 ([ ]자기관리형 [ ]위탁관리형) 주택임대관리업 등록을 신청합니다.

년　　　월　　　일

신청인　　　　　　　　　　　　　　　　(서명 또는 인)

시장·군수·구청장　　귀하

첨부서류	1. 주택임대관리업의 등록기준에 관한 다음 각 목의 서류 　가. 「주택법시행령」 별표 8의2 제1호에 따른 자본금 요건을 증명하는 다음의 구분에 따른 서류 　　1) 신청인이 법인인 경우: 납입자본금에 관한 증명서 　　2) 신청인이 개인인 경우: 자산평가서와 그 증명서 　나. 「주택법시행령」 별표 8의2 제2호에 따른 전문인력 요건을 증명하는 서류 　다. 「주택법시행령」 별표 8의2 제3호에 따른 사무실 확보를 증명하는 서류(건물 임대차 계약서 사본 등 사용에 관한 권리를 증명하는 서류를 포함) 2. 신청인이 재외국민인 경우에는 재외국민등록증 사본	수수료 없음
담당 공무원 확인사항	1. 건물 등기사항증명서 2. 법인 등기사항증명서(신청인이 법인인 경우만 해당) 3. 주민등록표 등본(신청인이 개인인 경우만 해당) 4. 여권정보(신청인이 재외국민인 경우만 해당) 5. 「출입국관리법」 제88조에 따른 외국인등록 사실증명(신청인이 외국인인 경우만 해당)	

행정정보 공동이용 동의서

본인은 이 건 업무처리와 관련하여 담당 공무원이 「전자정부법」 제36조제1항에 따른 행정정보의 공동이용을 통하여 위의 담당 공무원 확인사항 중 제3호부터 제5호까지의 정보를 확인하는 것에 동의합니다. * 동의하지 않는 경우에는 신청인이 직접 해당 서류 또는 그 사본을 제출하여야 합니다.

신청인　　　　　　　　　　　　　　　　(서명 또는 인)

210mm×297mm[일반용지 60g/㎡(재활용품)]

처리절차

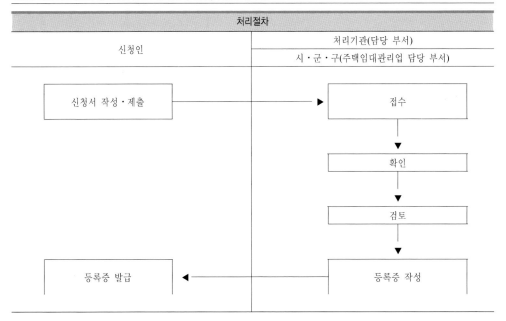

신청인	처리기관(담당 부서)
	시·군·구(주택임대관리업 담당 부서)
신청서 작성·제출 →	접수
	▼
	확인
	▼
	검토
	▼
등록증 발급 ◀	등록증 작성

별지 #5 [주택임대관리업 등록증]

■ 주택법 시행규칙[별지 제38호의3 서식] 〈신설 2014.2.7.〉

제   호

주택임대관리업 등록증

1. 상호 또는 명칭
2. 성명(법인인 경우에는 대표자의 성명)
3. 등록일자
4. 등록번호
5. 자본금
6. 영업소 소재지

「주택법」 제53조의2제1항, 같은 법 시행령 제69조의3제2항 및 같은 법 시행규칙 제31조의2에 따라 위와 같이 주택임대관리업자로 등록하였음을 증명합니다.

년   월   일

시장·군수·구청장   직인

등록사항의 변경이 있는 때에는 「주택법」 제53조의2제1항 및 같은 법 시행규칙 제31조의2제5항에 따라 변경사유가 발생한 날부터 15일 이내에 시장·군수 또는 구청장에게 신고하여야 하며, 이를 이행하지 않는 경우에는 같은 법 제53조의3제1항제7호에 따라 영업정지, 등록말소 처분을 받거나 같은 법 제101조제3항제13호의2에 따라 500만 원 이하의 과태료 처분을 받을 수 있습니다.

210mm×297mm[일반용지 60g/㎡(재활용품)]

별지 #6 [주택임대관리업 등록사항 변경신고서]

■ 주택법 시행규칙[별지 제38호의5 서식] 〈신설 2014.2.7.〉

주택임대관리업 등록사항 변경신고서

접수번호		접수일		처리기간	2일

신고인	성명 (대표자)	한글		생년월일 (법인등록번호/외국인등록번호)	
		한자			
	상호 또는 명칭			사업자등록번호	
	영업소 소재지		(전화번호:)		

변경 내용			
구분	변경 전	변경 후	그 밖의 사항
1. 상호 또는 명칭			
2. 성명(법인인 경우에는 대표자의 성명)			
3. 영업소 소재지			
4. 자본금			
5. 전문인력 보유 현황			
6. 사무실 보유(면적)			

「주택법」 제53조의2제1항과 같은 법 시행규칙 제31조의2제5항에 따라 위와 같이 신고합니다.

년   월   일

신청인

(서명 또는 인)

시장 · 군수 · 구청장 귀하

첨부서류	변경내용을 증명하는 서류	수수료 없음

유의사항

등록사항의 변경사유가 발생한 날부터 15일 이내에 변경신고를 하지 않는 경우에는 「주택법」 제53조의3제1항제7호에 따라 영업정지, 등록말소 처분을 받거나 「주택법」 제101조제3항제13호의2에 따라 500만 원 이하의 과태료 처분을 받을 수 있습니다.

처리절차

신고서 작성	→	접수	→	확인 · 검토	→	주택임대관리업 등록대장 변경 기재
신청인		시장 · 군수 · 구청장		시장 · 군수 · 구청장		시장 · 군수 · 구청장

210mm×297mm[일반용지 60g/㎡(재활용품)]

별지 #7 [국세 납세증명서 견본]

발 급 번 호	납 세 증 명 서		처 리 기 간	
T218-640-5127-901			즉 시 (단, 해외이주용 10일)	

납 세 자	상 호 (법인명)		사업자등록번호	
	성 명 (대표자)	김청래	주민등록번호	540508-14*****
	주 소(본 점)	대전광역시 동구 **** **** **** **** **** ****		

증 명 서 의 사 용 목 적	☐ 대금수령 ☐ 해외이주 ☑ 기 타 ○이주 번호 제 호 ○이주확인일 년 월 일

징수유예 또는 체납처분유예의 내역

(단위 : 원)

유예종류	유예기간	과세연도	세 목	납부기한	세 액	가 산 금
		해	당 없	음		

국세징수법 제6조 및 동법시행령 제6조의 규정에 의하여 발급일 현재 위의 징수유예액 또는 체납처분유예액을 제외하고는 다른 체납액이 없음을 증명합니다.

1. 증명서 유효기간 : 2013 년 12 월 08일

2. 유효기간을 정한사유 : ☑ 국세징수법시행령 제7조 제1항

   ☐ 기 타 (해당없음   )

접수번호	188231
담당부서	민원봉사실
담 당 자	고광숙
연 락 처	042) 229-8232

2013 년 11 월 08 일

대 전 세 무 서 장

국세청

* 본 증명은 국세청 홈택스(www.hometax.go.kr)에서 『민원증명 원본확인』 메뉴를 통해 문서발급번호로 위·변조 여부를 확인하거나, 문서 하단의 바코드로 확인해 주십시오. 다만 문서발급번호를 통한 확인은 발급일로부터 90일까지 가능합니다.
* 본 증명은 세무서 민원봉사실에서 발급한 증명서이며, 국세청 홈택스를 통해서도 발급 받을 수 있습니다.

별지 #8 [지방세 납세증명서 견본]

지방세 납세증명서　　Certificate of Local Tax Payment

발급번호 Issuance Number	접수일 Date of receipt	처리기간　　즉시
2013-101-000776	2013-11-08	This application will be processed immediately

납세자 Taxpayer	상호 (법인명) Name of Corporation		사업자등록번호 Taxpayer Identification No.
	성명 (대표자) Name(Name of the CEO) 김청래		주민등록번호 Resident Registration No. 540508-1455618
	사업의 종류　Area of business		전화번호 Telephone No.
	주소 (영업소) Address　대전광역시 동구 둥지4길 24 (신안동)		
	현 사업장 (소재지)　Current Business Location		
	5년내 사업장(본점) 변동상황 Former Locations in Korea during the past 5years, if any	① ②	③ ④

증명서의 사용 목적 Purpose of This Certificate	대금수령 [ ] To receive a payment	대금 지급자 Payer			
	해외이주 [ ] Emigration	해외이주 허가번호 Emigration Permission No.			
	기타 [V] Others	해외이주 허가일 Date of the Permission	년 Year	월 Month	일 Day

증명서 수량 Copies of Certificate Needed		1　부 Copy(Copies)

징수유예 또는 체납처분유예의 내역　　Deferrals of Payments and Foreclosures

유예종류 Items of Deferrals	유예기간 Deferral Periods	과세연도 Taxed Years	세 목 Taxes	납부기한 Payment Periods	세 액 Tax Amounts	가산금 Penalties
		해당 사항 없음(None)		↖		

지방세기본법 제63조에 따라 발급일 현재 위의 징수유예액 또는 체납처분유예액을 제외하고는 다른 체납액이 없음을 증명하여 주시기 바랍니다.

I hereby request you to certify that I have no delinquent taxes except for the above-mentioned deferrals of payments and foreclosures as of the issued date of this certificate, in accordance with the provision of the Article 63 of Framework Act on Local Tax.

　　　　　　　　　　　　　　　　　　　　　2013 년(YY)　11 월(MM)　08 일(DD)

신청인(납세자)　　김청래　　　　　　　　　　　　(서명 또는 인)
Applicant(Taxpayer)　　　　　　　　　　　　　　(signature or stamp)

위와 같이 증명합니다.　　I hereby certify that all of the information provided here is correct.

1. 증명서 유효기간:　2013 년(YY) 12 월(MM) 07 일(DD)
   Period of Validity
2. 유효기간을 정한 사유: 지방세기본법 시행령 제 42조(납세증명서의 유효기간)
   Reasons for the period of validity　　　　　　　　　　　2013년 (YY) 11 월(MM) 08일 (DD)

대전광역시 동구 중앙동장　　(인)
The Chief of Dong-Gu District

수수료 Fee
없음 Free

별지 267

서식 #1 [자기관리형 임대관리계약서 견본]

부동산임대관리계약서
(자기관리형 임대관리계약서)

　본 계약은 건물주(이하 "갑"이라 한다)의 아래 임대관리주택을 관리인(이하 "을"이라 한다)이 임대관리업무 전반을 위임받아 임대관리 하는 건물 임대관리계약을 체결하고, 이를 증명하기 위하여 계약서 2통을 작성하여 "갑"과 "을"이 각각 기명날인한 후 각 1통씩 보관한다.

임대관리주택의 표시

건물명칭	빌라			
주　소	대전시 서구 도안동　번지　충건물			
유　형	철근 CON, C조 (　) / 빌라(O) 빌딩(　) 도시형(　) 기타			
구　조	원　룸	투　룸	쓰리룸	상가
수　량				

제1조[계약기간]: 201 년　월　일부터 201 년　월　일까지

제2조[임대 내역 및 기준](임대인 요구금액)

	원　룸	투　룸	쓰리룸	주인세대
기준	4,000만 원	8,000만 원	9,000만 원	1억 1,000만 원
월세	500/35만 원	3,000/40만 원	5,000/40만 원	원

제3조[관리비 기준](임대인 요구금액)

주 택 유 형	원 룸	투 룸	쓰리룸	계
단　　가	13,000원	16,000원	19,000원	
계	원	원	원	원

제4조[공용관리비](인터넷, TV, 공동전기, 수도) 기준

주 택 유 형	원 룸	투 룸	쓰리룸	계
단　　가	원	원	원	
계	원	원	원	원

제5조["갑"의 의무] ① "갑"은 "을"이 "갑"의 위 표시주택의 임대관리 전반의 업무를 위임받아 관리함을 증명할 수 있도록 대리인 또는 위임인 선임을 공증하고 그 증서를 제시할 수 있도록 제공한다.

② "갑"은 "을"에게 매월 임대료 수입 중 ＿＿＿＿만 원을 "갑"의 ＿＿＿＿은행 ＿＿＿-＿＿＿＿＿-＿＿＿＿계좌로 입금하기로 한다.

③ "갑"은 "을"이 위 표시주택을 임대관리 함에 있어 시설유지관리를 위하여 총 임대료의 3%를 시설유지관리비로 책정함을 인증해주기로 한다.

④ "갑"은 "을"이 위 표시주택의 임대관리업을 수행하는 데 관리소요 비용(인건비 포함) 외 10%의 수익을 보장해주기로 한다.

제6조["을"의 의무사항] ① "을"은 "갑"에게 "갑"이 위 표시주택에 투자한 자본금 기준 제1금융권 3개월 정기예금 이자의 2배 정도의 수익이 보장되도록 제5조제2항의 금액을 매월 보장해주기로 한다.

② "을"은 매년 사업개시 이전 "갑"에게 다음 연도 사업계획과 예산편성 및 관리계획을 보고 후 사업을 집행한다.

③ "을"은 임대료 및 관리비의 수준을 변경하고자 하는 경우 반드시 "갑"과 합의하여야 하며, 만일 "갑"과 합의 없이 "을"이 독단적으로 실시할 경우 "갑"은 본 계약을 해지하고 발생한 손해에 대해 청구권을 행사할 수 있다.

④ "을"은 매분기 첫째 월 1일 전 분기 관리결과와 다음분기의 관리계획을 보고서를 작성하여 "갑"에게 제출하기로 한다. 단, 매분기 첫째 월 1일이 휴일인 경우에는 전월 마지막 주 금요일에 제출한다.

⑤ "을"은 매월 1일 당월 임차인의 임대차 만료계획과 공실 현황을 "갑"에게 보고한다.

제7조["을"의 임대관리 권한] ① "을"은 "갑"을 대리하여 본 건물에 대한 임대차계약을 체결함을 원칙으로 하고, "갑"이 소개하는 임차인의 계약서 작성도 "을"이 작성키로 한다.

② "을"은 세입자의 입주로부터 퇴실 시까지 모든 관리를 "을"의 계획에 따라 생활편의 업무와 시설관리 그리고 재무관리를 실시한다.

③ "을"은 임대료와 관리비 및 전기·수도세 등의 미납으로 인한 분쟁이 발생하는 경우 "갑"을 대리하여 소송업무를 수행한다.

④ "을"은 위 표시주택이 인접주택들에 대해 경쟁력을 갖기 위한 활동으로 수익 창출 및 증대활동과 시설의 설치 및 잔여공간의 활용, 입주민들의 단합과 화합을 위한 활동을 실시할 수 있다.

제8조["을"의 책임] ① "을"은 위 표시주택과 관련된 다음 사항에 대해 책임을 지며, 이를 위한 예방활동 할 책임이 있다.

    1. 보안 및 안전(서류 포함)
    2. 주변의 건물에 대해 경쟁력 있는 시설관리
    3. 임대차계약 및 시설관리 관련 계약 체결(공사 포함)
    4. 임직원의 교육 및 자질향상
    5. 외부 회계감사

② "을"은 임차인(입주자)에게 다음 사항을 주시시킬 책임 있다.

    1. 건물관리 규약
    2. 외박 시 관리사무소로 통지
    3. 응급조치가 요하는 급박한 상황 발생 시 보고 및 주지

제9조[계약기간의 연장] 계약만료 30일 전 계약당사자인 "갑"과 "을"이 서면으로 별도의 해약통지를 하지 않을 경우 이 계약은 자동으로 전 계약기간과 동일하게 연장하여 계약을 지속하는 것으로 한다.

제8조[CCTV 등] ① "을"은 임차인의 주거에 안전을 도모하기 위해 CCTV 등 임대 및 시설관리 등을 위하여 본 건물에 부착하여 유지 관리한다.

② "을"은 본 계약의 해약 시 CCTV 등 "을"의 소유인 물건들은 철거 및 회수하기로 한다.

제9조[계약 조항의 해석] 본 계약의 임대부분은 "갑"이 "을"에게 위임함을 원칙으로 하되 그 밖의 본 계약서에 명시되지 않은 사항은 "갑"과 "을" 쌍방이 합의하여 해결하기로 하되 합의가 이루어지지 않을 경우 관련된 법규 및 일반관례를 따르기로 한다.

상기와 같이 계약하여 본 계약이 유효하게 성립되었음을 증명하기위하여 계약당사자 쌍방이 각각 날인하여 한 통씩 보관한다.

201 년 월 일

첨부 1: 임대차현황

　　　2: 시설현황

계약자

1) 갑: 　가. 성 　　명: 　　　　　　　　　　(인)　TEL:

　　　　나. 주민등록번호: 　　　　　　　　　　　HP:

　　　　다. 주 　　소: 　　　　　　　　　　　　　　대전시 서구 도안동 　번지

2) 을: 　가. 성명: 　　　　　　　　　　　(인)　TEL:

　　　　나. 상호: 　　　　　　　　　　　　　HP:

　　　　다. 주소:

서식 #2 [자기관리형 임대관리계약서 예문]

(주택)임대관리(대행)계약서

아래 표시 주택을 임대관리 함에 있어서 부동산소유주(이하 "갑"이라 한다)와 임대관리인(이하 "을"이라 한다)은 아래의 내용으로 부동산임대관리(대행)계약을 체결하고 이를 증명하기 위하여 계약서 2통을 작성하여 "갑"과 "을"이 각각 기명날인한 후 각 1통씩 보관한다.

제1조(대상 부동산의 표시) "을"이 임대관리 할 부동산은 다음과 같다.

건물명칭	(빌라, 아파트, 단독주택, 빌딩 등)			
주 소	00시 00구 00동 번지 층 건물			
유 형	( )다가구 ( )빌라 (0)빌딩 ( )도시형 ( )기타			
구 조	원 룸	투 룸	쓰리룸	상가
수 량				

제2조(관리기간) ① "을"이 제1조 부동산을 임대관리 하는 기간은 201 년   월   일부터 201 년   월   일까지로 한다.
② "갑" 및 "을"은 어느 일방의 하자 및 잘못 없이 임대관리기간을 변경할 수 없다.
③ 제2항에도 불구하고 "갑"이 위반한 때는 "을"이 최초 본 건물의 임대관리사업을 하기 위하여 "갑"에게 보고한 금액의 3배를 지불하고, "을"이 위반한 때에는 "갑"에게 보장해주기로 한 금액의 1년분을 손해배상액으로 하기로 한다.
④ 계약만료 30일 전 계약당사자인 "갑"과 "을"이 서면으로 별도의 해약통지를 하지 않을 경우 이 계약은 자동으로 전 계약기간과 동일하게 연장하여 계약을 지속하는 것으로 한다.

제3조(임대관리(대행) 범위) "을"의 본 건물 임대관리 범위는 다음과 같다.
    1. 임대차관리
    2. 환경 및 위생관리(청소 포함)
    3. 보안 및 안전관리
    4. 시설관리
    5. 재무관리

제4조(관리업무의 재 위탁) ① "을"은 제3조에 명시된 업무를 효율적으로 수행하기 위하여 해당 업무의 전문업체에 재위탁할 수 있다.
② "을"이 제3조의 업무 중 해당업무의 전문업체에 재위탁하고자 하는 경우 위탁 전에 "갑"의 동의를 얻어야 한다.

제5조("갑"의 의무) ① "갑"은 "을"에게 요구하는 임차료 범위는 다음과 같다.

	원 룸	투 룸	쓰리룸	주인세대
기준	4,000만 원	8,000만 원	9,000만 원	1억 1,000만 원
월세	500/35만 원	3,000/40만 원	5,000/40만 원	5,000/60만 원

단, "을"은 위 금액을 평균금액으로 하고 각 호실 금액은 위 금액에서 20% 이내의 범위 내에서 조정할 수 있다.

② "갑"은 "을"이 임대차계약을 포함한 당해 건물관리에 관련된 제반 계약을 대리인으로서 작성할 수 있도록 위임장과 임감증명서를 첨부하여 공증을 설정한다.

③ "갑"은 "을"이 임대관리를 효율적으로 수행할 수 있도록 "갑"의 명의 임대료 수급통장과 인장 및 위임장과 인감증명서를 계약효력 발생일 1일 전까지 제공하며, 전체 보증금의 20%에 해당하는 금액을 앞서의 "갑"의 통장으로 입금하여 "을"이 퇴실자에게 보증금을 반환할 수 있도록 유지해준다.

④ "갑"은 본 계약효력 발생일 1일 전까지 현재까지의 임대차계약서를 "을"에게 인계한다 (기존 건물 새로 인수 시).

제6조("을"의 의무) ① "을"은 "갑"에게 00만 원의 수입을 보장하기로 한다. 이를 보장하기 위하여 "을"은 임대인의 권리를 보장하는 매월 보장하기로 금액의 3배에 해당 금액에 대한 보증보험 상품을 대한주택보증주식회사에 가입하고 그 증서를 "갑"에게 제공하여야 한다.

② "을"은 임대차관리업무 중 다음 사항 수행한다.
1. 매월 1일 전월 임대관리결과와 보증금 보유현황을 "갑"에게 보고서를 작성하여 제출하기로 한다.
2. "을"은 임차인의 임대차계약 체결 및 임대차 만료 전에 "갑"에게 사전에 통지하기로 한다. 다만, "갑"이 연락이 안 되는 경우에는 먼저 조치하고 가장 빠른 시일 내 "갑"에게 알려주어야 한다.
3. "을"은 기간만료 예정자, 이사 예정 임차인 등을 이사 전 "갑"에게 통지하여야 한다.
4. "을"은 임차인이 퇴실 시 "갑"에게 관리비 및 제세공과금과 월세 등의 정산여부를 확인하고 퇴실시키며, 만일 이를 정산하지 아니한 경우에는 "갑"과 합의하여 명도 소송절차를 진행한다.

③ "을"은 시설관리업무와 관련 다음 사항을 수행한다.
1. 관리비 금액은 소유자와 사전협의로 결정하기로 한다.
2. 관리비는 청소 및 인터넷, TV 사용, 공동전기, 수도세 포함가격이며 월 단위로 징구하고, 연체관리비가 발생하지 않도록 한다.
3. "을"이 관리비를 징수하고자 할 때는 관리비와 사용료의 부과 내역서(지로)를 첨부하여 세입자에게 이를 15일 전에 통지한다.
4. 공용부분 청소는 주 2회 실시한다(현관, 계단, 화단).
5. 공공부분의 시설물 유지 관리한다(수도, 전기단자함).
6. 수도검침 및 수도료, 공용전기, 인터넷, 유선방송 사용료 납부대행.
7. 전·출입 시 각 세대 시설물, 전기, 수도 정산처리.
8. 시설물의 일상적인 점검, 간단한 유지보수에 대하여는 무상으로 제공하고 단, 부품이나 시설물의 교체가 필요할 시는 별도로 "임차인"이 유상처리 한다.

9. "을"은 공동으로 사용하는 부분에 대하여 수시로 정기 점검하여 시설물을 유지관리한다.

10. 전항 점검은 "을"의 근무시간 내("을"의 통상근무일의 통상 근무시간)에 실시한다.

11. 불시의 고장이 발생할 경우 "갑"의 통보에 의하여 전항에 구애받지 않고 "을"은 신속하게 점검하고 적절한 조치를 취한다.

12. 세대수도, 공용 전기는 정해진 날에 검침하고, 사용자 부담원칙에 의해 산정된 요금을 관리비와 별도로 세대에 부과징수 및 납부 대행한다.

가. 관리비 기준

청 소 관 리		원 룸	투 룸	쓰리룸	계
단	가	00000원	00000원	00000원	
계		원	원	원	원

나. 공용관리비(인터넷, TV, 공동전기, 수도) 기준

청 소 관 리		원 룸	투 룸	쓰리룸	계
단	가	원	원	원	
계		원	원	원	원

다. CCTV 장착 및 의무사항

1) "을"은 세입자의 주거에 안전을 도모하기 위해 CCTV를 본 건물에 부착하여 유지관리한다.

2) 계약해약 시 CCTV 소유는 "을"의 소유로 한다.

④ "을"은 보안 및 안전업무에 관한 다음 사항을 수행한다.

1. "을"은 본 건물에서 발생하는 정보누설 및 안전사고에 대하여 책임을 진다.

2. "을"은 전기안전 및 소방안전 그리고 시설안전을 위하여 전문가를 채용하거나 전문업체와 협약을 체결하여 모든 안전에 책임을 진다. 만일 사고가 발생할 시 건물 구조적 문제 외의 사고는 "을"이 책임을 진다.

3. "을"은 안전을 위하여 전기, 화재, 기타 재해보험에 가입하고 201 년 00월 00까지 가입하고 그 증서를 "갑"에게 제출한 뒤 업무를 개시하기로 한다.

제7조(계약의 해제 및 해지) ① 본 계약은 "을"의 결격사유가 발생하면 "갑"은 계약을 할 수 있다. 이때 "갑"의 해약 의사표시한 날로부터 "을"은 7일 이내 철수하여야 한다.
② "을"은 임대물건을 점검한 결과 본 관리계약상의 임대관리조건을 충족시킬 수 없다고 판단될 경우 이를 "갑"에게 설명하고 해약할 수 있다. 이때 "갑"은 "을"이 임대관리사업을 할 수 있는 조건을 충족시킬 수 없으면 즉시 해약해주어야 한다. 만일, "을"이 해약 전 투입된 금원이 있으면 "갑"은 이를 보상해주어야 한다.

제8조(임대인 수입 지불) ① "을"이 "갑"에게 지불하는 수입은 000만 원으로 한다.
② "을"이 "갑"에게 지불할 수입은 매월 0일 "갑"의 00은행 계좌번호 000000 - 00 - 0000(예금주 000)로 입금한다.

제9조(계약 조항의 해석)

본 계약의 임대부분은 "갑"이 "을"에게 위임함을 원칙으로 하되 "갑"의 개인적인 계약은 직거래로 상호 인정키로 하며 그 밖의 본 계약서에 명시되지 않은 사항은 "갑"과 "을" 쌍방이 합의하여 해결하기로 하되 합의가 이루어지지 않을 경우 관련된 법규 및 일반관례를 따르기로 한다.

첨부서류: 1. "갑"의 공동주택(건물)관리규약 1부(관리사무소 보관)
          2. "갑"의 입주자대표회의의 구성신고를 수리한 공문서 사본 1부(관리사무소 보관, 집합건물의 경우)
          3. "을"의 주택관리업(임대관리대행 시는 부동산중개업) 등록증 사본 1부
          4. "을"의 사업자등록증 1부
          5. "을"의 법인등기부등본(개인은 주민등록등본) 1부
          6. "을"의 인감증명서 1부
          7. "을"의 국세 및 지방세 납부증명서 각 1부
          8. 주택관리업자가 본사에 보유한 주택관리사·기술인력 및 장비현황 각 1부
          9. 관리사무소장의 손해배상 보증설정서 1부(관리사무소 보관, 필요시)

201 년   월   일

계약자

갑	성 명		(인)	전 화	
	주민등록번호			휴대폰	
	주 소				00광역시 00구 00동 번지

을	성명:		(인)	전 화	
	상호:			휴대폰	
	주소:				

첨부 1: 임대차현황
    2: 시설현황

첨부 1: 임대차 현황 양식

(　　　) 임대차 현황

층	호수	형태	임대료		임대차기간	임차인	연락처
			보증금 ·	월세			

상기 임대차 현황은 실제 내용과 일치함을 확인함　20　년　월　일

임 대 인: 성명　　　㊞,

전화번호:

첨부 2: 시설 현황 양식

(　　　)시설 현황

20　년　월　일

시설 명	층	호수	수량	설치연도	가동상태	비고

상기 시설 현황은 사실과 동일함을 서약함

임대인 성　명:　　　㊞

전화번호:

서식 #3 [위탁관리형 임대관리계약서 견본]

부동산임대 위탁관리계약서
(임대 및 시설 위탁관리형)

아래 표시주택을 임대관리 함에 있어서 건물주(이하 "갑"이라 한다)와 관리인(이하 "을"이라 한다)은 아래의 내용으로 건물 임대관리 계약을 체결하고 이를 증명하기 위하여 계약서 2통을 작성하여 "갑"과 "을"이 각각 기명날인한 후 각 1통씩 보관한다.

임대관리주택의 표시

건물명칭	빌라			
주 소	대전시 서구 도안동 번지 층건물			
유 형	철근 CON, C조( ) / 빌라(O) 빌딩( ) 도시형( ) 기타			
구 조	원 룸	투 룸	쓰리룸	상가
수 량				

제1조[계약기간]: 201 년 월 일부터 201 년 월 일까지

제2조[임대 내역 및 기준](임대인 요구금액)

구분	원 룸	투 룸	쓰리룸	주인세대
기준	4,000만 원	8,000만 원	9,000만 원	1억 1,000만 원
월세	500/35만 원	3,000/40만 원	5,000/40만 원	원

제3조[관리비 기준]

주 택 유 형	원 룸	투 룸	쓰리룸	계
단 가	13,000원	16,000원	19,000원	
계	원	원	원	원

제4조[공용관리비](인터넷, TV, 공동전기, 수도) 기준

주 택 유 형	원 룸	투 룸	쓰리룸	계
단 가	원	원	원	
계	원	원	원	원

제5조["갑"의 의무] "갑"은 "을"에게 임차료 수금과 관련한 "갑" 명의의 통장을 지급하여 "을"이 임차료 수금 현황을 확인할 수 있게 하여야 한다.

1. "갑"은 계약 시 세입자에게 임대료 납부 및 관리비 관련사항을 알려주어야 한다.
2. "갑"은 입주자의 전입 시 이름과 연락처 등을 "을"에게 제공하여야 한다.
3. "갑"은 세입자의 입주, 이사 시 최소 3일 전에 연락하며 "을"이 관리비 정산 및 시설물의 이상 유무를 확인할 수 있도록 하여야 한다.
4. "갑"은 세입자의 이주사유가 발생 시 관리비 및 전기 수도세 등의 미납여부를 "을"에게 확인 요청하고 미납분은 임대 보증금에서 공제하여 "을"에게 정산하여야 한다.

제6조["을"의 의무사항 및 점검사항] "을"은 매월 1일 전월 관리결과와 금월의 관리계획을 포함하는 월별보고서를 "갑"에게 제출하기로 한다.

1. 임대관리 부문

   가. 본 건물에 대한 임대계약은 "을"이 계약함을 원칙으로 하고 "갑"이 소개하는 임차인은 예외로 하되 계약서 작성은 "을"이 작성키로 한다.

   나. "을"은 세입자와 계약 시 계약서와 신상명세를 "갑"에게 알려주어야 한다.

   다. "을"은 매월 1일에 입주자의 임차료 및 관리비 수금 현황, 기간만료 예정자, 이사 예정자 등을 "갑"에게 제공하여야 한다.

   라. "을"은 세입자의 입주, 이사 시 최소 3일 전에 연락하며 "갑"이 임차료 정산 및 시설물의 이상 유무를 확인할 수 있도록 하여야 한다.

   마. "을"은 세입자의 이사사유가 발생 시 관리비 및 전기·수도세 등의 미납여부를 확인하고 미납분은 임대 보증금에서 공제하여 정산하여 보고하여야 한다.

2. 관리비 부문

   가. 관리비 금액은 소유자와 사전협의로 결정하기로 한다.

   나. 관리비는 청소 및 인터넷, TV 사용, 공동전기, 수도세 포함가격이며 월 단위로 산정한다(건물별 상황 처리).

   다. "을"이 관리비를 징수하고자 할 때는 관리비와 사용료의 부과 내역서(지로)를 첨부하여 세입자에게 이를 통지한다.

   라. 공용부분 청소는 주 2회 실시한다(현관, 계단, 화단).

   마. 공공부분의 시설물 유지관리(수도, 전기단자함) 한다.

바. 수도검침 및 수도료, 공용전기, 인터넷, 유선방송 사용료 납부대행 한다.

사. 전출입 시 각 세대 시설물, 전기, 수도 정산처리 한다.

아. 시설물의 일상적인 점검, 간단한 유지보수에 대하여는 무상으로 "을"이 제공하고, 단 부품이나 시설물의 교체가 필요할 시는 별도로 "갑"이 유상처리 한다.

자. "을"은 공동으로 사용하는 부분에 대하여 수시로 정기 점검하여 시설물을 유지관리 한다.

차. 전항 점검은 "을"의 근무시간 내("을"의 통상근무일의 통상 근무시간)에 실시한다.

카. 불시의 고장이 발생할 경우 "갑"의 통보에 의하여 전항에 구애받지 않고 "을"은 신속하게 점검하고 적절한 조치를 취한다.

타. 세대수도, 공용전기는 정해진 날에 검침하고, 사용자 부담원칙에 의해 산정된 요금을 관리비와 별도로 세대에 부과징수 및 납부 대행한다.

제7조[계약기간의 연장] 계약만료 30일 전 계약당사자인 "갑"과 "을"이 서면으로 별도의 해약통지를 하지 않을 경우 이 계약은 자동으로 전 계약기간과 동일하게 연장하여 계약을 지속하는 것으로 한다.

제8조[CCTV 장착] ① "을"은 세입자의 주거에 안전을 도모하기 위해 CCTV를 본 건물에 부착하여 유지관리 한다.

② 계약해약 시 CCTV 소유는 "을"의 소유로 한다.

제9조[계약 조항의 해석] 본 계약의 임대부분은 "갑"이 "을"에게 위임함을 원칙으로 하되 "갑"의 개인적인 계약은 직거래로 상호 인정키로 하며 그 밖의 본 계약서에 명시되지 않은 사항은 "갑"과 "을" 쌍방이 합의하여 해결하기로 하되 합의가 이루어지지 않을 경우 관련된 법규 및 일반관례를 따르기로 한다.

상기와 같이 계약하여 본 계약이 유효하게 성립되었음을 증명하기 위하여 계약당사자 쌍방이 각각 날인하여 한 통씩 보관한다.

201 년   월   일

첨부 1: 임대차 현황

2: 시설 현황

계약자

1) 갑:　　가. 성　　　명:　　　　　　　(인)　TEL:
　　　　　나. 주민등록번호:　　　　　　　　　　HP:
　　　　　다. 주　　　소:

2) 을:　　가. 성명:　　　　　　　　　　　(인)　TEL:
　　　　　나. 상호:　　　　　　　　　　　　　　HP:
　　　　　다. 주소:

임대차관리 위탁계약서

　아래 표시 주택을 임대차 관리를 함에 있어서 부동산소유주(이하 "갑"이라 한다)와 임대차 관리인 0000공인중개사 사무소(이하 "을"이라 한다)는 아래의 내용으로 부동산임대차관리 위탁계약을 체결하고 이를 증명하기 위하여 계약서 2통을 작성하여 "갑"과 "을"이 각각 기명날인한 후 각 1통씩 보관한다.

대상 부동산의 표시

건물명칭	(빌라, 아파트, 단독주택, 빌딩 등)			
주　　소	00시 00구 00동　　번지　　층 건물			
유　　형	(　)다가구 (　)빌라 (0)빌딩 (　)도시형 (　)기타			
구　　조	원 룸	투 룸	쓰리룸	상가
수　　량				

제1조[관리기간] 201 년　　월　　일부터 201 년　　월　　일까지

제2조[임대차관리 범위]
① 임대물건의 광고
② 임차인인 선정 및 임대차계약 체결
③ 임차인 입주 및 임대차 만료 시까지 임차인 관리
④ 기타 임대차와 관련된 업무

제3조["갑"의 의무]
① "갑"은 "을"에게 요구하는 임차료 범위는 다음과 같다.

	원 룸	투 룸	쓰리룸	주인세대
기준	0000만 원	0000만 원	0000원	0억 0000만 원
월세	000/00만 원	0000/00만 원	0000/00만 원	0000/00만 원

단, 부동산중개업자는 위 금액에서 20% 이내의 범위 내에서 조정하여 임대료를 조정할 수 있다.
② "갑"은 "을"이 임대차계약임무를 수행할 수 있도록 위임장과 임감증명서를 공증하여 제공한다(임대차관리 전부 위탁 시).
③ "갑"은 "을"이 임대차관리를 효율적으로 수행할 수 있도록 "갑"이 수취할 보증금과 차

임(월세)을 입금할 통장번호, 그리고 "을"이 관리할 수 있는 "갑"의 명의 임대료 수급통장과 체크카드를 계약효력 발생일 1일 전까지 "을"에게 제공하며, 전체 보증금의 20%에 해당하는 금액을 앞서의 "갑"의 통장에 유지해준다(임대차관리 전부 위탁 시).

④ "갑"은 본 계약효력 발생일 1일 전까지 현재까지의 임대차계약서 사본 1부를 "을"에게 인계한다(임대차관리 전부 위탁 시).

⑤ "갑"은 임차인이 퇴실하는 경우 "갑" 또는 시설관리담당자에게 부동산중개업자에게 퇴거 1개월 내지 2개월 전에 퇴실함을 통지하도록 하고, 퇴실 후 즉시 새로운 임차인이 입주할 수 있도록 수리 및 청소를 하여야 한다.

⑥ 임차인이 퇴실 시 연체된 관리비 및 시설 손해배상과 관련된 업무는 "갑"이 정리한다.

⑦ 임대시설물 및 임차인에 대한 보안 및 안전관련 보험 등의 제반 처리는 "갑"이 수행한다.

제4조["을"의 의무]

① "을"은 "갑"을 대리하여 임대차관리 업무를 수행한다. 만일 "갑"이 직접 입주시키는 새로운 임차인의 경우에도 "을"에게 임대차계약서작성 및 관리하도록 한다. 이때 중개업자는 임대인 및 임차인 공히 중개수수료를 받는다.

② "을"은 매월 1일 전월 임대차관리결과와 보증금 보유현황을 "갑"에게 보고서를 작성하여 제출하기로 한다(임대차 정부 위탁 시).

③ "을"은 임차인과 임대차계약 체결하기 전에 "갑"에게 통지하기로 한다. 다만, "갑"이 연락이 안 되는 경우에는 문자 메시지로 통지한 뒤 먼저 조치하고 가장 빠른 시일 내 "갑"에게 알려주어야 한다.

④ "을"은 기간만료 예정자, 이사 예정 임차인 등을 이사 전 "갑"에게 통지하여야 한다(임대차 전부 위탁 시).

⑤ "을"은 임차인이 퇴실 시 "갑"에게 관리비 및 제세공과금과 월세 등의 정산여부를 확인하고 퇴실시키며, 만일 이를 정산하지 아니한 경우에는 "갑"과 합의하여 명도소송절차를 진행한다.

제5조[계약기간의 연장]

계약만료 30일 전 계약당사자인 "갑"과 "을"이 서면으로 별도의 해약통지를 하지 않을 경우 이 계약은 자동으로 전 계약기간과 동일하게 연장하여 계약을 지속하는 것으로 한다.

첨부 1. "갑"의 건물관리규약 1부
    2. "을"의 임대관리업 등록증 사본 1부
    3. "을"의 사업자등록증 1부
    4. "을"의 법인등기부등본(개인은 주민등록등본) 1부
    5. "을"의 국세 및 지방세 납부증명서 각 1부
    6. 공인중개사자격증·기술인력 및 장비현황 각 1부
    7. "을"의 인허가 보증 보험증서

201 년   월   일

계약자					
갑	성 명	(인)	전화	
	주민등록번호		휴대폰	
	주 소	00광역시 00구 00동 번지			
을	성 명	(인)	전화	
	상 호		휴대폰	
	주소				

첨부 1: 임대차 현황
　　　2: 시설 현황

첨부 1: 임대차 현황 양식

(   ) 임대차 현황

20   년   월   일

층	호수	형태	임대료		임대차기간	임차인	연락처
			보증금	월세			

상기 임대차 현황은 실제 내용과 일치함을 확인함

임 대 인: 성명   ㊞,

전화번호:

첨부 2: 시설 현황 양식

(   )시설 현황

20   년   월   일

시설 명	층	호수	수량	설치연도	가동상태	비고

상기 시설 현황은 사실과 동일함을 서약함

임대인 성   명: ㊞

전화번호:

부동산시설관리 위탁계약서
(청소 및 건물관리용)

아래 주택을 관리함에 있어 소유주(이하 "갑"이라 한다)와 관리인인 00주택관리(이하 "을"이라 한다)는 아래의 내용과 같이 건물관리 및 청소관리 계약을 체결한다.

부동산의 표시

건물명칭	(빌라, 도시형주택, 다세대주택, 고시원, 기숙사, 고시텔)				
주 소	광역시 구 동 번지				
구 조	철근콘크리트				
형 태	계	상가	원룸	투룸	쓰리룸
수 량					

제1조[계약기간]: 201 년   월   일부터 201   년   월   일까지(개월)

제2조[관리비 내역]

구 분	상가	원룸	투룸	쓰리룸	계
단 가	원	원	원	원	원
계	원	원	원	원	원

제3조["갑"의 의무]

1) "갑"은 임차인과 임대차계약 시 관리비에 관한 사항과 건물관리 및 청소에 관한 사항을 알려주어야 한다.
2) "갑"은 임차인과 임대차계약을 체결함과 동시에 임차인의 성명, 전화번호, 입주할 호실 번호, 임대차 기간 등을 "을"에게 통지하여야 한다.
3) "갑"은 임차인 임대차 종료로 인하여 이주하는 경우 이주일 3일 전까지 "을"이 관리비 등을 정산받고 시설물의 훼손이나 청결상태를 확인 및 점검하여 정산할 수 있도록 "을"에게 알려주어야 한다. 만일 "갑"이 이를 통지하지 않아 임차인이 미납상태로 이주하였을 시는 임차인의 관리비와 청소비용을 "갑"이 지불하기로 한다.
4) "갑"은 임차인이 퇴실 시 관리비 및 전기료와 수도료 그리고 가스요금과 각종 통신비용 등의 미납여부를 "을"에게 확인요청하고 만일 미납한 금액이 있는 경우에는 보증금에서 공제하여 "을"에게 정산해주어야 한다. 만일 "갑"이 이를 확인하지 않아 임차인이 미납한 채 이주하였을 경우 "갑"은 이 금액을 "을"에게 지불하여야 한다.
5) "갑"은 당해 건물에 대해 "을"로부터 보수 또는 수리 요청이 있는 경우 이를 임차인이 입주하기 전까지 보수 및 수리를 해주어야 한다.

제4조["을"의 의무사항]

1) "을"은 입주한 임차인들에 대한 관리비를 매월 고지 및 징수하여야 한다. 이때 관리비에 포함되는 비용은 청소비용, 인터넷 요금, 케이블 및 공중파 TV수신료가 포함된 금액이다.

2) "을"은 관리비와 사용요금을 징수하고자 하는 경우 반드시 관리비 고지서에 관리비 내역과 부과금액을 첨부하여 임차인들이 인지하고 납부할 것을 통지한다.

3) "을"은 공용부분의 청소를 주당 2회 실시한다.

4) "을"은 공용부분의 시설물을 유지 관리할 책임이 있다. 다만, 수리비 등 소요되는 비용은 "을"이 확인한 뒤 "갑"에게 시설비용을 청구하여 회수한다.

5) "을"은 "갑"을 대행하여 전기 및 수도 그리고 가스 요금 등 관리비를 월단위로 산정하여 그 사용량과 금액을 책정하고 그 납부는 대행한다.

6) "을"은 임차인이 전·출입하는 경우 각 세대별로 관리비의 주요 구성요소인 전기세, 상수도요금, 가스요금 등의 검침 및 정산을 처리할 수 있도록 한다.

7) 시설물의 일상적인 점검 및 간단한 유지보수에 대하여는 무상으로 "을"이 제공하고, 부품교환이나 시설물의 유지보수에 소요되는 부품이나 시설물의 교체가 필요한 경우는 별도 유상으로 처리한다.

8) "을"은 공동으로 사용하는 시설에 대하여 통상근무일의 근무시간 내에 수시로 점검하여 유지 관리한다.

9) "을"은 임차인의 전유부분 중 기본시설에 대한 내용연수 도래로 발생한 고장과 공유부분에 대한 고장이 발생할 경우 "갑"의 통보에 의하여 위 8항에 구애됨이 없이 신속하게 점검하고 적절한 조치를 취한다.

10) 당해 건물의 공용전기 및 공용수도(세대별 수도 계량기가 설치된 경우)를 해당 전기 및 수도 검침일에 맞추어 검침하고, 사용자 부담원칙에 의해 산정된 세대별 요금을 관리비와 별도로 세대에 부과하여 징수 및 납부를 대행한다.

제5조[계약기간의 연장]

계약기간 만료 30일 전까지 계약당사자인 "갑" 또는 "을"이 서면으로 별도의 해약통지를 하지 않을 경우 본 계약은 자동으로 위 계약기간과 동일한 기간을 연장한 것으로 본다.

제6조[CCTV 장착]

1) "을"은 임차인의 주거의 안전을 도모하기 위해 CCTV를 본 건물에 부착하여 유지 관리한다.

2) 계약해약 시 CCTV의 소유는 "을"의 소유로 한다.

제7조[업무의 재위탁 금지]

① "을"은 본 계약의 목적인 업무 위탁을 다른 사람이나 업체에 재위탁할 수 없다. 만일 이를 위반한 때에는 "갑"은 즉시 계약을 해지할 수 있으며, 즉시 다른 업체를 투입하여 관리하기로 한다.

② "을"은 "갑"의 해지 통지를 받은 날로부터 7일 이내에 관련 장비를 철거하고 업무를 중지하여야 한다.

③ "갑"의 계약 해지로 인하여 "을"이 취득할 수 있는 과실에 대하여는 정산하기로 하

고, "갑"이 입은 피해에 대하여는 "을"은 손해를 배상하여야 한다.

제8조[계약 조항의 해석]

본 계약에 명시되지 않은 사항은 "갑"과 "을"이 합의하여 해결하고 만일 합의가 이루어지지 않을 경우에는 관련 법규 및 일반 관례에 따르기로 한다.

상기 계약내용을 "갑"과 "을"은 각각 확인하고 본 계약이 유효하게 성립되었음을 증명하기 위하여 계약서 2통을 작성하여 각각 기명과 날인한 후 1통씩 보관한다.

첨부서류: 1. "갑"의 건물관리규약 1부
           2. "을"의 임대관리업 등록증 사본 1부
           3. "을"의 사업자등록증 1부
           4. "을"의 법인등기부등본(개인은 주민등록등본) 1부
           5. "을"의 국세 및 지방세 납부증명서 각 1부
           6. 주택관리사·기술인력 및 장비현황 각 1부
           7. "을"의 인허가 보증 보험증서

201   년   월   일

계약당사자

갑	성 명		㊞	전화번호	
	주민등록번호			휴 대 폰	
	주 소				
을	성 명		㊞	전화번호	
	상 호			휴 대 폰	
	주 소				

첨부 1: 시설 현황

첨부 1: 시설 현황 양식

(   )시설 현황

20   년   월   일

시설 명	층	호수	수량	설치연도	가동상태	비고

상기 시설현황은 사실과 동일함을 서약함

임대인 성   명: ㊞
전화번호:

(　　　) 공동주택 위탁관리계약서

0000주상복합 아파트 건물주(또는 입주자 대표회의 또는 임대관리업체를 말하며 이하 "갑"
이라 한다)와 0000(주)(주택관리업자를 말하며, 이하 "을"이라 한다)는 주택법 53조의2제1
항제2호의 규정에 의하여 "갑"의 주상복합아파트와 그 부대시설 및 복지시설(이하 "공동주
택 등"이라 한다)의 관리를 위하여 다음과 같이 공동주택의 위·수탁 관리에 관한 계약을
체결한다.

제1장 총칙

공동주택의 표시
  1) 명칭: 000000아파트
  2) 주소지: 0000광역시 00구 00동 000번지
  3) 건물규모: 지하 0층, 지상 0층
  4) 관리평수: 0,000,000㎡(000,000평)
  5) 난방방식: 개별난방
  6) 전기용량: 000kw
  7) 승강기: 0대
  8) 정화조: 직관연결(스크린조)
  9) 주차시설: 기계식 000대, 자주식 000대
  10) 저수조: 000톤

제1조[목적]
"갑"은 "을"을 주택법 및 집합건물의 소유 및 관리에 관한 법률에 의거 주상복합아파트의
관리주체로 선정함을 그 목적으로 한다.
제2조[공동주택의 위탁관리 대상물]
본 계약의 위탁관리 대상물은 "갑"의 공동주택 등 관리규약(이하 "관리규약"이라 한다)으로
정한 공동주택 등으로 한다.
제3조[위탁관리업무]
① "갑"이 "을"에게 위탁하는 관리업무는 다음과 같다.
  1) 주택법시행령 및 집합건물의 소유 및 관리에 관한 법률에서 규정한 관리주체의 업무
  2) 제1항의 업무 외에 주택법 및 동법 시행령 그리고 동법 시행규칙(이하 "주택법시행
     령"이라 한다)에서 관리주체가 행하도록 별도로 정한 업무
② "갑"과 "을"이 합의하여 위탁하기로 정한 업무
제4조[관리업무의 재위탁]
① "을"은 제3조에 명시된 업무를 효율적으로 수행하기 위하여 해당 업무의 전문업체에 재
위탁할 수 있다.

② "을"이 제3조의 업무 중 해당업무의 전문업체에 재위탁하고자 하는 경우 위탁 전에 "갑"의 동의를 얻어야 한다.

제5조[관리소장의 대리권]

"갑"의 주상복합아파트에 "을"이 집합건물의 소유 및 관리에 관한 법률에 의거 배치하는 관리소장은 "을"의 대리인으로 본다.

제6조[준수의무]

"을"은 주택법시행령과 건물의 소유 및 관리에 관한 법률 그리고 "갑"의 관리규약을 준수하며 선량한 관리자의 주의로서 "갑"의 주상복합아파트를 관리하여야 한다.

제2장 용역의 대가

제7조[용역의 대가]

① 용역의 대가는 주택법시행령 제58조제1항 각호의 비용(이하 "관리비"라 한다)으로 위·수탁 관리료는 일금 원정(₩   )(부가가치세 별도)로 한다.

(별첨: 운영계획서 참조)

단, 실제 직원의 투입일로부터 정산청구 한다.

② 제1항의 관리비 등은 관계법령·생산자 물가상승률 및 도시근로자 임금 인상률을 감안하여 매년 "을"이 제안하고, "갑"이 주택법시행령 또는 집합건물의 소유 및 관리에 관한 법률의 규정에 의하여 조정 결정한다.

제8조[용역비의 지급방법]

제8조의 관리비는 "갑"의 관리기구에서 주택법 및 "갑"의 관리규약에 따라 부과(청구)·징수(수령) 및 지출(집행)하고 위·수탁관리수수료는 익월 5일까지 "을"에게 지급한다.

제9조[관리비 등의 부과와 징수]

주택법 제45조제1항의 규정에 의하여 입주자 및 사용자가 부담하는 주택법 제58조의 규정에 의한 관리비·사용료 및 장기수선충당금 등(이하 "관리비 등"이라 한다)은 "갑"의 관리규약에 따라 부과(청구)·징수(수령)한다.

제10조[관리비 등의 예치금 공동명의 관리]

"갑"은 주택법시행령 제58조제7항의 규정에 의하여 관리비 등의 예치금을 "갑"과 "을"의 공동명의로 예치·관리하고자 할 때에는 서면으로 "을"에게 요청하여야 하며, 공동명의로 예치·관리 중 회계사고 등이 발생하는 경우에는 "갑"과 "을"이 공동으로 책임을 진다.

"갑" 건물주대표통장인감: "을" 0000임대관리(주)통장인감:

제3장 위탁관리기구

제11조[관리사무소 등의 제공]

① "을"은 공동주택의 위탁관리를 위하여 다음 각 호의 "갑"의 시설 등을 무상으로 제공한다.
  1) 공동주택의 공용부분
  2) 관리사무소 등의 입주자 공유인 부대시설 및 복리시설
  3) 전기, 수도, 난방, 가스
② 제1항제3호의 사항을 주택법시행령 제58조제3항에 의하여 공동사용료로 부관한다.

제12조[위탁관리기구의 구성]

① "을"은 관리사무소장을 총괄책임자로 하는 위탁관리기구를 "갑"의 관리사무소에 설치한다.
② 위탁관리기구에는 관리사무소장 외에 다음 각 호의 인원을 두며, 필요시 건물주와 협의

하여 조정할 수 있다.
  1) 사무인력: 0명
  2) 기술인력: 0명
  3) 경비인력: 0명(주자관리임무 겸직)
  4) 청소인력: 0명(통로 10개당 1명 - 지하1층 지상15층 기준)
    단, 변압기 증설이나 업무수행 상 직원증감이 필요한 시 "갑"과 "을"이 산호 합의하여 조정할 수 있다.
③ "을"은 계약기간 개시와 동시에 제2항에 의한 직원을 필요한 장소에 배치하여 관리업무를 수행하여야 한다.
④ "을"은 근무분야별 직원에 대하여 결원이 발생할 경우 지체 없이 충원하여야 한다.
⑤ 다음 각 호에 해당하는 자는 "갑"은 "을"에게 교체를 요구할 수 있다. 이 경우 "을"은 정당한 사유가 없는 한 "갑"이 문서로 요청한 날로부터 2개월 이내에 이에 응하여야 한다.
  1) 병역기피자 및 군무이탈자
  2) 의료기관의 건강진단 결과 맡은 업무를 수행할 수 없다고 판정된 자
  3) 관계법령에 적합한 법정자격을 소지하지 아니하거나 자격이 정지된 자
  4) "갑"의 공동주택관리 중 금품수수·횡령 및 배임 등의 협의로 기소된 자
  5) 주민등록법상의 주민등록이 아니 되었거나 말소된 자

제4장 이행보증 등
제13조[관리비 예치금의 사용 등]
① "갑"은 "을"에게 관리비 예치금을 사용하도록 승인한다.
② 위탁업무를 수행하는 직원은 다음 각 호에 따른 신원보증증권 또는 2인 이상의 연대보증서를 제출하여야 한다.
  1) 관리사무소장: 50,000,000원
  2) 사무소 및 기술요원: 30,000,000원
  3) 경비 및 주차요원: 10,000,000원
  4) 미화원: 5,000,000원

제5장 감사 등의 감독
제14조[업무 감독 및 감사]
"을"은 제6조의 규정에 의하여 "갑"을 대리하는 업무에 관하여 "갑"의 감사로부터 자치관리기구에 준하는 감사를 받는다.
  1) "갑"은 감사 실시일 30일 전에 "을"에게 감사계획을 통보하여야 한다.
  2) 감사 비용은 "갑"의 부담으로 한다.
제15조["갑"의 승인사항]
"을"은 다음 각 호에 해당하는 사항에 대하여 "갑"의 사전 승인을 득한 후 집행하여야 한다.
  1) 예산(계약 금액을 말한다) 및 결산에 관한 사항
  2) 추가경정예산(계약금액의 인상을 말한다)의 편성에 관한 사항
  3) 예산 외의 집행에 관한 사항
  4) 관리사무소의 인원 조정에 관한 사항
  5) 기타 "갑"과 "을"이 협의한 사항

16조[보고사항]

"을"은 다음 각 호에 대하여 "갑"에게 매월 또는 분기별로 보고하여야 한다.

　1) 관리비 부과 및 징수 현황

　2) 회계연도 말 결산보고에 관한 사항

　3) 세무보고에 관한 사항

　4) 주택법시행령에 의한 장기수선계획 및 시설물안전진단 등

　5) 기타 관리업무에 관한 특별한 사항 또는 중대한 사고

제6장 책임한계

제17조[관리상의 책임한계]

① 위탁관리에 관한 "을"의 책임한계는 "갑"의 공동주택의 공용부분과 그 부대시설 및 복리시설에 한하며, 그 사유는 다음과 같다.

　1) "을" 또는 "을"의 고용인이 고의 또는 중대한 과실로 인하여 건물 또는 시설물에 손해를 입혔을 때

　2) "을" 또는 "을"의 고용인이 고의 또는 중대한 과실로 인하여 입주자 또는 사용자에게 손해를 입혔을 때

　3) "을" 또는 "을"의 고용인이 고의 또는 중대한 과실로 인하여 안전사고나 금전사고를 입혔을 때

② 제1항의 규정에 불구하고 "갑"이 주택법시행령 제51조제5항의 규정에 위반하여 "을"의 직원인사·노무관리 등의 업무수행에 부당하게 간섭한 경우 사용자 배상책임은 "갑"이 진다.

③ 입주자 및 사용자의 관리비 연체에 따른 책임은 소유주가 진다.

제18조[면책사항]

"을"은 "갑" 또는 입주자가 다음 각 항에 명시된 손해를 입었을 때에는 그 변상의 책임을 지지 아니한다.

　1) 천재지변 또는 불가항력적인 사고

　2) "갑"이 주택법시행령 제51조제5항의 규정에 위반한 때

　3) "갑" 및 입주자의 귀책사유로 발생하는 사고

　4) 제3자에 의한 고의 또는 과실에 의한 사고 및 손해

제19조[계약기간]

① 본 계약기간은 201　년　　월　　일부터 201　년　　월　　일까지　　개월로 한다. 단, 계약기간 동안의 임무 수행결과를 재평가하며, "갑"과 "을"이 합의하여 2년 단위로 연장할 수 있다.

② 주택법시행령 제51조제4항의 단서 규정에 의하여 계약을 해지하는 경우 계약 만료 2개월 전에 "갑"은 "을"에게 계약해지를 서면으로 통보하고, 만일 계약해지 통지가 없으면 "갑"과 "을"이 합의하여 재연장하거나 재계약을 2년간 하기로 한다.

제20조[계약의 해지]

① "갑"과 "을"은 다음 각 호의 사유가 있을 때에는 계약을 해지할 수 있으며, 그에 따른 손해배상을 청구할 수 있다.

　1) "을"의 재무상태, 보유기술인력 및 장비 등이 서류를 거짓으로 작성하여 제출한 때

　2) "을"의 금품제공 등 부정한 행위로 계약을 체결한 때

　3) "을"의 등록말소 또는 영업정지 처분을 받은 때

4) "갑" 또는 "을"이 특별한 사유 없이 계약을 불이행한 때

5) "갑"이 "을"의 업무를 부당하게 간섭하여 손해를 끼친 때

6) "갑"이 "을"의 업무를 방해하여 계약이행이 곤란한 때

② "갑"과 "을"이 제1항에 의하여 계약을 해지하고자 할 경우에는 계약해지 2개월 전에 상대방에게 서면으로 그 내용을 통보하여야 한다.

이 경우 "갑"과 "을"은 위탁관리기구의 직원을 새로운 관리업자에게 그 고용을 승계하기로 한다.

제21조[준거사항]

① 본 계약서에 정하지 아니한 사항은 주택법령 및 "갑"의 관리규약 등을 따른다.

② 본 계약기간 중 주택법시행령 등 관계법령이 개정된 경우에는 그 개정규정을 우선 적용한다.

제22조[계약의 증명]

본 계약의 내용을 증명하기 위하여 계약서 2통을 작성하여 "갑"과 "을"이 서명 날인한 후 각각 1통씩 보관한다.

첨부서류: 1. "갑"의 공동주택관리규약 1부(관리사무소 보관)
        2. "갑"의 입주자대표회의 신고를 수리한 공문서 사본 1부(관리사무소 보관)
        3. "을"의 주택관리업 등록증 사본 1부
        4. "을"의 사업자등록증 1부
        5. "을"의 법인등기부등본(개인은 주민등록등본) 1부
        6. "을"의 인감증명서 1부
        7. "을"의 국세 및 지방세 납부증명서 각 1부
        8. 주택관리업자가 본사에 보유한 주택관리사·기술인력 및 장비현황 각 1부
        9. 관리사무소장의 손해배상 보증설정서 1부(관리사무소 보관)

201   년   월   일

계약당사자

갑	단체명		사업자등록번호	
	주 소			
	대표자	㉑	전화번호	
을	상호		사업자등록번호	
	대표이사	㉑	전화번호	
	주소			

첨부 1: 임대차 현황
첨부 2: 시설물 현황

(   ) 도시형 공동주택 위탁관리계약서

0000아파트 입주자 대표회의 또는 임대관리업체(이하 "갑"이라 한다)와 0000(주)(시설관리업자를 말하며, 이하 "을"이라 한다)는 주택법 53조의2제1항제2호의 규정에 의하여 "갑"의 주상복합아파트와 그 부대시설 및 복지시설(이하 "공동주택 등"이라 한다)의 관리를 위하여 다음과 같이 공동주택의 위·수탁 관리에 관한 계약을 체결한다.

제1장 총칙

제1조(관리대상물) 본 계약서에 위탁하는 관리대상물은 "갑"의 공동주택관리규약(이하 "관리규약"이라 한다) 별표 1의 관리대상물을 말한다.

■공동주택의 표시■

1) 명칭: 0000아파트
2) 주소지: 0000광역시 00구 00동 000번지
3) 건물규모: 철근콘크리트조
4) 관리평수: 0,000,000㎡(000,000평)
5) 난방방식: 개별난방
6) 세대수: 세대
7) 기타: 부대시설 및 복리시설

제2조(위탁관리업무)
① "갑"이 "을"에게 위탁하는 관리업무는 다음과 같다.
  1) 주택법시행령(이하 "영"이라 한다) 제55조 제1항 각 호 및 동법 규칙 제25조 각 호 및 집합건물의 소유 및 관리에 관한 법률에서 규정한 관리주체의 업무
  2) 제1항의 업무 외에 주택법(이하 "법"이라 한다) 및 동법 시행령 그리고 동법 시행규칙(이하 "주택법시행령"이라 한다)에서 관리주체의 업무로 규정한 사항
② "을"은 이 계약에 따른 권리를 제3자에게 양도할 수 없다.

제3조(관리사무소장)
① "갑"은 "을"이 법 제55조제1항에 따라 배치하는 관리사무소장은 "을"의 대리인으로 본다.
② "을"은 법 제55조의2에 따른 주택관리사(보) 공제증권, 보증보험증권 또는 공탁증서가 없는 자는 관리사무소장으로 배치하여서는 아니 된다.

제4조(준수의무)
"을"은 주택법시행령과 건물의 소유 및 관리에 관한 법률 그리고 "갑"의 관리규약을 준수하며 선량한 관리자의 주의로서 "갑"의 공동주택을 관리하여야 한다.

제2장 공동주택의 관리 및 용역의 대가

제5조(위탁관리기구의 구성)

① "을"은 관리사무소장을 총괄책임자로 하는 위탁관리기구를 "갑"의 관리사무소에 설치한다.

② 위탁관리기구에는 다음 각 호의 인력을 배치한다.

1) 사무인력: 3명(관리소장 1인, 서무 1인, 경리 1인)

2) 기술인력: 2명(전기기사 1인, 설비기사 1인)

3) 경비인력: 10명(동당 2명, 주자관리임무 겸직)

4) 청소인력: 3명(통로 10개당 1명 – 계단식, 지하1층 지상15층 기준)

단, 변압기 증설이나 업무수행 상 직원증감이 필요한 시 "갑"과 "을"이 상호 합의하여 조정할 수 있다.

③ "을"은 계약기간 개시와 동시에 제2항에 의한 직원을 필요한 장소에 배치하여 관리업무를 수행하여야 한다.

④ "을"은 근무분야별 직원에 대하여 결원이 발생할 경우 지체 없이 충원하여야 한다.

⑤ 다음 각 호에 해당하는 자는 "갑"은 "을"에게 교체를 요구할 수 있다. 이 경우 "을"은 정당한 사유가 없는 한 "갑"이 문서로 요청한 날로부터 2개월 이내에 이에 응하여야 한다.

1) 병역기피자 및 군무이탈자

2) 의료기관의 건강진단 결과 맡은 업무를 수행할 수 없다고 판정된 자

3) 관계법령에 적합한 법정자격을 소지하지 아니하거나 자격이 정지된 자

4) "갑"의 공동주택관리 중 금품수수·횡령 및 배임 등의 협의로 기소된 자

5) 주민등록법상의 주민등록이 아니되었거나 말소된 자

제6조(관리사무소 등의 제공)

① "을"은 공동주택의 위탁관리를 위하여 다음 각 호의 "갑"의 시설 등을 무상으로 제공한다.

1) 공동주택의 공용부분

2) 관리사무소 등의 입주자 공유인 부대시설 및 복리시설

3) 전기, 수도, 난방, 가스

② 제1항제3호의 사항을 주택법시행령 제58조제3항에 의하여 공동사용료로 부과한다.

제7조(관리비 예치금의 사용 등)

① "갑"은 "을"에게 공동주택 관리에 소요되는 운전자금인 관리비 예치금을 사용하도록 승인한다.

② "을"은 다른 주택관리업자 1인의 연대보증서를 "갑"에게 제출하여야 한다.

제8조(관리비 등의 부과와 징수)

① 관리비·사용료 및 장기수선충당금 등(이하 "관리비 등"이라 한다)은 관리사무소장이 법 제45조제1항, 영 제58조 및 "갑"의 관리규약에 따라 부과(청구)·징수(수령)한다.

② 지출하는 관리비 등은 관계법령, 물가상승률 및 도시근로자 임금 인상률을 감안하여 "을"의 관리사무소장이 매년 사업계획서 및 예산안을 수립하여 "갑"의 승인을 얻어야 한다.

제3장 책임범위 및 계약기간

제9조(책임한계)

① 위탁관리에 관한 "을"의 책임한계는 "갑"의 공동주택의 공용부분과 그 부대시설 및 복

리시설에 한하며, 그 사유는 다음과 같다.
1) "을" 또는 "을"의 고용인이 고의 또는 중대한 과실로 인하여 건물 또는 시설물에 손해를 입혔을 때
2) "을" 또는 "을"의 고용인이 고의 또는 중대한 과실로 인하여 입주자 또는 사용자에게 손해를 입혔을 때
3) "을" 또는 "을"의 고용인이 고의 또는 중대한 과실로 인하여 안전사고나 금전사고를 입혔을 때
② 제1항의 규정에 불구하고 "갑"이 주택법시행령 제51조 제5항의 규정에 위반하여 "을"의 직원인사·노무관리 등의 업무수행에 부당하게 간섭한 경우 사용자 배상책임은 "갑"이 진다.
③ 입주자 및 사용자의 관리비 연체에 따른 책임은 소유주가 진다.

제10조(면책사항)
"을"은 "갑" 또는 입주자가 다음 각 항에 명시된 손해를 입었을 때에는 그 변상의 책임을 지지 아니한다.

제11조(위탁관리수수료의 지급)
"갑"은 매월마다 원(부가가치세 포함)의 위탁관리수수료를 "을"에게 지급한다(㎡당   원).

제12조(계약기간)
① 본 계약기간은 201   년   월   일부터 201   년   월   일까지   개월로 한다.
② 관리주체가 변경된 경우 관리사무소에 근무하는 "을"의 직원은 공동주택 관리업무의 계속성 등을 위하여 새로운 관리업자에게 그 고용을 승계할 수 있다.

제13조(계약의 해지)
① "갑"과 "을"은 다음 각 호의 사유가 있을 때에는 계약을 해지할 수 있으며, 그에 따른 손해배상을 청구할 수 있다.
1) "을"의 재무상태, 보유기술인력 및 장비 등이 서류를 거짓으로 작성하여 제출한 때
2) "을"의 금품제공 등 부정한 행위로 계약을 체결한 때
3) "을"의 등록말소 또는 영업정지 처분을 받은 때
4) "갑" 또는 "을"이 특별한 사유 없이 계약을 불이행한 때
5) "갑"이 "을"의 업무를 부당하게 간섭하여 손해를 끼친 때
6) "갑"이 "을"의 업무를 방해하여 계약이행이 곤란한 때
② "갑"은 제1항의 해지 사유 및 귀책사유가 발생 시 "갑"의 결의에 따라 계약기간을 단축하거나 해지한다.
③ "갑"과 "을"이 제1항에 의하여 계약을 해지하고자 할 경우에는 계약해지 30일 전까지 상대방에게 서면으로 그 내용을 통보하여야 한다.

제4장 감사 등의 감독

제14조(업무 감독 및 감사)
"을"은 제6조의 규정에 의하여 "갑"을 대리하는 업무에 관하여 "갑"의 감사로부터 자치관리기구에 준하는 감사를 받는다.
1) "갑"은 감사 실시일 30일 전에 "을"에게 감사계획을 통보하여야 한다.
2) 감사 비용은 "갑"의 부담으로 한다.

제15조("갑"의 승인사항)

"을"은 다음 각 호에 해당하는 사항에 대하여 "갑"의 사전승인을 득한 후 집행하여야 한다.

    1) 예산(계약금액을 말한다) 및 결산에 관한 사항

    2) 추가경정예산(계약금액의 인상을 말한다)의 편성에 관한 사항

    3) 예산 외의 집행에 관한 사항

    4) 관리사무소의 인원 조정에 관한 사항

    5) 기타 "갑"과 "을"이 협의한 사항

제16조(보고사항)

"을"은 다음 각 호에 대하여 "갑"에게 매월 또는 분기별로 보고하여야 한다.

    1) 관리비 부과 및 징수 현황

    2) 회계연도 말 결산보고에 관한 사항

    3) 세무보고에 관한 사항

    4) 주택법시행령에 의한 장기수선계획 및 시설물 안전진단 등

    5) 기타 관리업무에 관한 특별한 사항 또는 중대한 사고

제5장 보칙

제17조(준거사항)

① 본 계약서에 정하지 아니한 사항은 주택법령 및 "갑"의 관리규약 등을 따른다.

② 본 계약기간 중 주택법시행령 등 관계법령이 개정된 경우에는 그 개정규정을 우선 적용한다.

제18조(계약의 증명)

본 계약의 내용을 증명하기 위하여 계약서 2통을 작성하여 "갑"과 "을"이 서명 날인한 후 각각 1통씩 보관한다.

첨부서류

    1. "갑"의 공동주택관리규약 1부(관리사무소 보관)

    2. "갑"의 입주자대표회의의 구성신고를 수리한 공문서 사본 1부(관리사무소 보관)

    3. "을"의 주택관리업 등록증 사본 1부

    4. "을"의 사업자등록증 1부

    5. "을"의 법인등기부등본(개인은 주민등록등본) 1부

    6. "을"의 인감증명서 1부

    7. "을"의 국세 및 지방세 납부증명서 각 1부

    8. 주택관리업자가 본사에 보유한 주택관리사·기술인력 및 장비현황 각 1부

    9. 관리사무소장의 손해배상 보증설정서 1부(관리사무소 보관)

201   년   월   일

계약당사자					
갑	단체명		사업자등록번호		
	주 소				
	대표자	□	전화번호		
을	상호		사업자등록번호		
	대표이사	□	전화번호		
	주소				

첨부 1: 임대차 현황
첨부 2: 시설물 현황

서식 #8 [관리비 자료 양식]

년 월분 관리비 영수증 (입주자용)

동 호

관리비 항인내역	
항인내용	금액

전기료	공동전기료
	승강기전기료
	세대해당여부
	소계

항인총계
· 귀하의 당월 납
부금액은 항인총계
금액이 차감된 금
액입니다.

수도료	상수
	하수도금액
	공동수도료
	소계

당월 소계	
미납관리비	
미납연체료	
납기내금액	
연체료	
납기후금액	
납부마감일	
	년 월 일

일반관리비
소독비
청소비
승강기유지비
수선유지비
장기수선충당금
화재보험료
음식물수거비
유선수신료
수선충당금
위탁수수료
경비비
동대표운영비
소계

납부자번호:
0000-00000-0000
금융기관명 지점 번 호
000-00000-000
금융기관명 지점 번 호
000-000000-000
* 무통장입금 시는 관리사무실로
연락바람*
(화인불능 시 연체료 부과됨)

0000(주택)임대관리사무소
위 금액을 영수하였습니다.

전월납부영수증

납부자번호
전월납부금액
납부방법
전월납부마감일자

* 화인시는 월 일 기준
으로 작성되었습니다.
* 납부된 금액이 미리 납부
된 경우 합산하여 표시됩니다.
* 납부하신 금액에 따라
일부의 표시가 일치하지
않을 수 있습니다.

년 월분 수납의뢰서

은행용

동 호

당월 소계	
미납관리비	
미납연체료	
납기내금액	
연체료	
납기후금액	
납부마감일	
	년 월 일

금융기관명 지점
계좌번호: 0000-00000-000
금융기관명 지점
계좌번호: 000-000000-000

납부자번호: 0000-00000-0000

0000(주택)임대관리사무소
위 같이 수납을 의뢰하오니 영수하여 주십시오.

년 월분 납입통지서

관리소용

동 호

당월 소계	
미납관리비	
미납연체료	
납기내금액	
연체료	
납기후금액	
납부마감일	
	년 월 일

금융기관명 지점
계좌번호: 0000-00000-000
금융기관명 지점
계좌번호: 000-000000-000

납부자번호: 0000-00000-0000

000주택(임대)관리사무소 귀중
위와 같이 수납 입금되었기에 통지합니다.

서식 #8-1 [관리비 영수증]

년   월분 관리비 납입 영수증 (고객용)

OCR ☐☐☐☐☐

지로번호: ☐☐☐☐☐☐

고객번호:

고객주소:

용역관리비	원	전문유지비	원		검 침 일	일
정화조요금	원	승 강 기	원		당월지침	kwh
전 기 료	원	소 방 관 리	원	전기료내역	전월지침	kwh
수 도 료	원	전기안전관리	원		사 용 량	kwh
미납관리비	원	오 물 수 거	원		전 기 료	원
연 체 료	원		원		검 침 일	일
유 /케이블	원		원		당월지침	㎥
공동 수도	원		원	수도료내역	전월지침	㎥
공동 전기	원		원		사 용 량	㎥
납 기 내 금 액			원		수 도 료	원

고 객 명:
납부기한:
금액 ☐☐☐

◎ 위 금액을 정히 영수합니다.
관리회사명

TE L
FAX
수납인   금융기관
         수납인이 없으면
         무효입니다.

점 취 인
신 ───────

───────────────

입주민 공지사항

1. 일반관리비는 당월분을 당월에 청구합니다.
2. 수도요금은 후불입니다.
3. 관리비는 본 고지서로 납부하거나 아래계제
   좌로 입금하시면 됩니다.

   예금주:
   입금방법: 입금자란에 전물명, 번지, 호수
   를 정확히 기재해 주십시오. 입금 후 관리실
   로 반드시 연락 바랍니다.
   예) 100번지 101호 → 100-101

4. 관리비 미납 시 연체료는 5%가 가산됩니다.
   * 쓰레기 및 폐기물을 무단으로 배출하다 적
   발될 시 그 등안의 비용이 모두 청구됩니다.
   * 입주민들께서는 피해가 없도록 주의 바랍
   니다.
   * 관리비 성명으로 계좌이체할 경우 사무실
   로 연락을 꼭 주셔야 합니다.
   * 관리비는 납부기한 내 납부바랍니다.

───────────────

지로통지서(금융기관용)

서식 301

금융결제원승인
제 호

OCR

지로번호

금액 원

지로번호　　　고객조회번호　　C　　금 액　　C　　Code

(비바전산 822-1401) * 이 종이는 컴퓨터로 처리하므로 위 난이 구겨지거나 더럽혀지지 않도록 주의하여 주십시오

주소

고객번호　　　　　　　　호 수

(납입기한:　　　　　　　까지)

관리회사명

TEL
FAX

(년　　월분)

【납부장소】인터넷지로(www.giro.or.kr), 인터넷뱅킹, CD/A
국민행, 농협, 수협, 우체국, 새마을금고, 신용협동조합, 상호저
신용조합중앙회, 금융투자회사(증권사)

수납인

입주민 유의사항

1. 입주자 불편사항 및 시설물에 이상이 있을 경우 관리사무소로 연락바랍니다.
(T　　　　　)

2. 이주 시에는 전기, 가스, 관리비 등 공과금 확인 및 세대 내 시설점검 후 보증금을 반환받을 수 있으니 이사 3일 전에 관리회사로 연락바랍니다.

3. 도시가스 정산은 본인이 직접 도시가스공사(T 1544-0009)로 접수, 처리하여야 합니다.

4. 일반쓰레기는 반드시 규격봉투를 사용하시고, 음식물 쓰레기는 스티커가 부착된 용기에 담아 지정된 장소에 배출하여 주시기 바랍니다.

5. 공과금의 2개월 이상 연체되어 있을 경우 공급이 제한되오니 피해가 없도록 유념하시길 바랍니다.

서식 #9 [장기 수선계획(예)]

① 건물외부

구분	공사종별	수선방법	주기	수선율	비고
지붕	모르터 마감	부분수리	5년	18%	시멘트 액체 방수
	콘자갈 깔기	보충	5년	15%	
	아스팔트방수층	부분수리	5년	10%	단열층 및 보호층 포함
	고분자도막방수	부분수리	5년	10%	
	고분자시트방수	부분수리	8년	20%	
	타일	부분수리	10년	5%	크링카 타일
	모르터마감	전면재바름	15년	100%	
	고분자도막방수	전면재방수	15년	100%	
	고분자시트방수	전면재방수	20년	100%	
	아수팔트방수층	전면재방수	25년	100%	
외벽	수성페인트	전면재도장	5년	100%	모르터면
	모르터마감	부분수리	8년	15%	
	인조석	부분수리	8년	15%	
	타일붙이기	부분수리	8년	10%	자기질 타일
	인조석깔기	부분수리	10년	5%	
	모르터마감	전면재바름	25년	100%	
	돌붙이기	부분수리	25년	5%	화강석
	인조석깔기	전면수리	30년	100%	
	씻어내기	전면수리	30년	100%	
	타일붙이기	전면수리	40년	100%	
외벽 창문	유성페인트칠	전면재도장	3년	100%	철재부분
		전면재방청	6년	100%	
	합성수지페인트칠	전면재도장	6년	100%	철재부분
		전면재방청	12년	100%	
	철제창문	창문틀수리	15년	20%	창호철물은 제외
		창문수리	15년	15%	
	알미늄창문	창문틀수리	20년	10%	창호철물은 제외
		창문수리	20년	15%	
	철제창문	전면교체	30년	100%	
	알미늄창문	전면교체	40년	100%	
기타	쓰레기투입구 및 소제구		5년	25%	
	지붕 낙수구	부분수리	6년	10%	주철재 또는 PVC제품
	홈통	부분수리	6년	10%	PVC제품
	철재 피난계단	부분수리	8년	16%	
	철재 난간	전면수리	25년	100%	
	지붕낙수구	전면교체	28년	100%	
	홈통	전면교체	28년	100%	
	철재 피난계단	전면교체	30년	100%	

② 건물내부

구분	공사종별	수선방법	주기	수선율	비고
천정	수성도료칠	전면도장	5년	100%	
	유동도료칠	전면도장	5년	100%	
	합성수지도료칠	전면도장	6년	100%	
	회박죽마감	부분보수	7년	20%	
	보스(텍스)류	전면보수	25년	100%	
	회박죽마감	전면보수	30년	100%	
	모르터 마감	전면보수	30년	100%	
내벽	수성도료칠	전면재도장	5년	100%	
	유성도료칠	전면재도장	5년	100%	
	합성수지도료칠	전면재도장	6년	100%	
	회박죽마감	부분보수	7년	20%	
	벽지	전면재도배	10년	100%	
	칸막이벽(목재)	부분보수	10년	15%	
	칸막이벽(경량철골)	부분보수	10년	10%	
	보드류	전면재붙임	20년	100%	
	타일붙임	부분수리	20년	10%	
	회박죽마감	전면재마감	30년	100%	
	타일붙임	전면재붙임	50년	100%	
바닥	모르터마감	부분수리	5년	15%	
	아스타일류깔기	부분수리	6년	15%	
	마루널깔기	부분수리	7년	15%	
	타일붙임	부분수리	8년	10%	
	인조석깔기	부분보수	15년	10%	
	아스타일류깔기	전면교체	18년	100%	
	모르터마감	전면재마감	20년	100%	
	마루널깔기	전면재깔기	25년	100%	
	타일붙임	전면재붙임	30년	100%	
	인조석깔기	전면재깔기	30년	100%	
내부 창문	목재창,문	창문수리	10년	20%	
		창문틀수리	13년	18%	
	알미늄창,문	창문틀수리	20년	10%	
		창문수리	20년	15%	
	목재창문	창문교체	28년	100%	
	알미늄창문	창문교체	40년	100%	
계단	유성페인트칠	전면도장	5년	100%	
	모르터마감	부분수리	5년	15%	
	인조석깔기	부분수리	7년	10%	
	바닥아스타일	부분수리	8년	10%	
		전면교체	15년	100%	

구분	공사종별	수선방법	주기	수선율	비고
계단	계단논스립	전면교체	15년	100%	
	모르터마감	전면재마감	20년	100%	
	철재난간	전면교체	23년	100%	목재혼합난간 포함
	인조석깔기	전면재깔기	25년	100%	
	스텐레스난간	전면교체	40년	100%	
기타	단열층(벽,천정)	부분보수	15년	20%	보호층 포함
		전면보수	50년	100%	

③ 전기 · 소화 및 승강기 설비

구분	공사종별	수선방법	주기	수선율	비고
예비 전원	축전지	교체	4년	100%	
	냉각수탱크	교체	15년	100%	
	기름탱크	교체	20년	100%	
	배전반	교체	20년	100%	
	자동제어반	교체	20년	100%	
	내연기관	교체	30년	100%	
	발전기	교체	30년	100%	
변전 설비	축전지	교체	10년	100%	
	충전기	교체	18년	100%	
	변압기	교체	20년	100%	
	콘덴사	교체	20년	100%	
	수전반	교체	20년	100%	
	배전반	교체	20년	100%	
	유도전압조정기	교체	20년	100%	
옥내 배선 설비	스윗치	교체	5년	100%	
	콘세트	교체	6년	100%	
	배선배관	교체	20년	100%	
인터폰	인터폰	교체	20년	100%	
자동화제감지시설	감지기	교체	20년	100%	
	수신반	교체	20년	100%	
소화 설비	소화펌프	해체수리	9년	50%	
	급수관압노피복	교체	15년	100%	
	소화펌프	교체	20년	100%	
	모타	교체	20년	100%	
	소화기구	교체	20년	100%	
	급수변	교체	20년	100%	
	내연기관(엔진)	교체	25년	100%	
	스프링쿨러	교체	25년	100%	
승강기 및 인양기	와이어로프	교체	5년	100%	
	기계장치	교체	15년	100%	

④ 급수, 위생, 가스 및 환기시설

구분	공사종별	수선방법	주기	수선율	비고
급수 설비	터빈펌프	교체	15년	100%	
	급수관	교체	15년	100%	
	수량계	교체	15년	100%	
	고가수조	교체	20년	100%	
가스 설비	가스코크	교체	13년	100%	
	배관	교체	15년	100%	
배수 설비	펌프	교체	12년	100%	
	배수관	교체	15년	100%	
	배변관	교체	25년	100%	
위생 설비	세탁조	교체	17년	100%	
	경사싱크	교체	20년	100%	
	대변기	교체	20년	100%	
	세면기	교체	20년	100%	
	수세기	교체	20년	100%	
	소변기	교체	25년	100%	
환기	환기펜	교체	15년	100%	

⑤ 난방 및 급탕 설비

구분	공사종별	수선방법	주기	수선율	비고
난방 설비	보일러 수관	교체	9년	100%	밸브류 포함
	난방순환펌프	교체	10년	100%	
	보일러	해체수리	10년	10%	
		교체	15년	100%	
	급수탱크	교체	15년	100%	
	난방관	교체	15년	100%	보온피복, 바닥단열층 및 보호 층 포함
	유류저장탱크	교체	20년	100%	
급탕 설비	순환펌프	해체수리	5년	20%	
		교체	10년	100%	
	급탕조	교체	15년	100%	

⑥ 옥외 부대시설

구분	공사종별	수선방법	주기	수선율	비고
옥외 부대 시설	배수로 및 맨홀	부분수리	5년	10%	
	아연도금철망울	알미늄페인트	6년	100%	
	정화조	부분수리	7년	15%	
	콘크리트포장	전면수선	12년	100%	
	아스팔트포장	전면수선	12년	100%	
구분	공사종별	수선방법	주기	수선율	비고
옥외 부대 시설	보드블럭	전면교체	12년	100%	
	어린이놀이터시설	전면교체	15년	100%	
	PVC피복	전면수선	30년	100%	
	타리	전면교체	30년	100%	
	철망울타리	전면교체	40년	100%	

서식 #10 간이 수익성 판단 양식

간이 수익성 판단 (건물명:)			
수 입		지 출	
관리비		정화조관리비	
관리보수		소독비	
청소비		청소비	
장기시설유지비		도배	
식당운영		장판	
자판기운영		퇴실 후 수리비	
휴게실운		관리용원 수당	
창고운영		건물유지수리비	
대행수수료		안전관리	
이자수입		행정비용	
기타(사례금, 기부금)		공실률	
계(A)		계(B)	
손익판단(A-B)			

서식 #11 [제안서 양식]

(제1면)

부동산임대관리 제안서

(건물명:)

2013.   .   .

관리업체 명:

(제2면)

목   차

① 소유자의 요구사항
② 부동산임대관리업체의 일반현황
  -. 관리운영 기본방향(방침)
  -. 관리운영 조직
  -. 관리업무의 범위
③ 부동산임대관리업체의 업무활동 내용
  -. 관리업무 수주 실적
  -. 다른 업체와 차별성
④ 소유주의 요구사항 충족방안
  -. 대상시설물의 상태 및 관리면 개선점
  -. 수익성 판단
⑤ 결론
  -. 관리에 필요한 소유주 결심을 득하여야 할 사항
  -. 소유주 수주결심 확인서

(제3면)

소유주 요구사항

-.
-.

도출된 수행할 업무

-. 임대관리면
  · 임대관리 위탁계약 체결
-. 임대차관리면
  · 소유주 위임장 및 인감증명서 첨부
  · 임대료 입금 통장 사본
-. 환경 및 위생관리면
  · 시설 외부 청소 및 관리
-. 시설관리면
  · 건물관리
  · 전기·상하수도·가스배관 및 장비관리
-. 보안 및 안전관리면
  · 도난·화재·출입관리
-. 관리수수료 및 관리비
  · 관리수수료 및 관리비 책정에 관한 사항

(제4면)

관리업체 일반현황

-. 관리업체의 사업이념
  · 소유주의 건물의 효율적 관리로 가치 증대
  · 입주자의 쾌적한 생활 조성
  · 안정적이고 고수익 창출
-. 관리운영 기본방향
  · 관리문화의 창달
  · 투명하고 공개적인 관리업무 수행
  · 임대인 재산보호
  · 임차인 생활편익 제고
  · 관리절감
-. 관리운영 조직
  · 협동조합 결성 시설관리 낭비 방지
    조합장: 시설관리 종합   조합원: 임대차관리
-. 관리업무 범위

구 분	기 본 관 리	심 층 관 리
입주자관리	임대차계약/입·퇴 관리	악성임차인 관리(소송/명도)
환경·건물관리	청소관리/주변관리	수리 및 소독관리
안전·시설관리	CCTV 관리	방화/전기/시설안전 관리
회계관리	관리비부과/임대료 징구	미납임차인관리/제세공과금관리

(제5면)

업무활동 내용

　-. 수주 실적

　-. 우리 업체의 특징

(제6면)

소유주 요구 충족방안

　-. 대상물건의 상태

　-. 수익성 증대방안
　　・ 물건상태 개선점
　　・ 물건관리 개선점

　-. 수익 증대 방안 효과
　　・ 수익의 증대
　　・ 기타 효과

결론(건의)

-. 관리에 필요한 소유주 결심을 득하여야 할 사항
- 임대차면
- 환경 및 위생면
- 보안 및 안전면
- 시설관리면
- 회계면

-. 소유주 수주결심 확인
- 위탁관리 부분: ( )전체, ( )임대차, ( )환경 및 위생, ( )시설관리, ( )재무
- 추가 도는 변경 요구:
- 일시:
- 성명: 서명 또는 날인

서식 #12 [시설 위탁관리 제안서 예문]

시설관리 개요

가. 시설물 관리 현황
  1) 명　　칭:
  2) 소 재 지: 대전광역시　　　구　　　동　　　번지
  3) 건물구조:
  4) 연 면 적:　　　　　㎡(　　　평)
  5) 세대 현황:　　　　세대(원룸:　　　　, 투룸:　　　　)
  6) 세 대 수:　　　　세대(입주자:　　　　)
  7) 주차 현황:

나. 시설물 개선점 파악
  1) 외형적 시설
  2) 세대 내 시설: 계약 후 확인하여 보완점 제시
  3) 시설물의 설치 유무, 유지상태, 개선점 등 시설물 현황을 아래 도표에 따라 정확히
    파악하고 유지 관리하여야 한다.

시설물 현황

호 \ 구분	시 설 명	설치유무	시설 상태			개 선 점	비 고
			양호(○)	중간(△)	불량(×)		
외 부	1. 벽 면						
	2. 지 붕						
	3. 조 경						
	4. 부착물						
내 부	1. 출입문						
	2. CCTV						
	3. 조 명						

4. 벽면 5. 계단 및 난간 6. 우편함 7. 전기 계량기함 8. 가스 계량기함
9. 수도 계량기함 10. 창문

다. 관리운영의 목표 및 기본방향
  1) 관리운영 목표
    가) 임대 수익의 극대화
    나) 건물의 수명 연장 및 효율적인 시설관리
  2) 관리운영의 기본방향
    가) 관리 문화의 창달: 새로운 관리기법의 개발과 도입
    나) 투명하고 공개적인 관리업무 수행: 관리비 절감
    다) 임대인의 재산보호 및 입주민의 생활편익 제공
라. 관리업무의 범위

구 분	기 본 관 리	심 층 관 리(별도유상)
입주자 관리	― 임대차 계약 ― 임차인 전출·입 관리 ※ 공실 최소화 활동	― 임차인 선정 ― 임차인 민원 해결 (소송, 악성 임차인 퇴거) ― 민원관리 및 공동체 문화 형성
회 계 관 리	― 관리비 부과 ― 임차료 징수	― 미납 임차인 관리 ― 제세공과금 관리
건물·환경 관 리	― 청소 관리 ― 주변 관리	― 임대인 재산 보호 ― 2년 이내 하자 관리 ― 소독 관리
안전·시설 관 리	― 보안을 위한 CCTV 관리 ※ 승강기 관리	― 방화 관리 ― 전기 안전 관리 ― 각종 설비 관리

수익성 판단

  가. 판단 요인
    ― 임대 수입 최대화
      ※ 현재 임대수입의 적정성 판단
      ※ 향후 2~3년 동안의 임대수입의 예상
    ― 관리 비용 최소화
      ※ 현재 관리 비용의 적정성 판단
      ※ 관리비용 절감 방안 검토
    ― 제세공과금 최소화
      ※ 인터넷망 종합관리
      ※ 종합 유선채널 통합관리
      ※ 수도 누수 관리 철저
    ― 관리 행정 운영비 최소화
      ※ 중개수수료 절감
      ※ 관리업무의 전산화
  나. 향후 개선사항 판단
    ― 상기 수익성 판단 요인 분석을 통한 미비점 보완
    ― 향후 개선방안 검토

건물 및 환경관리

가. 환경관리 계획
　1) 청결한 환경조성과 위생관리로 쾌적한 주거환경 조성
　2) 환경 질서 확립
　　가) 세대 내부 불법 구조변경 금지 및 홍보
　　나) 음식물쓰레기, 일반쓰레기 불법 투기 근절
　　다) 층간소음, 고성방가, 방뇨, 흡연, 동물사육 행위 금지 등 홍보
　　라) 세대 외부 불법 시설물 설치 단속
나. 차량 및 주차관리
　1) 외부 무단 주차차량 통제 관리
　2) 자동차 스토퍼 관리

안전 및 시설관리

가. 기본 관리
　1) 관리 계약 체결일로부터 10일 이내 시설물 점검시행
　2) 적절하고 효율적인 관리로 유지보수 비용 절감
　3) 입주자의 안정적 주거생활의 보장
나. 심층관리(별도 유상)
　- 시설물 안전성 확보를 위한 시설점검 및 예방 철저
　- 안전관리 계획 및 점검
　- 안전 점검관리
　　1) 관리계약 체결일로부터 10일 이내 시설물 점검 시행
　　2) 육안 및 도면으로 확인할 수 있는 하자내역 작성 및 보고서 제출
　　3) 하자내역 및 간단한 보수 방안 제안
　　4) 년차별 하자처리 방법 제시
　　5) 시공사 및 하자 보증회사를 상대로 한 하자보수 협의
　　6) 하자관련 기술적, 법률적 자문 시행
　　7) 시설물의 내구연한 연장 및 재산가치 보존
　　8) 기능 불량 및 사고의 예방 → 조기 발견, 점검 보수
　　9) 적절하고 효율적인 관리로 유지보수 비용 절감
　　10) 시설물 보수 작업의 철저한 기록과 보관
　- 장비이력 카드 작성
　- 입주자 카드 및 시설물 점검카드 활용의 극대화

다. 안전점검 관리 계획(심층관리)

안전점검 관리 계획

구분	대상시설	점검횟수	점검시기
해빙기 진단	· 석축, 옹벽, 법면, 교량, 비상 저수시설, 옥상 물탱크 등	연 1회	2~3월
우 기 진 단	· 석축, 옥벽, 법면, 담장, 하수도, 옥상 배수로	연 1회	6월
월동기 진단	· 노출 배관의 동파방지 · 조경수 보온 · 난방시설 확인 점검 · 옥상	연 1회	9~10월
위 생 진 단	· 물탱크실 · 저수시설	연 2회	3월, 9월
기타	· 도시가스시설, 소방시설, 맨홀	정기 및 수시	매월 1회

관리업무 인수·인계 계획

일정별	주요 추진 사항	비고
D-0	· 위·수탁관리 계약 체결	
	· 하자 및 주요 시설물 사전점검 · 임차인 현황 및 계약 현황 파악	
	· 새로운 제 규정 및 지침서 지급 · 환경 정비 실시 · 관리업무 인수인계서 날인	각 세대에 홍보
D+10	· 시설점검 및 업무 파악 보고	임대인에게 보고

건물관리규약(예)

1. 일반사항
① 입주자는 가족 구성원, 방문객이 적절히 행동하도록 하는 데 책임이 있으며, 그들이 본 규칙을 잘 이해하고 지키도록 하여야 한다.
② 본 건물은 최대한 노력은 하였으나 완전한 방음이 되지 않는다. 따라서 이웃에 대한 사려 깊은 배려가 중요하다.
   ㉠ 거주자는 다른 거주자를 방해하거나 괴롭힐 수 있는 TV, 라디오, 음향기기, 오르간, 피아노 또는 악기를 사용하면 안 된다. 특히 오후 8시 이후부터 익일 오전 9시까지는 이점에 각별한 주의를 기울이도록 한다.
   ㉡ 거주자는 자신, 가족, 방문객이 건물 내 또는 부근의 마당에서 타인은 방해할 수 있는 어떠한 소음을 내거나 타인에게 이를 허락하여서는 안 된다. 또한 다른 거주자의 권리, 안락, 편의를 간섭할 수 있는 어떠한 것도 동일하다.
   ㉢ 복도, 세탁실, 창고는 아이들을 위한 놀이 장소가 아님으로 아이들이 이렇게 하지 않도록 관리할 책임을 진다.
③ 어떠한 공중 시설물이나 안테나 등은 설치하는 것은 소유자(관리자) 승인 없이 설치할 수 없다.
④ 계단, 마당, 로비와 같은 공용부분은 설치 목적에 따라 사용하여야 한다. 따라서 각 입주자의 개인 동산 및 서류 등 어떠한 것도 놓아서는 안 된다.
⑤ 빗물 피해를 막기 위하여 거주자들은 외출 시 반드시 창문을 닫고 잠금장치를 설치하여야 한다.
⑥ 난방 기간에는 동파를 방지하기 위하여 외출 시 건물내부 전체 요소가 난방이 되도록 하고 보일러의 온도를 외출로 조작하거나 65도 이상으로 설치하여야 한다.
⑦ 거주자는 건물내부 및 외부 기타 창고 등에 인화물질을 반입하거나 두어서는 안 된다.
⑧ 소유주나 관리자와 협의하지 않고 건물내부에 대한 어떠한 청탁이나 섭외는 불허한다.

2. 테라스와 발코니 사용
① 발코니나 테라스 및 베란다에서 걸레나 옷, 깔개, 빗자루, 진공청소기 등을 털어서는 안 된다.
② 발코니, 테라스 베란다, 복도 등에서 담배를 피워서는 안 되며, 먼지, 담뱃재, 물, 종이 등을 씻거나 털어서는 안 된다.

3. 차량
① 거주자의 가족구성 및 방문객 그리고 고용인의 자동차의 주차는 다른 사람들의 통행을 방해하거나 통행하는 데 지장이 되도록 주차해서는 아니 된다.
② 주차지역, 도로 등 주차가능지역 외의 지역에 주차를 해서는 아니 되며, 차량에는 반드시 연락처를 설치하여야 한다.

4. 창문

창문에 커튼을 설치하는 경우 커튼대를 설치하여 커튼을 설치한다. 다만, 설치하는 건물에 훼손이 발생하지 않도록 설치하여야 한다.

5. 세탁시설

① 다른 거주자들을 배려하여 세탁은 오전 8시부터 오후 10시까지 실시한다. 그 외의 시간에 세탁을 하여야 하는 경우에는 아래층과 옆집의 동의를 얻어야 한다.

② 세탁물의 건조는 지정된 장소에서 실시하고, 바람으로 인하여 날리거나 우천 시 비 맞지 않도록 한다.

6. 시설물 고장 시 처리

① 시설물 고장이 발생하면 아래 전화로 전화하여 처리한다.
   ㉠ 관리실이 있는 경우: 관리실로 전화
   ㉡ 수도배관 전화:
   ㉢ 전기시설 전화:
   ㉣ 보일러 전화:

② 시설물 수리는 소모품 및 거주자의 과실 및 부주의로 발생한 고장이나 훼손은 거주자가 수리한다. 소모품의 범위는 거주자자 항상 사용하는 부품과, 보일러의 점화 장치, 전등 등을 의미한다.

③ 기타 시설물의 수리에 대한 약정을 임대차 계약서를 기준한다.

7. 창고(있거나 사용하는 경우 적용)

① 창고는 해당 건물에 배당 된 창고만을 사용함을 원칙으로 함. 만일 추가적으로 필요하거나, 창고를 사용하지 않는 경우에는 관리실에 통지하여야 한다.

② 모든 내용물은 창고 안에 보관하여야 하며, 창고 밖에 있는 것은 특별한 통보를 하지 않으면 폐기물로 간주하여 폐기처리 한다.

③ 방화규정상 창고 안에 인화물질과 빈 상자를 넣을 수 없다.

④ 물이 새거나 샐 위험이 있는 물건은 창고에 넣을 수 없다. 만일 이로 인하여 타인에게 피해를 준 경우에는 손해배상을 하여야 한다.

⑤ 귀중품은 창고에 보관할 수 없다.

⑥ 창고에 보관된 물품에 대한 도난 사고는 본인의 책임이며, 관리자나 소유자가 책임지지 않는다.

8. 기타

① 가족 구성원 간의 다툼으로 발생한 사고 및 훼손은 거주자의 책임으로 본다.

② 입주 시 시설 상태에서 용도변경이나 구조 변경을 할 수 없고, 다른 목적으로 사용할 수 없다.

③ 건물 내에서 미풍양속에 위반되는 행위를 하는 경우 강제퇴거의 대상이 되며 이에 대해 이의를 하지 않기로 한다.

표지

(   )건물관리계획서

(소재지:)

201   .   .   .

OOOO임대관리(주)

목차

목 차

1. 관리운영계획
   -. 시설현황
   -. 관리목표
   -. 관리 방향
   -. 사무실 관리계획
2. 임대차관리계획
   -. 물건 홍보계획
   -. 임차인 선정
   -. 임대차계약 작성
   -. 임대차기간 관리
      . 임대료 징수
      . 부동산 명도 등 소송업무
3. 보안 및 안전관리계획
   -. 도난방지계획
   -. 화재방지계획
   -. 자연재해 대비계획
   -. 전기안전계획
   -. 가스안전계획
4. 위생 및 환경관리계획
   -. 조경계획
   -. 시설물 청소계획
   -. 병충해 방재계획
   -. 각종 쓰레기 및 폐기물 처리계획
   -. 주차장환경조성(관리)계획
5. 시설유지 및 개선계획
   -. 하자보수계획
   -. 장기적 시설 수선계획
   -. 용도 및 환경변화에 따른 시설 개선계획
6. 민원처리계획
7. 회계관리계획
   -. 임대료 관리계획
   -. 관리비 관리계획
   -. 예산편성계획
   -. 회계처리계획

임대차관리계획

1. 물건 홍보계획

◎ 금년도 만기도래 임차인현황

구분	인원 수(명)	개인별 만료일	교체 사유
계			
1월			
2월			
3월			
4월			
5월			
6월			
7월			
8월			
9월			
10월			
11월			
12월			

◎ 임대중개 물건 1~2개월 전 홍보

■ 임대물건 순환계획 운영

-. 건물별 임대차계약 기준 임대물건 순환계획 작성
-. 임차인에게 2개월 전 계약 연장 확인/임대차 조건 제시
-. 임대차 만료 시 새로운 임대차계약 작성

■ 물건 홍보전략 차별화 운영

-. 홍보에 사용할 용어 참신화
-. 물건 광고 전에 홍보회의 실시
-. 임차인의 법적, 경제적 안전화 교육

2. 임차인 선정

◎ 우량임차인 입주

   ▣ **우량 임차인 자체 기준 작성**

   -. 우량 임차인 대상
    · 국가 및 지방공무원(행정, 교육, 군인)
    · 건설업 제외 기업의 임원
    · 고가 인테리어 투자 자영업자 및 중소기업 경영자
    · 성격상 성실하고 자존심이 강한 임차인
   -. 중개 상담요소에 포함 파악
   -. 관리 건물 집중 중개

   ▣ **장기거주 욕망 촉구**

   -. 호감 있고 자부심을 느끼는 건물 유지
   -. 인간적인 교감이과 신뢰를 얻을 수 있는 인간관계 형성
   -. 선불과 후불의 임차료(월세) 차등제 적용

3. 임대차계약서 작성

◎ 예약계약제 운영

   ▣ **본 계약서 작성 전 예약계약 운영**

   -. 예약계약서 서면 작성
    · 포함할 사항
     인적사항(성명, 주민등록번호, 주소, 전화번호)
     주민등록증이나 운전면허증 사본
     본 계약 체결 일시(시간까지 확정)
     예약계약금 처리(가급적 파기 시 돌려주는 방법 이용)
     임차인/임대인 임대조건

   ▣ **진실한 임차인 파악**

   -. 주민등록증이나 운전면허증 사본 진위확인
   -. 종전 거주지 부동산중개업소에 탐문

◎ 본 계약 작성

   ▣ **정부 권장 표준주택임대차계약서 활용**

   -. 계약서에 건물 관리 및 관리비 관계 삽입

   ▣ **계약서에 위약에 관한 처리조항 삽입**

   -. 묵시의 갱신 발생하지 않도록 필히 재계약 및 갱신계약 작성
   -. 월세 기본은 후불, 선불 시 후불의 10% 감액

   ▣ **계약서 외에 건물관리규약 첨부**

   -. 계약서에 건물관리규약, 시설상태 점검표 2부 작성 보관/퇴실 시 반납

4. 임대차기간 관리

◎ 임대료 징수

   ▣ **임대료(월세) 개인별 계좌 운영**

   -. 금융기관과 협의하여 임차인 개인별 임대료 및 관리비 통장(계좌) 운영
   -. 입금일 익일 미납자 컴퓨터에 나타나도록 시스템 구축
     * 선불 미납자 후불로 임대료 징수
   -. 3회 이상 미납자 적색 경고 처리
     * 7일 이내 해명토록 최고장 처리, 명도절차 개시
   -. 우량 임차인 생일 선물제 운영

   ▣ **현금 납부자 처리**

   -. 직원이 무통장으로 해당자 계좌로 30분 이내 입금처리

5. 하자사항 신고 시 즉시 처리
   * 시설관리 참조

6. 부동산 명도 등 소송업무
   * 만기도래 임차인 부동산 명도 참조

시설관리계획

1. 중점
◎ 입주민의 하자처리 즉시 처리제 활동
◎ 시설물 유지관리

2. 하자처리
◎ 입주민 요청 시 즉각 처리제 운영
- -. 자체 처리요원 확보
- -. 주변 전문 업체와 협약체결
- -. 하자처리 전문 협동조합 운영

◎ 원인 제공자 처리 원칙 적용
- -. 시설 파괴 및 훼손 원인 제공자 처리 원칙 적용
- -. 임대차 기간 수리 계약 체결(임대차계약서에 포함)
- -. 건설업자 하자보수 책임 최대 활용

3. 시설물 유지관리
◎ 목표
- -. 내구연한 연장 및 재산가치 향상
- -. 시설물 기능 및 능력 최대 발휘
- -. 기능 불량 및 사고 예방
- -. 유지보수비용 절감

◎ 내구연한 연장 및 재산가치 향상
- -. 건물 부실화 원인인 누수 및 균열 즉각 보수
- -. 건물 및 장비이력카드 작성 및 유지
- -. 시설물 고장 및 파손 초래요인 조기 발견

◎ 시설물 기능 및 능력 최대 발휘
- -. 파손 및 고장 원인 정확히 파악
- -. 근본적 처리로 낭비적 지출 방지
- -. 결함 요인 신속히 처리로 결함 확대 방지

◎ 기능 불량 및 사고 예방
- -. 주기적 조기 점검 실시
- -. 보수계획 수립 시행
- -. 점검 및 보수 시 안전 우선한 활동 실시

◎ 유지보수비용 절감
- -. 불필요한 낭비요인 주기적 확인 실시
- -. 공동구비 공장 구매 활동 실시
- -. 보수 작업 내역 기록 관리 철저

서식 #16-1 [보안 및 안전관리계획 양식]

보안 및 안전관리 계획

1. 보안 및 안전관리 목표

입주자의 신변 및 재산상 피해 방지

2. 보안 및 안전관리 분야 및 착안사항

◎ 침입 및 도난 방지

▣ 출입문 외부인 출입 통제
 -. 출입문에 번호열쇠 설치 및 비밀번호 주기적 교환 및 문자로 통지(안)
 -. 출입문 호출 시 내부 응답으로 출입승인(안)
 -. CCTV 녹화

▣ 가스배관 이용한 침입방지 대책 강구
 -. 가스배관 세로 줄에서 3.5m 지점에 방지 차양막 설치(안)
 -. 입주자 외출 시 창문 잠김 생활화 및 도난에 대한 책임주지
 -. CCTV 설치 운영

◎ 화재예방

▣ 가스사고 방지
 -. 세대별 입주자 전원 외출 시 관리실에 신고제 운영
 -. 외부 가스밸브 차단(입주자 실시 – 관리실 확인제)
 -. 화재보험 가입 권장

▣ 건물외부 방화 방지
 -. 건물외부 사각지대 CCTV 운영
 -. 쓰레기 및 인화물질 청소 시 제거

▣ 인화물질 반입 금지
 -. 인화물질 반입 금지 건물관리규약에 포함 배포
 -. 인화물질 반입 적발 시 즉시 퇴실 계약서에 삽입
 -. 직업상 인화물질 관리자는 외부에 보관소 운영 또는 별도 장소 운영 강조

◎ 보증금 보장

▣ 임대인이 등기부 상 권리의 변동 시 통보제 실시
 -. 임대차 계약 이후 권리 변동 임차인에게 통보

▣ 보증금 보장 보험 가입 권장
 -. 깡통 전세 시 임차인 보증금보장 보험 가입 권장
 -. 임대차 계약 시 1차 최우선 변제금 내 보증금 설정 권장

◎ 추락 및 전기 안전

▣ 추락 위험 방지
 -. 추락 위험 요소별 적합한 방지책 강구(예: 내부계단: 미끄럼방지테이프 부착)
 -. 건축법의 규정에 맞는 전도 방지 난간 설치 및 간격 조밀하게 설치

3. 안전관련 주기적 교육 및 규칙 제정

◎ 안전관리 규칙 건물관리 규약에 포함 제정

◎ 안전점검표 제정 활용

◎ 입주자에게 안전교육 문자로 교육

위생 및 환경관리계획

1. 목표
◎ 쾌적하고 품격 있는 위생 및 환경관리

2. 기본 방향
◎ 품격 있는 내·외적 건물 이미지 조성
- -. 5년 단위 외적 도색 및 청소 실시
- -. 내부 품격 있는 환경 조성

◎ 입주민의 장기 거주하고 싶은 환경조성
- -. 주기적인 병충해 방재로 불쾌감 해소
- -. 입주민 및 방문객의 불쾌감 요소 지속적 개발 해소처리
- -. 하절기 모기 및 파리 등 해충 박멸

◎ 청소요원 관리상태 점검 및 주기적 교육실시
- -. 일반쓰레기, 음식물쓰레기, 담배꽁초 중점 점검
- -. 거미줄 및 누수 등으로 바랜 흔적 처리

◎ 주거환경 질서 개선
- -. 동물 사육자 입주 제한
- -. 고성방가 등 타 입주민에게 피해 시 벌금제 운영
- -. 불법 광고물 부착 방지

◎ 휴게 및 여가시설 청결 유지
- -. 어린이 놀이터 안전관리 철저
- -. 건물단위 모여 환담장소 조성
- -. 옥상 등에 주민 화합활동 실시

◎ 주차관리
- -. 당해 건물 전용주차장제 운영
- -. 1가구 1주차장제 확보 노력

관리운영계획

1. 시설물현황

가. 건물구조:

나. 연면적: ㎡(평)

다. 세대현황: 총   세대(원룸: 투룸: 쓰리룸:)

라. 세대인원 수: 명

마. 주차현황

호\구분	시 설 명	설치 유무	시설 상태			개 선 점	비 고
			양호(○)	중간(△)	불량(×)		
외부	1. 벽 면						
	2. 지 붕						
	3. 조 경						
	4. 부착물						
내부	1. 출입문						
	2. CCTV						
	3. 조 명						
	4. 벽면 5. 계단 및 난간 6. 우편함 7. 전기 계량기함 8. 가스 계량기함 9. 수도 계량기함 10. 창문						

2. 개선점

-. **외형적 시설:**

-. **세대별 시설:**

3. 관리목표

◎ **임대인의 수익창출 극대화**

▣ **공실률 최소화**

▣ **임차인이 입주하고자 하는 건물환경 관리**

-. 건물의 유명화 작업: 홈페이지 운영, 주기적 홍보

-. 건물 내·외부 청결 및 고급화

▣ **임차인이 장기 거주하고자 하는 건물관리**

-. 입주의 편의시설 운영

-. 입주 간 이용이 용이한 통신망 형성

▣ **관리비 절감**

-. 임대관리업 협동조합 결성

-. 임대관리업 관련 물품 공동구매로 절감 실시

◎ 임대관리문화 창달

▣ 새로운 임대관리기법 개발 및 정착화
 -. 우리나라에 현 상황에 맞는 임대관리기법 계속 개발
 -. 부동산중개업자에 의한 임대관리 유익성 확대
▣ 사회변화에 적응하는 임대사업방안 홍보
 -. 선진국 임대사업에 맞는 임대사업 효율성
 -. 다양한 임대사업에 맞는 임대관리방안 지속적 개발

◎ 건물의 수명연장 및 효율적인 시설관리

▣ 전문 기술인력 협동조합 운용
 -. 임대관리와 관련된 전문인력 차별화 및 비용 감소화
▣ 최신유행에 따르는 건물 만들기
 -. 장기수선계획 수립 리모델링 실시
▣ 건물수명을 단축하는 누수와 노후화 주기적 관리

◎ 투명하고 공개적인 관리업무 추진

▣ 관리업무 관련사항 주기적 소유주에 보고 및 게시판에 게시
▣ 관리업무 자료 열람 및 설명 공개
▣ 모든 구매 및 공사계약 업무 공개입찰

4. 관리 방향

◎ 기본방향
　관리업무의 범위

구분	기본관리	심층관리(별도유상)
입주자 관리	— 임대차 계약 — 임차인 전출·입 관리 ※ 공실 최소화 활동	— 임차인 선정 — 임차인 민원 해결 　(소송, 악성 임차인 퇴거) — 민원관리 및 공동체 문화 형성
회계관리	— 관리비 부과 — 임차료 징수	— 미납 임차인 관리 — 제세공과금 관리
건물·환경 관리	— 청소 관리 — 주변 관리	— 임대인 재산 보호 — 2년 이내 하자 관리 — 소독 관리
안전·시설 관리	— 보안을 위한 CCTV 관리 ※ 승강기 관리	— 방화 관리 — 전기 안전 관리 — 각종 설비 관리

▣ 투명한 관리
 -. 관리비 내역 공개

-. 투명한 회계처리
-. 인간적 신뢰 구축

▣ **임차인 권익보호**
-. 철저한 임차인 법적 보호방안 주지
-. 신속하고 완벽한 하자처리
-. 쾌적한 주거환경조성
-. 입주민 공동체 문화형성

▣ **관리비 절감**
-. 긴축성 예산 편성
-. 합리적 예산관리
-. 낭비적 지출 통제
-. 체계적 유지관리

◎ **분야별 관리범위 및 방향**

▣ **임대차관리**
-. 공실률 최소화
-. 연체관리자 조속처리
-. 입주하고 싶은 건물
-. 장기 거주하고 싶은 건물

▣ **보안 및 안전관리**
-. 외부인 출입차단 및 CCTV감시제도 운영
-. 가스관 침입 방지 설치
-. 화재예방 위한 소화기 사용법 입주민 교육
-. 계단 및 난간 낙상 방지대책 강구
-. 주기적 안전 점검 실시

▣ **위생 및 환경관리**
-. 내·외부 청소 청결
-. 외부 꽃밭 조성
-. CCTV를 이용한 위반자 방송으로 자각 주입

▣ **시설관리**
-. 장기적 및 주기적 보수 및 리모델링

▣ **회계관리**
-. 투명하고 공개적 회계관리

5. 사무실 관리계획

◎ 사무실 운영 장소

▣ 기본원칙: 부동산중개사무소
  * 관리비 절감 위해 임대차 요원 외 인원 및 업무는 협동조합에서 운영
  * 협동조합 운영 시 직책 및 업무담당자별 직무교육 정기적 실시

◎ 운영요원

▣ 사무실 운영요원 수
 -. 관리소장/부동산중개업자 겸무
 -. 임대차 업무담당자: 250세대당 1명
 -. 보안 및 전기관리자: 600세대당 1명
 -. 시설 및 설비관리자: 600세대당 1명
 -. 경리요원: 600세대당 1명
 -. 미화원: 600세대당 1명

▣ 직원관리
 -. 서비스 교육 주기적 실시
 -. 입주민에 대한 친절봉사 습관화
 -. 보안 및 안전점검 직원별 순환편성 실시

▣ 업무관리
 -. 결산제도 철저한 실시
 -. 열람 및 공개 요구 시 입주민에게 전량 공개
 -. 외부인 열람 및 공개는 소유주 및 관리업자 승인 검토 후 공개
 -. 행정기관의 불시 점검 하시라도 받을 수 있도록 업무관리

6. 재무관리계획

◎. 재무관리 목표
▣ 소유주에게 최대 수익률 제공
▣ 투명한 재무관리 및 공개
▣ 제 비용 절약 및 최소화로 세입자 부담 감소

◎. 임대료 관리
▣ 거래가격의 70~90% 임대료 기준 적용
▣ 보증금 월세 전환율 연 1할 2푼
▣ 총 보증금의 70%를 월세로 전환
▣ 총 보증금의 10%를 임대관리업자에게 에스크로우 설치

■ 월세 관리 방안
* 자기관리형의 경우/임대관리대행의 경우
  -. 임대인 통장을 관리자에게 관리권한 위임
  -. 소유주와 약정한 월세 입금통장 임대관리자에게 통지
  -. 임대관리자에게 위탁한 보증금은 이자 없는 것으로 함
  -. 월1회 재무관리 결과 보고서 작성 보고
* 임대차 외 위탁관리의 경우: 취급 안함
* 미납 월세 임차인 관리(임대차관리 및 민원처리계획에 의거 처리)

◎. **관리비 관리 책정**

■ 소유주와 합의한 관리비 책정
 -. 분양면적 기준 ㎡당 단가로 환산
 -. 관리비 요소 포함사항 소유주의 검토 후 적용
 -. 과학적 관리비 책정 – 소요에 맞는 관리비 산정
■ 투명한 관리비 및 시설비 운영
 -. 관리비 징구 및 사용 공개
 -. 관리비 절감방안 지속적 강구 – 공동구매, 공동관리 등
 -. 미납 관리비 납부자 단계적 처리 계약화

◎. **시설비 사용**

■ 선수관리비제도 운영
 -. 관리비 1년분 선납자 할인제 운영(신축의 경우)
 -. 장기수선 충당금제도 운영
■ 시설비 절감 방안 강구
 -. 모든 시설비 사용 입찰제 적용 또는 견적 비교제 적용
 -. 공동구매 및 통합 수리제도 운영
 -. 지출증빙서류 유지

7. 민원처리계획

◎. **민원 처리 중점**

 ○ 신속한 처리 및 결과 통보제 운영(일명 HAPPY-CALL 서비스)
  ■ 민원인의 민원 사항 결과 통보
   -. 민원인의 민원 내용 정확히 파악
   -. 민원인 민원 사항 모델별 처리사항 책임자 사전 승인제
   -. 처리결과 민원인에게 통보
  ■ 민원인 실명제 운영
   -. 민원인 실명 확인 사항만 처리

-. 업무별 민원 담당자 선정 실명제 실시

○ **직원 친절봉사 교육 실시**
　▣ **직원 민원처리 교육**
　-. 입주자 민원/외부인 민원 접수요령
　-. 민원 접수 시 전화 및 대화 요령
　-. 처리결과 민원인에게 통보 및 선례집으로 관리
　▣ **임대료 연체자 민원처리**
　-. 3회 이상 연체자 소명기회 부여 후 처리
　-. 명도소송 절차에 의한 처리
　-. 명도소송 간 새로운 임차인 선정 활동 실시

◎. **민원업무 처리절차**

```
                    민원인 민원제기
                         │
                    민원 접수(관리실)
                         │
                  민원 접수 보고(관리소장)
                         │
                    민원 내용 확인
                         │
          ┌──────────────┴──────────────┐
     처리 가능한 경우                  처리 불가능한 경우
          │                               │
     민원담당자 지정                 소유주에게 통보/건의
          │                               │
   처리방안 강구/승인/처리           민원인 불가능 사유 설명
          │
   처리결과 통보/결과 기재
```

주거용 임대차 계약서

소유주(소유주의 대리인) _____와 임차인_____는 다음과 같이 합의하여 임대차계약을 체결한다.

제1조 대상부동산

가. 기본 임대차 시설물

주소지			
건물명	( )다가구주택 제( )호 ( )룸		
임대면적	계: m²	전유면적: m²	공유면적: m²
임대시설	공용 주차장:	옵션:	기타:

나. 추가 시설물(동산 포함)

시설 명	수량	상태					특기사항
		신설	양호	정상	수리요	교체요	
텔레비전							
냉장고							
에어컨							
가스레인지							
탈수기							
옷장							
인터넷							
기타							

제2조 임차인은 다음 임대차 조건은 다음 중 택일한다.

□ 임대차보호법 대상 임대차: ① 본 임대차 계약기간은 0000년 00월 00일로부터 0000년 00월 00일까지( )개월까지로 한다.

② 임대차 종료 1개월 전(30일)을 기준하여 임대인은 3개월 전에, 임차인은 1개월 전에 계약갱신 요구가 없으면 묵시의 갱신이 된 것으로 보기로 한다. 다만 묵시의 갱신이 되어도 계약개시 10일전까지 재계약을 작성하기로 한다.

③ 위 ②항을 포함하여 계약이 연장되는 경우 임차인 및 임대인은 임대료 증감청구권을 주장할 수 있다. 만일 이를 합의되지 않는 경우 주택임대차보호법상의 증감규정을 적용한다.

□ 임대차보호법 외의 임대차: ① 본 임대차계약은 1년 이내의 단기 임대차계약으로 월간 임대차계약에 의거 계약을 월단위로 지속하기로 한다.

② 본 계약은 최소단위를 3개월로 하는 임대차계약으로 임대차 기간은 0000년 00월 00일부터 0000년 00월 00일까지로 하며, 임차인은 임대차보호법에 관한 주장을 하지 않기로 한다.

③ 임대차 만료는 임대인 및 임차인 공히 임대차 종료 1개월 전(30일)에 서면통지나 전자문자통지를 함으로써 종료하기로 한다.

제3조 임대료 및 지불방법

　① 임대료는 보증금(전세금)_____만 원(\　)과 월세_____만 원(\　)으로 한다.

　② 월세는 선불(후불)로 하며, 첫 번째 월세는 매월 입주일에 임대인 계좌(또는 지정계좌)로 입금하기로 하며, 익일부터는 연체료를 지불하기로 한다. 이때 연체율은 연 12%로 하며, 월 단위 일수는 30일로 하기로 한다. 단, 임차인은 임대차기간 중 총 월세를 일시불로 소유주에게 지불할 수 있으며, 이때 총 월세는 임대인과 임차인이 합의한 금액(통상 2%)을 감면할 수 있다.

　③ (다음 중 택일)보증금은 □ 임대인의 통장 (____)은행 0000-00-0000000(임대인성명) 계좌로 임금(□ 임대인의 대리인(관리인) 신탁통장 (____)은행 0000-00-000000(대리인성명) 계좌로 입금)하기로 한다.

　④ 보증금은 10%를 계약금으로 계약일 지불하여야 하며, 나머지 금액은 임대인과 임차인이 합의하여 중도금 및 잔금으로 지불할 수 있다. 이때 중도금을 지불하기로 한 경우 0000년 00월 00일에 위 ③항의 통장으로 입금한다. 또 잔금은 0000년 00월 00일에 위 ③항의 통장으로 입금하되 관리사무실에 들려 열쇠 및 관련 서류를 받고 지불하여야 한다.

　⑤ 보증금은 임차인의 사정을 도와주기 위하여 임차인과 합의하여 소유주의 관리인이 대납할 수 있으며, 대납한 경우는 다음과 같다.

　　　1. 임차인이 지불하지 않은 임대료
　　　2. 임차인이 지불하지 않은 전기료, 가스료, 수도세, 당해 건물의 관리비
　　　3. 임차인 및 임차인 방문객이 손상이나 훼손시킨 손상의 보수비용
　　　4. 임대차 종료 후의 청소비
　　　5. 임대차 계약 후 망실 및 손상 된 동산 및 시설물의 교체비용
　　　6. 임대차 종류 후 임차인 처리해야할 폐기물 및 동산 처리비용

　⑥ 임차인은 보증금을 월세로 대신하여 사용하여서는 아니 되며, 보증금에서 월세를 공제하는 경우 임대인이 보증금에서 공제한 날까지 연체료를 포함하여 공제하기로 하고, 공제 된 보증금은 3개월 이내에 보충하지 않으면, 임차인은 임대차 만료 즉 계약해지를 원하는 것으로 간주하기로 한다.

　⑦ (임대인과 임차인이 합의하면) 보증금은 임대차 종료 후 임차인이 처리하여야 할 제 비용을 정산하여 임대차 만료일로부터 근무일수 15일 이내 임차인에게 환불하기로 할 수 있다.

　⑧ 보증금에 대해서는 이자를 요구하지 않기로 한다.

　⑨ 소유주 통장으로 보증금을 입금한 경우 임차인은 관리인에게 보증금 반환을 요구하지 않기로 한다.

　⑩ 임대인이 보증금을 보관하는 경우 임대인은 보증금 총액의 1/6 이내만 보관할 수 있기로 한다.

제4조 주차장 (다음 중 택일한다)

　□ ① 임차인은 주차장을 사용한다. 주차장 사용로는 □ 월세에 포함된다. □ 월세에 포함하지 않는다.

　② 월세에 포함하지 않는 경우 임대료에 추가하여 월 _____원을 납부하기로 한다.

　③ 주차대상 차량은 차번호_____와 차번호_____이다.

　④ 임차인은 지정된 주차공간에 주차하여야 하며, 주차공간의 청결을 유지하여야 한다.

　⑤ 주차장 및 다른 공간에서 기계적 수리나 세차는 할 수 없으며, 고장차량을 7일 이상

보관하여서는 아니 된다.

□ 임차인은 주차장을 사용하지 않기로 한다.

제5조 물품보관(다음 중 택일 한다)

□ ① 임차인은 물품보관을 사용한다.

② 물품보관 관리는 임대료에 □ 포함 된다. □ 포함되지 않는다.

③ 포함되지 않는 경우 보관료는 임대료에 추가하여 월 _____원을 임대료와 같이 납부하여야 한다.

④ 임차인은 임차인의 소유 동산만을 보관할 수 있으며, 타인(부모형제 것 포함)의 동산을 보관할 수 없다.

⑤ 임차인은 포장되지 않은 음식물이나 상하는 상품 그리고 인화물질을 건물 내에 보관할 수 없다. 만일 위 ④항 및 ⑤항을 위반하면 관리인이 보관 가능장소로 이전시키고 이에 대한 소요비용을 보증금에서 제하기로 한다.

제6조 부동산의 상태(다음중 하나를 택일 한다)

임차인은 부동산과 모든 가구, 비품, 설비 및 조경 그리고 만약 화재감지기를 비롯한 각종 정착물을 조사하였다.

□ 임차인은 이러한 항목들이 깨끗하며, 정상적으로 작동된다는 것을 확인하였다. 단, 다음과 같은 항목은 예외이다.

_____ 또는 _____이며, 이는 입주 후 3일 이내 손상되었거나 작종하지 않는 경우 임대인 또는 관리인에게 목록을 작성하여 제시하기로 하였다.

□ 임차인은 이러한 항목들의 상황을 첨부 표와 같이 확인하였음을 서술하였다.

제7조 중개대상물확인·설명서

임차인은 중개대상물 확인·설명서에 기재된 내용에 대하여 설명을 들었으며, 시설물 내외·부의 상태에 대해서는 직접 확인하고 인정했다.

제8조 제세공과금

임차인은 당해 건물에 대한 관리 등 제세공과금은 당해 건물의 관리규정 및 관례에 따르기로 하였으며, 관리인으로부터 설명을 들어 알고 있다.

제9조 시설물 사용

① 임차인은 당해 건물의 구조변경이나 훼손을 하지 아니하며, 주거용도로만 사용할 것이며, 다름 사람에게 임대인의 동의 없이 양도하거나 담보제공을 하지 않을 것이며, 전대하지 않기로 한다.

② 임차인이 위 ①항을 위반한 경우 임대인은 계약을 해지할 수 있으며, 임차인은 임대인으로부터 계약해지 통지를 받으면 30일 이내 부동산을 원상회복하여 반환하가로 한다. 만일 원상회복하여 반환하지 않는 경우 위 제3조의 제5항에 의거 처리하기로 한다.

③ 임차인은 애완견이나 애완동물을 주택공간 내에서 키우지 않기로 하며, 만일 키우고자 하면 관리사무소와 위로 2세대 아래로 2세대 그리고 좌 및 우로 각각 2세대의 거주자로부터 동의를 받아야 한다.

제10조 건물 규칙준수

① 임차인은 임차건물에 게시하거나 임차인에게 전달하는 건물규칙을 준수할 것에 동의한다.

② 임차인은 다른 건물 내 거주자에게 방해하가나 괴롭히지 않을 것이며, 위험하게 하거나 간섭하지 않기로 한다.

③ 임차인은 임차공간에 도박, 불법약품이나 밀수품을 제조·판매·저장·이동하는 활동을 하지 않기로 하는 등 불법적인 목적으로 사용하지 않기로 한다.

④ 임차인은 법률이나 상식적인 규칙을 위반하지 않을 것이며, 쓰레기를 방치하거나 임차공간을 훼손하지 않기로 한다.

⑤ 임차인은 임차인의 손님 또는 임차인의 허가를 받은 방문객에게도 이러한 규칙에 따를 것임을 확인시켜주고 확약을 받아야 한다.

⑥ 임차인은 임차인의 손님 및 방문객에 의해 임대인에게 피해를 입힌 경우 그에 따른 벌금이나 부과금을 배상하기로 한다.

제11조 임대인(관리인)의 의무

① 임대인 또는 관리인은 임차인에게 당해건물의 관리규칙, 임대인이 제공하는 물품의 목록과 상태를 기록한 문서를 제공하여야 한다.

② 임대인 또는 관리인은 임대인이 수리 및 설치해줘야 할 사항은 임차인의 요구 기일 내(최소 15일 전 통지)에 수리해 주어야 한다. 만일 이 기간이 지남으로 받은 임차인의 피해에 대해 손해배상금과 정신적 보상비 100만 원을 지불하여야 한다.

③ 임대인은 임차인의 임차공간을 출입하고자 하는 경우 최소 1일 전까지 임차인과 합의하여 출입을 하여야 한다. 만일 임차인의 사정으로 임대인의 계획된 일자에 출입이 되지 않더라도 임차인과 합의한 일자에 출입을 해야 한다.

제12조 시설 유지보수

① 임차인은 입주 시 인수한 가구, 비품, 설비, 가스, 배관, 기타 모든 기계적, 전기적 부착물 및 시설을 적합하게 사용, 운영, 보호해야 하며, 청결하고 위생적으로 유지하여야 한다.

② 임차인은 임차인이나 임차인의 손님이 고의 실수 또는 3만 원 이하의 비용이 소요되는 수리 그리고 하수구 및 변기 오수관의 막힘 외에 인수한 시설의 작동불능, 손상 사항을 서면으로 임대인(관리인)에게 통지하여 한다. 만일 임차인이 통지하지 않아 발생한 피해 및 손해는 임차인이 배상하여야 하며, 임대인이 수리해 주지 않아 발생한 경우에는 위 제11조 2항에 의거 처리한다.

제13조 개조공사

임차인은 페인트칠, 도배설치, 시건장치 추가 및 교체, 위성안테나 및 인터넷선 설치, 간판이나 안내표시판 설치, 벽에 못이나 걸쇠를 박거나 접착제로 사용하여 물건의 고정장치를 하고자 하는 경우 사전에 임대인(관리인)의 승인을 받아야 함을 원칙으로 하며, 임대인의 승인을 받았거나 사전 승인을 받지 못하고 임차인의 사용을 위해 입주 후 설치하였을 경우 포함하여 임대차 만료 시 이를 원상복구 하여야 한다.

제14조 시건장치

① 임차인은 임대인(관리인)이 지급한 시건장치 외의 시건장치를 교체하거나 추가로 설치하는 경우 이를 임대인(관리인)에게 사전에 통지하고 교체 및 추가로 설치한 후 그 열쇠의 하나를 임대인(관리인)에게 제공하여야 한다.

② 임차인은 임대인으로부터 지급 받은 시건장치의 열쇠를 분실하거나 작동 불능상태를 만들었을 경우 임차인의 비용으로 추가제작하거나 새로이 설치하여야 하며, 그 내용을 설치 후 3일 이내 임대인(관리인)에게 통보하고 새로이 설치한 경우에는 위 ①항에 의거 처리하여야 한다.

제15조 소유주(관리인)의 출입

① 임차인은 임차인의 임차공간의 수선, 개조, 장식, 개성공사 들을 위한 경우에는 임대

인의 요구일자에 적극 합의하고 임대인(관리인) 및 그 대리인의 출입을 허용해야 한다.

② 임차인은 다음의 경우 임대인(관리인) 및 그 대리인의 출입에 적극 허용하여야 한다.

　　1. 잠재 매입자나 잠재 임차인이 임차인의 임차공간에 출입을 요구하는 경우

　　2. 확정 매입자 및 임차인이 임차인의 임차공간에 출입을 요구하는 경우

　　3. 필요한 배달이 있는 경우

　　4. 저당권자, 감정평가사, 외부 용역업자 등이 임차공간의 확인하기 위한 경우

③ 임대인(관리인) 및 그 대리인은 임차인의 임차공간을 출입함에 있어 임차인이 입회하지 못하는 경우 도난 및 분실 기타 사고를 예방하기 위하여 임차인을 대리하여 입회하여야 한다.

제16조 표지판 설치

임차인은 임대인이 당해 건물의 매매나 임대차를 위해 "매매 또는 임대" 표지판을 임차인의 임차공간 사용에 지장을 주지 않는 곳에 설치하는 경우 설치를 허용하여야 한다.

제17조 계약의 양도 및 재임대

① 임차인은 임대인의 서면 승인 없이는 임차인의 임차공간을 전부 또는 일부를 전대 및 부분 임대할 수 없으며, 임차권의 양도나 담보를 할 수 없다.

② 위 ①항을 임차인이 위반하면 임대인은 발견 및 확인한 즉시 계약을 해지할 수 있고, 임대인이 계약을 해지한 경우 해지를 통보 받은 날로부터 30일 이내 원상으로 회복하고, 부동산을 인도하여야 한다.

③ 임차인이 스스로 임대차 만료를 하고 타인에게 임차권을 인도하려는 경우 임대인은 임차인의 신원조사를 한 뒤 임대인과 새로운 임차인 간에 임대차계약서를 체결한다.

④ 임대차가 만료된 경우 임차인의 적격사유에 어긋나지 않고 임대인이 계속 임대를 하는 경우 임차인은 재임대를 할 수 있다. 다만, 임대차기간과 보증금 및 월세는 합의를 하여야 한다. 이대 임차료 증감의 범위는 주택임대차보호법에서 정한 범위를 초과할 수 없다.

제18조 위험물질 사용 금지

① 임대인 및 임차인은 당해 건물에 페인트 및 도배를 하거나 공사를 하는 경우 납성분이나 기타 위험물질이 포함된 제품을 사용할 수 없다. 만일 이를 사용하여 임차인이나 임차인이 이를 사용한 새로운 거주자가 피해를 입거나 임대인에게 손해를 끼친 경우 이를 상대방은 배상하여야 한다.

② 임차인은 당해 건물에 곰팡이가 병충해가 발생하지 않도록 사용하여야 하며, 임대인의 임차인의 이에 대한 요구 시 즉시 수리해주어야 한다.

제19조 입주 및 퇴거 시 임대인 및 임차인의 의무

① 임대인(관리인)은 임차인이 입주 시 "입주 및 퇴거 시 점검표"에 의거 점검 및 확인하여 임차시설 및 비품 등을 인계하여야 한다.

② 임차인은 입주 시 임대인(관리인)이 제공하는 "입주 및 퇴거 시 점검표"의 상태를 확인하고 서명하여야 한다.

③ 임차인은 퇴거 시 임대인(관리인)이 입주 시 제공한 "입주 및 퇴거 점검표"를 반환하고 여기에 기록된 상태로 원상회복하여 반환 및 반납하여야 한다. 다만 도배 및 장판의 경우는 다음의 경우를 제외하고는 이를 적용하지 않는다.

　　1. 임차인이 고의 또는 실수로 장판을 찢은 경우

　　2. 임차인이 고의 또는 실수로 도배 및 장판에 심하게 낙서를 한 경우

④ 임대인이 제공한 비품 및 옵션 그리고 냉난방 가동상태는 서면상으로 점검하지 않고

실제 가동상태를 점검하여 인도시킨다.

⑤ 임차인은 퇴거 시 임대인에게 새로 입주하는 주소지를 알려주어야 한다.

제20조 계약해제 및 해지

① 본 계약의 해제는 중도금 지불 전까지는 임대인은 계약금의 두 배를 임차인에게 지불하고, 임차인은 계약금을 포기하고 계약을 해제할 수 있다. 이때 손해배상은 없기로 한다.

② 중도금 지불 후 본 계약의 해제는 위약금으로 계약금에 해당하는 금액을 지불하고, 손해배상액으로 실비 외에 300만 원을 추가로 지불하기로 한다.

③ 임대차 기간 중 계약의 해지는 임대인 및 임차인 공히 위약금으로 중개수수료에 해당하는 금액을 상대방에게 지불하고, 손해배상은 실비가 있는 경우 그 실비를 상대방에게 청구하기로 하며, 추가로 임대인이 계약을 위반한 경우에 익스프레스에 의한 이사비용을 임차인에게 추가해 지불하기로 한다.

④ 임대차가 만료되었을 경우 계약 해지는 다음과 같다.

  1. 임대인이 보증금을 반환해 주지 않아 계약이 연장된 경우 임대인은 임차인의 보증금에 대해 법정 이자율인 연 20%에 해당하는 금액을 보증금 반환일까지 일수로 계산하여 손해배상액으로 지불하고, 임차인은 임대차 만료일로부터 부동산 인도일까지 1일 1만 원에 해당하는 임대료를 지불하기로 한다.

  2. 임차인은 임차인이 이사 갈 집을 구하지 못하여 계약인 연장된 경우 임차인은 환산보증금(보증금 + 월세 × 100)의 연 10%에 해당하는 금액을 이사일까지 일수로 계산하여 손해배상액을 지불하고, 반면 임대인은 보증금에 대한 정기예금이자율 연 3%에 해당하는 금액을 일수로 계산하여 지불하기로 한다.

제21조 임차공간에 대한 손상

① 임차인의 과실 없이 지진, 폭풍, 전쟁 등 천재지변으로 임차공간의 전부 또는 일부 손상으로 임차인이 임차공간을 사용할 없는 경우 임대인 및 임차인은 서면으로 임대차를 종결할 수 있다. 이 경우 임대차가 종결되면 손상이 발생한 날로부터 임대료 지불은 중단되며, 임대인은 빠른 시일(통상 15일) 이내에 보증금을 반환하여야 한다. 이때 손해배상은 상호 청구하지 않는 것으로 한다.

② 임차인의 과실로 임차공간의 일부 또는 전부가 손상을 입어 임차인이 사용할 수 있는 경우 임차인은 이를 수선하여 사용하여야 하며, 이 경우 임대인은 계약해지를 할 수 있다. 만일 임차공간을 임차인이 사용할 수 없는 경우에는 임대인은 계약을 해지할 수 있고, 임차인은 이에 따른 손해배상을 하여야 한다. 이때 월세는 계약서상 임대차 만료일이나 손해배상을 완납한 날까지 임차인은 지불하여야 한다.

제22조 보험가입

① 임대인과 임차인은 화재 등 재난에 대비하여 재산을 보호하기 위하여 보험에 가입할 수 있다.

② 임대인은 당해건물의 구조 및 임차인에게 대여한 비품에 대하여 보험을 가입할 수 있다.

③ 임차인은 자신의 재산이나 임대인으로부터 제공받은 비품 및 설비에 대하여 보험을 가입할 수 있다.

제23조 중개수수료 지불

① 중개수수료는 부동산중개업자의 고의과실이 없는 경우 법정수수료(%)를 지불한다.

② 중개수수료는 계약일 전액 지불한다.

③ 부동산중개업자가 고의·과실로 계약이 취소 또는 해제되는 경우 중개수수료는 지불

하지 않아도 되며, 손해배상증서를 첨부하여 보증기관에 청구하여 배상을 받을 수 있다.

④ 중개수수료에 대하여 별도로 중개업자와 계약한 경우에는 이를 따르기로 한다.

제24조 관리비 납부

① 관리비는 당해 건물의 관례에 따라 납부한다.

② 첫 달 관리비는 입주일을 기준하여 정상납부일까지 일수로 계산하여 입주일에 납부한다.

③ 관리비 납부는 고지서에 기재된 금액을 납부하여야 하며, 납부일은 매월 말일이다.

④ 관리비를 납부일에 납부하지 않은 경우 그 다음날로부터 연체 이자율을 적용하며 연체 이자율은 법정이자율인 연 20%로 하여 일수로 환산하여 납부일까지 수납하거나 익월 납부일까지 환산하여 보증금에서 회수한다.

제25조 보증금 유지

임차인은 관리인이나 임대인이 보증금에서 연체된 항목의 제 금액의 공제를 통지 받으면 15일 이내 이를 보충하여야 하며, 만일 이를 보충하지 아니하면 월세 연체조건에 관계없이 임대차를 해지하는 것을 승인한 것으로 하기로 한다.

특약사항

첨부 1. 중개대상물확인설명서
   2. 손해배상보증증서
   3. 등기를 증명하는 전부증명서
   4. 건축물 관리대장
   5. 토지용계획확인서

20   년   월   일

임대인	주 소					㊞
	주민등록번호		전화번호		성명	
대리인	주 소					㊞
	주민등록번호		전화번호		성명	
임대인	주 소					㊞
	주민등록번호		전화번호		성명	
중개·관리인	주 소					㊞
	상 호		대표			
	허가번호		전화			

표준임대차계약서(Ⅲ)

(제1쪽)

아래 표시주택을 임대차함에 있어 임대인(이하 "갑"이라 한다)과 임차인(이하 "을"이라 한다)은 아래의 내용으로 임대차계약을 체결하고 이를 증명하기 위하여 계약서 2통을 작성하여 "갑"과 "을" 그리고 개업공인중개사가 각각 서명날인한 후 각 1통씩 보관한다.

1. 계약자
   가. 갑
      1) 성명(또는 회사명):　　　　　　(서명 또는 날인)
      2) 주소(주사무소 소재지):　　　　　　　(전화번호)
      3) 주민등록번호(사업자등록번호):
      4) 임대사업자등록번호:
   나. 을
      1) 성명:　　　　(서명 또는 날인)
      2) 주소:　　　　　　(전화번호)
      3) 주민등록번호:
2. 개업공인중개사
      1) 사무소명:
      2) 대표자 성명:　　　　(서명 및 날인)
      3) 주소(주사무소 소재지):　　　　　　(전화번호)
      4) 허가번호:
3. 계약일:　　년　　월　　일
4. 임대주택의 표시

주택 소재지					
주택 유형	아파트[ ]　연립주택[ ]　다세대주택[ ]　다가구주택[ ]　그 밖의 주택[ ]				
임대주택 면적	방의 수	규모별	면적(㎡)		
			전용면적	공용면적	합계
				주거공용 면적	그 밖의 공용면적(지하주차장 면적을 포함한다)	
「임대주택법」 제2조에 따른 임대주택의 종류	건설임대주택[ ], 매입임대주택[ ]				
임대주택에 딸린 부대시설·복리시설의 종류					
담보물권 설정 여부	없음[ ]		있음[ ]　- 담보물권의 종류:　- 설정금액:　- 설정일자:		

※ 전용면적, 주거공용면적 및 그 밖의 공용면적의 구분은 「주택공급에 관한 규칙」 제8조제7항에 따른다.

5. 계약조건

제1조(임대보증금·임대료 및 임대차 계약기간) ① "갑"은 위 표시주택의 임대보증금, 임대료 및 임대차 계약기간을 아래와 같이 정하여 "을"에게 임대한다.

구분	임대보증금	임대료
금액		
임대차계약기간		

210mm×297mm[백상지 80g/㎡(재활용품)]

② "을"은 제1항의 임대보증금을 아래와 같이 "갑"에게 지불하기로 한다.

계약금	원정은 계약 시에 지불	
중도금	원정은 . . .에 지불	
잔 금	원정은 . . .에 지불	

③ "을"은 제1항과 제2항에 따른 임대보증금을 이자 없이 "갑"에게 예치하여야 하며, 제2항의 지불기한까지 내지 않는 경우에는 연체이율(연   %)을 적용하여 계산한 연체료를 가산하여 내야 한다. 이 경우 연체이율은 「은행법」에 따른 은행으로서 가계자금 대출시장의 점유율이 최상위인 금융기관의 가계자금 대출이자율과 연체가산율을 합산한 이율을 고려하여 결정한다.

④ "을"은 당월 분 임대료를 매달 말일까지 내야 하며, 이를 내지 않는 경우에는 연체된 금액에 제3항에 따른 연체이율을 적용하여 계산한 연체료를 더하여 내야 한다.

제2조(임대주택의 입주일) 위 임대주택의 입주일은   . . .부터 . . .까지로 한다.

제3조(임대 조건 등의 변경) "갑"과 "을"은 다음 각 호의 어느 하나에 해당할 때에는 임대보증금, 임대료, 관리비, 사용료 및 제납입금을 조정할 수 있다. 다만, 임대보증금과 임대료(이하 "차임등"이라 한다)의 조정은 「임대주택법」 및 「주택 임대차보호법」에서 정하는 바를 위반하여서는 안 되고, 「주택 임대차보호법 시행령」 제8조에 따른 차임등의 증액청구는 약정한 차임등의 20분의 1에 해당하는 금액을 넘지 못하며, 임대차계약 또는 약정한 차임 등의 증액이 있은 후 1년 이내에는 그 차임등을 증액하지 못한다.

1. 물가, 그 밖의 경제적 여건의 변동이 있을 때
2. "갑"이 임대하는 주택 상호간 또는 인근 유사지역의 임대주택 간에 임대조건의 균형상 조정할 필요가 있을 때
3. 임대주택과 그 부대시설 및 부지의 가격에 현저한 변동이 있을 때

제4조("을"의 금지행위) "을"은 다음 각 호의 어느 하나에 행위를 해서는 안 된다.

1. 「임대주택법」을 위반하여 임차권을 양도하거나 임대주택을 타인에게 전대하는 행위
2. 임대주택 및 그 부대시설을 개축·증축 또는 변경하거나 본래의 용도가 아닌 용도로 사용하는 행위
3. 임대주택 및 그 부대시설을 파손 또는 멸실하는 행위
4. 임대주택 및 그 부대시설의 유지·관리를 위하여 "갑"과 "을"이 합의한 사항을 위반하는 행위

제5조("을"의 의무) "을"은 위 주택을 선량한 관리자로서 유지·관리하여야 한다.

제6조(보수의 한계) ① 위 주택의 보수 및 수선은 "갑"의 부담으로 하되, 위 주택의 전용부분과 그 내부시설물을 "을"이 파손하거나 멸실한 부분 또는 소모성 자재(「주택법 시행규

칙」 별표 5의 장기수선계획의 수립기준상 수선주기가 6년 이내인 자재를 말한다)의 보수주기에서의 보수 또는 수선은 "을"의 부담으로 한다.

② 제1항에 따른 소모성 자재 및 제1항에 따른 소모성 자재 외의 소모성 자재의 종류와 그 종류별 보수주기는 제12조에 따른 특약으로 따로 정할 수 있다. 다만, 본문에도 불구하고 벽지·장판·전등기구 및 콘센트의 보수주기는 다음 각 호와 같다.

1. 벽지 및 장판: 10년(변색·훼손·오염 등이 심한 경우에는 6년으로 하며, 적치물의 제거에 "을"이 협조한 경우만 해당한다)
2. 전등기구 및 콘센트: 10년. 다만, 훼손 등을 이유로 안전상의 위험이 우려되는 경우에는 조기 교체하여야 한다.

제7조(임대차계약의 해제 및 해지) ① "을"이 다음 각 호의 어느 하나에 해당하는 행위를 한 경우에는 "갑"은 이 계약을 해제 또는 해지하거나 임대차계약의 갱신을 거절할 수 있다.

1. 거짓이나 그 밖의 부정한 방법으로 임대주택을 임대받은 경우
2. 법 제19조를 위반하여 임대주택의 임차권을 타인에게 양도하거나 임대주택을 전대한 경우
3. 임대차기간이 시작된 날부터 3개월 이내에 입주하지 않은 경우. 다만, "갑"의 귀책사유로 입주가 지연된 경우에는 그렇지 않다.
4. 임대료를 3개월 이상 연속하여 연체한 경우
5. 임대주택 및 그 부대시설을 "갑"의 동의를 받지 않고 개축·증축 또는 변경하거나 본래의 용도가 아닌 용도로 사용하는 경우
6. 임대주택 또는 그 부대시설을 고의로 파손하거나 멸실한 경우
7. 그 밖에 이 표준임대차계약서상의 의무를 위반한 경우

② "을"은 다음 각 호의 어느 하나에 해당하는 경우에 이 계약을 해제 또는 해지하거나 임대계약의 갱신을 거절할 수 있다.

1. 특별자치도지사·시장·군수·구청장이 임대주택에 거주하기 곤란할 정도의 중대한 하자가 있다고 인정한 경우
2. "갑"이 특별자치도지사·시장·군수·구청장이 지정한 기간에 하자보수명령을 이행하지 않은 경우
3. "갑"이 "을"의 의사에 반하여 임대주택의 부대시설·복리시설을 파손하거나 철거시킨 경우
4. "갑"의 귀책사유로 입주기간 끝난 날부터 3개월 이내에 입주할 수 없는 경우
5. "갑"이 이 표준임대차계약서상의 의무를 위반한 경우

제8조(임대차계약 중도 해지) ① 국가, 지방자치단체, 「한국토지주택공사법」에 따른 한국토지주택공사(이하 "한국토지주택공사"라 한다) 또는 「지방공기업법」 제49조에 따라 주택사업을 목적으로 설립된 지방공사(이하 "지방공사"라 한다)가 임대하는 임대주택에 거주하는 "을"이 제7조제2항에 해당하지 않는 사유로 임대주택 임대차계약을 중도에 해지(「주택 임대차보호법」 제6조의2에 따라 묵시적 갱신에 의한 임대차계약을 해지하는 경우는 제외한다)하는 경우에는 "갑"에게 계약 해지 예정일 1개월 전까지 통보(계약 해지 예정일까지의 기간이 1개월 이상 남은 경우에는 변경 후 계약 해지 예정일이 1개월 이상 남는 범위에서 변경 통

보 가능)하여야 하며, 통보를 받은 "갑"은 "을"의 퇴거에 적극 협조하여야 한다.

② 제1항에 따라 "을"이 계약 해지를 통보하였으나 계약 해지 예정일 전에 퇴거하는 경우에는 임대료 정산 완료일부터 계약 해지 예정일까지의 임대료를 "갑"에게 지불해야 한다. 다만, 후속 임차인이 정해진 경우에는 임대료 정산 완료일부터 후속 임차인의 입주일 하루 전일까지의 임대료를 "갑"에게 지불한다.

제9조(임대보증금의 반환) ① "을"이 "갑"에게 예치한 임대보증금은 이 계약이 끝나거나 해제 또는 해지되어 "을"이 "갑"에게 주택을 명도함과 동시에 반환한다.

② 제1항에 따라 반환할 경우 "갑"은 주택 및 내부 일체에 대한 점검을 실시한 후 "을"이 "갑"에게 내야 할 임대료, 관리비 등 제반 납부액과 제6조제1항에 따른 "을"의 수선유지 불이행에 따른 보수비 및 제11조에 따른 특약으로 정하는 위약금, 불법거주에 따른 배상금 또는 손해금 등 "을"의 채무를 임대보증금에서 우선 공제하고 그 잔액을 반환한다.

③ "을"은 위 주택을 "갑"에게 명도할 때까지 사용한 전기·수도·가스 등의 사용료(납부시효가 끝나지 아니한 것을 말한다)지불 영수증을 "갑"에게 제시 또는 예치하여야 한다.

제10조(임대주택의 매각) "갑"이 「임대주택법시행령」 제13조제2항제1호에 따라 위 주택을 다른 임대사업자(이하 "병"이라 한다)에게 매각하는 경우에는 "병"과의 매매계약서에 "갑"의 임대사업자로서의 지위를 "병"이 승계한다는 뜻을 명시한다.

제11조(임대주택 중복입주 방지를 위한 입주자 정보의 통보) "갑"(국가, 지방자치단체, 한국토지주택공사, 지방공사인 경우에 한정한다)은 「임대주택법 시행규칙」 제11조의3에 따라 임대주택 중복입주 여부 확인 등을 위하여 "을"의 성명, 주민등록번호, 주소, 입주일자 등을 국토교통부장관이 정하는 전산관리지정기관에 알릴 수 있다.

제12조(소송) 이 계약에 관한 소송의 관할 법원은 "갑"과 "을"이 합의하여 결정하는 관할법원으로 하며, "갑"과 "을" 간에 합의가 이루어지지 않은 경우에는 위 주택소재지를 관할하는 법원으로 한다.

제13조(중개대상물의 확인·설명) 개업공인중개사가 임대차계약서를 작성하는 경우에는 중개대상물확인·설명서를 작성하고, 업무보증 관계증서(공제증서 등) 사본을 첨부하여 임대차계약을 체결할 때 "갑"과 "을"에게 교부한다.

제14조(특약) "갑"과 "을"은 제1조부터 제13조까지에서 규정한 사항 외에 필요한 사항에 대하여는 따로 특약을 정할 수 있다. 다만, 특약의 내용은 「약관의 규제에 관한 법률」을 위반해서는 안 된다.

◆ 주택월세 소득공제 안내

근로소득이 있는 거주자(일용근로자는 제외한다)는 「소득세법」 및 「조세특례제한법」에 따라 주택월세에 대한 소득공제를 받을 수 있으며, 자세한 사항은 국세청 콜센터(국번 없이 126)로 문의하시기 바랍니다.

서식 #20 [운영계획보고서][1]

부동산 명:				
작성기간:				
			작성일자:	. . .

수입				
적요		개별금액	중간계	총 계
총 가용 임대수입				
공실 손실(공제)				
총 수금가능 임대수입				
임차인부담 서비스수수료 및 수선비				
체납임대료 회수액				
기타 수입(보증금 귀속액 포함)				
자판기 수입				
수입 총계				
비용				
운영비	운영 및 유지비			
	청소비			
	공조비용			
	승강기			
	일반 관리비			
	전력			
	연료			
	수도			
	전화			
	총 운영비			
수선비	임대공간 개조비			
	임대공간 장식비			
	임대공간 수선비			
	수선비 총계			
고정비	보험료			
	세금			
	총고정비			
비용 총계				
차입원리금 상환전				
차입원리금 상환				
준비금				
계				
잔여금				

---

1) 『자산관리(8판)』, 신창득 외 3인, 부연사, 2012.6.30, p.278.

서식 #21 [수입지출보고서]

수입지출보고서

(　년 월 일~ 　년 월 일)

부동산표시: 　　　　　　　　　　　　　　　　　　　**작성일자:** 　년 　월 　일)

적용		전 번기			금 번기			누 계		
		예산	실적	증감	예산	실적	증감	예산	실적	증감
수입	총가용임대료									
	(-)공실공제(손실)									
	실제 가용임대료									
	체납임대료 회수금									
	임차인부담 관리비									
	임차인부담 수선비									
	자판기 등 수입									
	보증금의 이자액									
	기타 수입금									
	총계									
지출	직접	운영 및 유지비									
		청소비									
		냉·난방비									
		승강기 관리비									
		일반관리비									
		관리비									
		공공요금 전기									
		연료									
		수도									
		전화									
		계									
	보수비	수선비									
		개조비									
		장식비									
		계									
	고정비	보험료									
		세금									
		기타									
		계									
	계										
차입원리금 상환 전 순수익	상환액									
	준비금									
	계									
소유주 현금 흐름										

서식 #22 [관리가격 산출 예]

관 리 가 격(예)

① 부동산:

② 세대수:　　　　　③ 거주자 수:　　　　　④ 사무실 수:

⑤ 상점 수:　　　　　⑥ 체육시설 등 부수 관리해야 할 수:

⑦ 자산 상태: 건축 경과연수 -

　　　　　개선사항 -

　　　　　상태 - (양호) (보통) (불량)

⑧ 관리사무소로부터 거리:　　　km　　　　　⑨ 종업원 수:

⑩ 총 공유부분 면적:　　　　　　　　　　　⑪ 관리구분:

	내용	월당건수	건당시간	총시간 수	비용
① 임대차 관리자서비스	조사(시간당 20,000원)	1	6	6	120,000
	현장방문(시간당 20,000원)	1	4	4	80,000
	개량공사 감독				
	소유주/투자자/위원회 모임(시간당 20,000원)	1	2	2	40,000
	이동시간(시간당 25,000원)			4	100,000
	사무실 재실시간(시간당 20,000원)			10	200,000
	출장비용(km당 250원)			100	250,000
	계				565,000
② 임대관리 임원서비스	소유주/투자자/위원회 모임(시간당 200,000원)	1	2	2	400,000
	현장방문				
	설문·자문(시간당 100,000원)	1	2	2	200,000
	조사(시간당 100,000원)	1	4	4	400,000
	보고서 검토(시간당 100,000원)	1	4	4	400,000
	예산편성				
	이동시간(시간당 50,000원)			3	150,000
	출장비용(km당 1500원)			8	12,000
	계				1,562,000
③ 회계서무 서비스	영수증 계산 (월당 일수)	4	8	32	
	지출·송장/지급액	4	8	32	
	매월청구서작성	1	10	10	
	급여계산/수표발행	2	8	16	
	소유주와 협의회, 계산서작성 및 발송	4	4	16	
	입주자 계산서작성 및 발송	50	1	50	
	계산서 복사	10	2	20	
	소유주 상담				
	계				2,210,000
④ 일반관리비 및 이윤	일반관리비((①+②+③)×10%			10%	411,000
	마케팅 비용			1%	41,000
	이윤			20%	821,000
	계				1,273,000
⑤	월 총 수수료				5,390,000

　　　　　　　　　　　년　　　월　　　일

작성자 성명:　　　　　　　㊞　　　　　　승인자 성명:　　　　　㊞

서식 #23 [임대사업자 수익성 판단표]

구분	요소	산출요령	산출량
수입	월세(a)	월 총수입 × 12	
	보증금(b)	총 보증금 × 정기예금1년 이자율 - 은행 수수료	
	관리비(c)	건물 총 평수 × 평당 관리 × (1 - 공실률)	
	부수입(d)	부수사업 순수익	
	기타(e)	사례금 및 기부금 등	
	계(A)	= a + b + c + d + e	
지출	대출이자(f)	대출금 × 책정된 이자율	
	공실률(g)	총1년월세 × 공실률(양호: 6%, 지역 공실률)	
	취득세(h)	매매가격 × (취득세율 + 부가세금 세율)	
	부가가치세(i)	건물가격 × 10%, 연 총 임대료 × 10(3)%	
	재산세(j)	해당 과표 × 재산세율	
	종합소득세(k)	연 총 임대료 × 재산세율	
	종합부동산세(l)	9억 원 이상만 적용	
	관리비(m)	납부할 관리비	
	관리수수료(n)	약정한 금액	
	중개수수료(o)	건물전체 중개수수료/2~3년	
	감가상각비(p)	건물가격의 2%(장기수선충당금)	
	수선비(q)	건물가액의 3%(배관 및 도배·장판)	
	옵션 개선비(r)	교체비(냉장고, 가스레인지, 싱크대, 좌변기, 붙박이장, 에어컨, 탈수기, 세탁기, TV, 침대매트, 열쇠, 보조키 등)/내용연수	
	기타(s)	행정 빛 소송비	
	계(B)	= f + g + h + i + j + k + l + m + n + o + p + q + r + s	
투자금액(C)		매매가격－대출금－보증금 + 취득비용	
수익률(%)		(A-B)/C	

서식 #24 입주 및 퇴실 임대부동산 점검표(주거용)

<table>
<tr><td colspan="2" align="center">입주 · 퇴거 체크리스트</td></tr>
<tr><td>대상부동산</td><td>일자</td></tr>
<tr><td>임차인은 대상 부동산에 관리인(임대인)과 각 항목의 유무와 상태를 기록하고 밑에 서명하시오.</td><td>관리인은 임차인이 퇴거 시 임차인과 같이 이 체크리스트를 작성하여야 한다.
이 결과에 의해 보증금을 정산한다.</td></tr>
<tr><td>열쇠:</td><td>열쇠:</td></tr>
<tr><td>청소 상태:</td><td>청소 상태:</td></tr>
<tr><td>싱크대 문:</td><td>싱크대 문:</td></tr>
<tr><td>싱크대 배수:</td><td>싱크대 배수:</td></tr>
<tr><td>싱크대 수도꼭지:</td><td>싱크대 수도꼭지:</td></tr>
<tr><td>싱크대 장식대:</td><td>싱크대 장식대:</td></tr>
<tr><td>가스레인지 벽 타일:</td><td>가스레인지 벽 타일:</td></tr>
<tr><td>가스 고무배관 연결:</td><td>가스 고무배관 연결:</td></tr>
<tr><td>식기세척기:</td><td>식기세척기</td></tr>
<tr><td>욕조 배수:</td><td>욕조 배수:</td></tr>
<tr><td>세면기 상태:</td><td>세면기 상태:</td></tr>
<tr><td>세면기 배수:</td><td>세면기 배수:</td></tr>
<tr><td>세면대 위 거울:</td><td>세면대 위 거울:</td></tr>
<tr><td>변기 상태:</td><td>변기 상태:</td></tr>
<tr><td>변기 배수:</td><td>변기 배수:</td></tr>
<tr><td>화장실 타일:</td><td>화장실 타일:</td></tr>
<tr><td>화장실 바닥 배수:</td><td>화장실 바닥 배수:</td></tr>
<tr><td>전등:</td><td>전등:</td></tr>
<tr><td>벽지:</td><td>벽지:</td></tr>
<tr><td>도색:</td><td>도색:</td></tr>
<tr><td>장판:</td><td>장판:</td></tr>
<tr><td>창문:</td><td>창문:</td></tr>
<tr><td>앞 베란다 샤시:</td><td>앞 베란다 샤시:</td></tr>
<tr><td>앞 베란다 방충망:</td><td>앞 베란다 방충망:</td></tr>
<tr><td>뒤 베란다 샤시:</td><td>뒤 베란다 샤시:</td></tr>
<tr><td>뒤 베란다 방충망:</td><td>뒤 베란다 방충망:</td></tr>
<tr><td>보일러:</td><td>보일러:</td></tr>
<tr><td>보일러 온도조절장치:</td><td>보일러 온도조절장치:</td></tr>
<tr><td>에어컨:</td><td>에어컨:</td></tr>
<tr><td>주방 열감지기:</td><td>주방 열감지기:</td></tr>
<tr><td>신발장:</td><td>신발장:</td></tr>
<tr><td>기타:</td><td>기타:</td></tr>
<tr><td>20　　년　　월　　일
임차인 성명　　　　　서명
관리인 성명　　　　　서명</td><td>20　　년　　월　　일
관리인 성명　　　　　서명
임차인 성명　　　　　서명</td></tr>
</table>

서식 #25 [입주 및 퇴실 임대부동산 점검표(주거용 외 임대부동산)]

입주 · 퇴거 체크리스트			
대상부동산		일 자	
임차인은 대상 부동산에 관리인(임대인)과 각 항목의 유무와 상태를 기록하고 밑에 서명하시오.		관리인은 임차인이 퇴거 시 임차인과 같이 이 체크리스트를 작성하여야 한다. 　이 결과에 의해 보증금을 정산한다.	
열쇠:		열쇠:	
청소 상태:		청소 상태:	
전등:		전등:	
벽지:		벽지:	
도색:		도색:	
바닥재:		바닥재:	
창문:		창문:	
앞 베란다 샤시:		앞 베란다 샤시:	
앞 베란다 방충망:		앞 베란다 방충망:	
뒤 베란다 샤시:		뒤 베란다 샤시:	
뒤 베란다 방충망:		뒤 베란다 방충망:	
소방 열감지기:		소방 열감지기:	
기타:		기타:	
20　　년　　월　　일 임차인 성명　　　　　　서명 관리인 성명　　　　　　서명		20　　년　　월　　일 관리인 성명　　　　　　서명 임차인 성명　　　　　　서명	

진영섭

목원대학교 부동산학 석사(부동산중개)
보병 제62사단 포병연대장
전) 대한공인중개사협회 대전 부지부장
　　대한공인중개사협회 전임강사
　　새대한공인중개사협회 대전지부장
현) 서우공인중개사 대표
　　전문 강사: 소상공인시장진흥공단

『공인중개사의 창업 및 실무』(2004)
『공인중개사의 경매대리』(2006)
『부동산중개업 창업과 중개컨설팅』(2007)
『안전하고 선진화된 부동산거래 보장받기』(2009)
『돈 버는 부동산 창업가이드』(2012)
『돈 버는 부동산 경영가이드』(2012)

김익중

중부대학교 문헌정보학 석사
전) 도서관 건축 신지식인
　　논산-부여-금산 도서관장
　　충청남도 초대 사서협의회 회장
　　세계도서관대회(IFLA) 한국대표
　　충남 교육청 신지식인 선정 심사위원
　　한국공공도서관발전연구회 이사 및 감사
　　한국도서관협회 공공도서관 위원회 위원
　　우리공인중개사 대표
　　새대한공인중개사협회 대전 동구지회장
현) 한국도서관신문 발행인
　　충남 교원연수원, 전북 교원연수원 강사

『학교 도서관 구축-운영론』(2004)

이영재

계명대학교 법학 석사
전) 삼성생명(주) 기획 근무
　　새대한공인중개사협회 대전지부 교육이사
현) 545-9977 공인중개사무소 대표
　　교육사업 프랜차이즈 경영
　　(사)대전지역 사회개발협회 이사
　　한국산업강사협의회 이사
효 지도사, 칭찬 지도사

오섬환

한국방송통신대학교 법학과 학사
전) 새대한공인중개사협회 서구 지회장
현) 선정공인중개사무소 대표

권태달

목원대학교 부동산학 박사(풍수지리)
전) 서림주택관리(주) 관리소장
    (주)대흥 주택관리 관리소장
    하늘 꿈 개발(주) 관리이사
    새대한공인중개사협회 대전지부 교육이사
현) 부동산 닥터 공인중개사 대표
    목원대학교 외래교수
    유성구청 강사

『부동산 재테크 정석』(공저, 2009)

이영구

목원대학교 부동산학 박사(부동산 금융)
전) 새대한공인중개사협회 대전지부 교육이사
현) (주)제우스드림(부동산경매) 이사
    (주)알앤아이 대표이사
    한빛공인중개사 경매팀장
    지지옥션 대전지부장
    굿모닝충청신문 칼럼니스트
    목원대학교 외래교수
    한빛공인중개사 경매학원 강사
    대전보건전문대학 강사
    중도일보 강사

돈 버는
부동산
임대관리업

초판인쇄   2015년 8월 14일
초판발행   2015년 8월 14일

지은이   진영섭·김익중·이영재·오섬환·권태달·이영구
펴낸이   채종준
펴낸곳   한국학술정보㈜
주소   경기도 파주시 회동길 230(문발동)
전화   031) 908-3181(대표)
팩스   031) 908-3189
홈페이지   http://ebook.kstudy.com
전자우편   출판사업부 publish@kstudy.com
등록   제일산-115호(2000. 6. 19)

ISBN   978-89-268-7058-7 93320